# 심리치료는 왜
# 경제적으로 옳은가

THRIVE: The Power of Psychological Therapy
Copyright ⓒ 2014 by Richard Layard and David M. Clark
All rights reserved.

Korean translation copyright ⓒ 2025 by Almond Publishing
Korean translation rights arranged with United Agents Ltd.
through EYA Co.,Ltd.

이 책의 한국어판 저작권은 EYA Co.,Ltd를 통해 United Agents Ltd.와 독점 계약한 도서출판 아몬드가 소유합니다. 저작권법에 의하여 한국 내에서 보호를 받는 저작물이므로 무단 전재 및 복제를 금합니다.

# Thrive
### The Power of Psychological Therapy

# 심리치료는 왜
# 경제적으로 옳은가

세계에서 가장
효과적인 심리치료 모델,
영국 IAPT 탄생 이야기

데이비드 클라크, 리처드 레이어드 지음
솝희 옮김 | 김태종, 최진영 감수

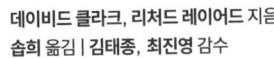

**일러두기**

**1** Britain은 영국으로, England는 잉글랜드로 번역했다. 영국은 잉글랜드, 스코틀랜드, 웨일스, 북아일랜드로 구성되어 있는데, 책에 '잉글랜드' 지역에 한정된 통계 자료가 담긴 경우가 있어 구분할 필요가 있었다. 다만 원문에 England로 표기되어 있더라도 맥락상 영국의 공중 보건 정책 전반을 다룬 대목이라 판단한 경우(예를 들어 '영국의 IAPT'나 '영국의 NHS') '영국'으로 선별해 번역했다.

**2** 미주는 원문의 주석이며, 각주는 옮긴이의 것과 감수자의 것으로 각각 괄호로 주석의 주인을 표기했다.

**3** 원문에서 이탤릭으로 강조한 대목은 본문에서 고딕으로 처리했다.

**감수의 말 ①**

# 근거기반 심리치료는
# 경제적이면서도 과학적이다

 영국을 비롯한 유럽 각국의 경우 성인 중 약 8%가 우울증, 또 다른 8%가 불안장애, 그 외의 정신질환으로 4%, 모두 합해 20%가량의 인구가 정신질환을 앓고 있다고 한다. 평생에 한 번이라도 정신질환으로 고통을 받게 되는 이의 비율은 60%에 달하는 것으로 알려져 있다. 신체질환에 못지않은 정신질환의 아픔을 견뎌야 하는 당사자와 주위 사람들의 고통은 말할 것도 없고 실업률 증가, 생산성 저하, 의료 비용 증가, 자살 증가 등을 포함한 정신질환의 사회경제적 비용은 유럽의 여러 나라에서 평균적으로 국가총생산의 약 4%에 달하는 것으로 추계되어 있다. 나 또한 2022년 국민경제자문회의의 의뢰를 받아 우리나라의 정신질환에 따른 사회경제적 비용을 추산해본 경험이 있다. 이용 가능한 자료의 한계는 있었으나, 결과

치는 최대한 보수적으로 잡아도 유럽 국가들과 큰 차이가 없었다.

널리 알려져 있지는 않으나 인지행동치료를 포함한 각종 근거기반 심리치료 기법이 심리학자들의 노력에 의해 개발되었고, 이 치료법들은 엄밀한 임상 시험을 통해 효과 또한 이미 입증되어 있다. 예를 들어 우울증과 불안장애의 경우 주 1회, 약 한 시간의 인지행동치료를 받으면 12회 미만의 치료로도 환자의 50% 이상이 건강을 회복할 수 있음이 확인됐다. 특별히 안타까운 것은 우리나라뿐 아니라 세계 여러 나라에서 수많은 정신질환 당사자들이 효과가 입증된, 이 과학적이고 체계적인 치료의 도움을 받지 못한 채 방기되어 왔다는 점이다. 이는 신체질환에 대해서는 다양한 제도와 재정 지원을 뒷받침하는 데 반해, 정신질환에는 그와 동등한 수준의 관심을 기울이지 않기 때문이라고 해도 과언이 아니다.

이 책의 원제는 《Thrive》로 간명하지만 깊은 뜻을 담고 있다. 생명을 지닌 모든 존재가 기운차게 삶을 누리는 모습도, 활기차게 번영하는 경제의 모습도 이 단어로 표현된다. 이 책은 각종 정신질환의 실태와 근거기반 심리치료의 원리 및 방법에 대해 전문지식이 없는 독자도 쉽게 이해할 수 있도록 설명한다. 뿐만 아니라 근거기반 심리치료에 대한 접근성을 획기적으로 제고하여 환자와 사회가 그 혜택을 누리도록 하는 것이, 국가 수준에서 가능함을 웅변적으로 보여주는 영국의 경험을 소상하게 들려준다.

경제학자의 관점에서 이 책에 담긴 내용 중 가장 놀라운 사실은 근거기반 심리치료를 위한 정부의 투자가 세수를 늘리고 복지 비용을 줄여 재정에 오히려 도움을 준다는 점이었다. 아울러 생산성과 취업률이 동시에 회복되고 의료 비용의 절감을 통해 국민 모두가 경제적으로 막대한 순편익을 누릴 수 있도록 해준다는 점 또한 놀라웠다. 정신질환으로 고통을 받는 많은 이들이 다시 건강한 삶을 누리기를, 또 경제가 기운을 얻어 더 활기차게 돌아가기를 바라는 두 저자의 간절한 소망을 책을 살펴보는 내내 느낄 수 있었다. 출판사와 머리를 맞대고 고심 끝에 결정한 한국어판 제목 《심리치료는 왜 경제적으로 옳은가》는 이러한 소망을 잘 담아 보여준다.

우리나라도 2024년부터 '전국민 마음투자 지원사업'으로 근거기반 심리치료를 위한 본격적 재정 투자가 시작되었다. 지금껏 드러내지 못하고 고통 속에 살아왔던 많은 국민이 이제 첫 걸음을 내디딘 이 사업을 통해 정신질환

초기 단계에서 도움을 받을 수 있기를 간절히 바란다. 그러기 위해서는 운영 성과를 매년 점검하고, 개선점을 찾아 정비해나가는 등 체계적인 정책 집행이 담보되어야 한다. 이 책에서 소개하고 있는 영국의 경험은 앞으로 정신질환 관련 제도가 어느 방향으로 나아가야 할지를 제시하는 청사진으로서 손색이 없다.

국민경제자문회의 연구 과제를 수행하면서 이 책의 저자인 런던정경대학교의 경제학자 리처드 레이어드 교수님, 옥스퍼드대학교의 심리학자 데이비드 클라크 교수님을 뵙고 도움을 받을 기회가 있었다. 많은 것을 배울 수 있었다. 앨프리드 마셜 이후로 모름지기 경제학도라면 따뜻한 가슴과 냉철한 지성을 겸비해야 한다고 배웠는데, 그 경구를 그림으로 그린다면 두 저자의 모습으로 구현되겠구나 느끼며 감탄했던 기억이 새롭다. 과학과 근거에 바탕을 둔 정책 분석의 모범 사례를 이 책에서 본다.

정신질환으로 고통받고 있는 환자와 가족, 정신 건강 문제를 개선하기 위해 애써야 할 심리치료 전문가 여러분, 국회와 정부, 그리고 언론과 학계에서 우리나라 정신 건강 개선을 위해 관심을 쏟고 있는 모든 분들께, 그리고 사회과학 혹은 정책학을 공부하는 젊은 학도들께 일독을 권한다.

김태종

## 감수의 말 ②

# 더 많은 사람이
# 더 나은 심리치료의 혜택을 누리기 위해

2013년 4월 18일 경제협력개발기구(OECD) 정신 건강 자문단장인 수잔 오코너 박사는 국회에서 한국 정신 건강 체계 개편에 관한 권고안을 발표했다. 기존에 중증 정신질환자만을 대상으로 마련했던 정신 건강 시스템을, 전 국민을 대상으로 확장할 것을 촉구하는 내용이었다. 이때 오코너 박사가 제시한 구체적인 권고안 중 하나가 가볍거나 중등도의 정신 건강 문제를 경험하는 국민들 역시 쉽게 심리치료를 받을 수 있도록 하라는 것이었다. 고도의 산업화 후유증으로 나타날 수 있는 불안, 우울 등의 정신 건강 문제를 심리치료를 통해 예방하거나 조기 개입해서 전체적으로 국민 정신 건강을 증진하고 자살률을 낮추라는 권고였다. 안타깝게도 오코너 박사의 권고는 정신 건강 정책의 변화로 곧장 이어지지는 못했다.

이후 사회적 재난, 경제 불평등 악화 등으로 인해 심리사회적 고위험군이 증가하는 상황 속에서, 나는 한국심리학회에서 활동하며 국내외 정신 건강 정책에 관한 자료와 통계들을 체계적으로 검토할 기회를 얻었다. 자료와 통계를 살펴볼수록 우리나라 정신 건강 체계에서 심리치료의 공백이 도드라져 보여 안타까웠다. 특히 2022년 10·29 이태원 참사 직후 한국심리학회에 쇄도한 심리 지원 요청을 보면서 우리나라의 심리치료 제도 부재가 얼마나 심각한지, 얼마나 위험할 수 있는지 가까이에서 경험하기도 했다.

2019년부터 2023년까지 국회 정책 토론회를 시작으로, 제5차 정신건강복지기본계획(2021~25) 연구를 비롯하여 국회와 정부에서 국가 차원의 심리 서비스 논의가 활발히 진행됐다. 그러나 이때의 논의들은 근거기반 심리치료 시범 사업으로 발전하지 못했다. 국가에서 놓친 심리사회적 고위험군을 대상으로 한 근거기반 심리상담을 민간단체인 한국심리학회가 진행하며 그 과학적 효용과 실질적 효과를 살펴볼 수 있었던 건 그나마 다행이었다. 그런 노력들이 모여, 2024년 7월 1일 '전국민 마음투자 지원사업'이라는 국가 전문 심리상담 제도가 시작됐다.

이 책의 저자인 옥스퍼드대학교 심리학과 데이비드

클라크 교수는 2013년 OECD가 대한민국에 추천한, 영국의 근거기반 심리치료 모델 IAPT Improved Access to Psychological Therapy의 설계자이자 세계적인 인지행동치료 전문가다. 지난 2년간 클라크 교수는 한국심리학회에서 진행한 근거기반 심리상담 시범 사업에 관심을 기울이며 자문을 아끼지 않았다. 또 다른 저자 런던정경대학교 경제학과 리처드 레이어드 교수는 실업 등 사회경제적 어려움으로 인한 사기 저하와 정신 건강 문제가 다양한 형태의 노동력 손실로 이어지는 것을 연구하고, 이를 해소하기 위한 영국 내 정책 입안에 기여했다. 특히 레이어드 교수는 IAPT가 시범 사업으로 시작해 이후 영국 전역에 정착하기까지 큰 역할을 담당했다. 2023년 여름, 레이어드 교수 연구실에서 이 책을 함께 감수한 KDI 국제정책대학원 김태종 교수와 함께 두 저자를 만났다. 그 자리에서 이야기를 나누는 과정에서 이 책이 우리나라에 소개된다면 한국의 정신 건강 문제를 개선하는 데 큰 도움이 되리라 확신했다.

이 책은 그동안 OECD 회원국들이 정신 건강 증진 및 자살 예방 정책에 '근거기반 심리치료'를 적극적으로 활용해온 과학적 이유와 근거뿐 아니라 정신 건강에 관한 기초 지식을 균형 잡힌 시각으로 알려준다. 전 국민을 위한 전문 심리치료(혹은 심리상담) 제도가 이제 막 시작된 지금, 제도의 효과적 실행과 확장을 위해 반드시 필요한 내용이 모두 담긴 이 책을 소개하게 되어 반가운 마음이다. 정신질환 당사자와 가족뿐 아니라 자신과 가족의 정신 건강에 관심 있는 일반 독자들, 정부와 국회에서 관련 정책과 제도 개선에 힘쓰는 사람들과 심리학, 정신의학, 보건학, 경제학 등 학계의 여러 사람에게 이 책이 부디 여전히 해결하지 못한 정신 건강 문제에 관한 논의의 물꼬를 터주고, 타개의 실마리를 찾아가는 구체적이고 실질적인 참고서 역할을 해주길 간절히 바란다.

최진영

**머리말**

# 해결하지 못한 고통

우리 중 한 사람은 경제학자이고 다른 한 사람은 임상심리학자다. 10년 전 우리는 만나자마자 이 시대의 매우 부당한 한 측면에 관해 논의하기 시작했다. 사람들은 대개 몸이 아프면 치료받지만, 정신적으로 곤란을 겪으면 그렇게 하지 않는다. 이미 좋은 치료법이 존재하는데도 말이다.

그래서 우리는 정부에 '심리치료 접근성 향상 서비스 Improving Access to Psychological Therapies(IAPT)'라는 획기적인 프로그램을 시작하도록 촉구했다. 마침내 그 프로그램을 시작하게 됐을 때 우리는 둘 다 그 프로그램의 고문으로 참여했다. 아직 갈 길이 멀긴 해도 IAPT는 지금까지 수많은 사람의 삶에 변화를 일으켰다. 〈네이처〉는 이 프로그램을 "세계 최고"[1]라며 극찬했고 전 세계 여러 나라에서도 모범으로 삼고 있다.

이 책에는 우리의 경험이 담겨 있는데 그것은 우리가 정신 건강과 건설적 정책 개발의 정당성을 옹호하는 과정에서 얻은 것이다. 간접적으로는 근거기반 심리치료evidence-based psychological therapy가 필요한 수백만 명을 위해 고군분투한 우리 공동체 전체의 노력이 담겨 있다고 볼 수 있다.

이 책은 문제의 본질과 규모, 정책의 필요성 그리고 해결책의 윤곽을 제시한다. 정신 건강에 문제가 생겼을 때도 신체에 문제가 생겼을 때와 똑같은 치료적 접근이 필요하다. 이는 도덕적으로 온당할 뿐 아니라 우리 경제와 사회가 잘 돌아가게 만드는 데도 필수적이다.

지난 50년 동안 우리 사회는 많은 분야에서 크게 발전했다. 그렇지만 해결하지 못한 고통은 여전히 남아 있다. 우리가 정신적 고통 기저의 심리적 원인을 제대로 다루지 못한 탓이다. 이 문제를 해결하는 것은 21세기의 핵심적 도전 과제다.

리처드 레이어드, 데이비드 클라크

차례

감수의 말 ① — **5**
감수의 말 ② — **10**
**머리말** 해결하지 못한 고통 — **14**

## 1부  무엇이 문제인가

### 1장  문제의 핵심은 무엇일까
얼마나 많은 사람이 고통받는가 — **28**
왜 도움받지 못하는가 — **31**
효과적인 치료법은 존재할까 — **32**
치료비가 문제일까 — **36**
조기 개입이 필요할까 — **38**
더 나은 사회를 만들기 위하여 — **39**

### 2장  정신질환의 이해
불안장애 — **48**
우울증 — **51**
조현병 — **61**
성격장애 — **63**
알코올의존과 약물 중독 — **64**
품행장애 — **65**
우리는 모두 정신 건강의 스펙트럼 어딘가에 있다 — **68**

3장　얼마나 많은 사람이 고통받고 있을까
　　　정말 더 나빠지고 있을까 — 76
　　　고통의 정도와 규모 — 78
　　　자살, 고통의 덫에 걸려 지르는 마지막 비명 — 81

4장　방치되는 사람들
　　　단 10%만이 치료를 받는다 — 88
　　　치료받는 사람이 적은 이유 — 90
　　　낙인, 치료의 가장 근본적인 적 — 93
　　　영웅들 — 96

5장　정신질환은 삶에 어떤 영향을 미치는가
　　　불행의 가장 큰 원인 — 102
　　　질병과 죽음 — 106
　　　일할 수 없는 상태 — 112
　　　낮은 소득과 성적 — 115
　　　무질서하고 반사회적인 행동 — 116
　　　삶의 모든 영역에 영향을 미치는 정신 건강 — 119

6장　정신질환에 따른 사회경제적 비용
　　　취업자 감소와 복지 의존도 증가 — 126
　　　범죄 증가 — 127
　　　신체 의료 비용 증가 — 128
　　　비용을 줄이려면 어떻게 해야 할까 — 132

## 7장　무엇이 정신질환을 일으키는가

유전자일까 — 140
유전자와 경험은 어떻게 상호작용하는가 — 143
정신 건강에 영향을 미치는 개인의 경험 — 149
통계학의 교훈 — 159
문제는 무엇 때문에 계속되는가 — 162
정신질환은 사회문화의 영향을 받는다 — 164
불평등의 문제 — 166

## 2부　무엇을 할 수 있을까

## 8장　치료는 효과적이고 믿을 만한가

과학적 접근 — 173
약물 — 176
인지행동치료 — 179
현장에서 효율적으로 적용 가능한가 — 185
중요한 건 치료법인가, 치료자인가 — 186

## 9장　치료법은 어떻게 개발됐는가

행동주의 혁명 — 192
벡과 인지치료 — 195
인지치료와 행동치료의 성공적 조합 — 197
공황장애와 인지행동치료 — 198
인지행동치료의 다양한 방식 — 207
사회불안장애와 인지행동치료 — 208
왜 어떤 치료법은 다른 치료법보다 효과적인가 — 215

## 10장   누구에게 어떤 치료가 효과적일까

    우울증과 치료법들 — **219**
    불안장애의 치료 — **227**
    섭식장애의 치료 — **233**
    심리치료와 약물치료 병행하기 — **235**
    치료를 제공하는 새로운 방식 — **236**
    저강도 치료와 단계적 관리 — **238**
    조현병의 치료 — **240**
    성격장애도 치료가 가능할까 — **243**
    알코올과 약물 중독의 치료 — **245**
    단 하나의 치료법은 없다 — **249**
    치료자의 역량이 중요한 이유 — **251**

## 11장   더 많은 치료를 감당할 힘이 있을까

    성공적 치료는 복지 비용을 절감한다 — **254**
    신체적 의료 비용도 줄어든다 — **259**
    치료는 삶의 질을 향상시킨다 — **267**

## 12장   심리치료 접근성 향상 서비스(IAPT)의 모든 것

    IAPT 탄생 스토리 — **273**
    회복한 사람들 — **280**
    IAPT의 6가지 핵심 구성 요소 — **284**
    IAPT를 향한 다양한 비판들 — **290**
    IAPT의 미래 — **293**

## 13장  아이들에게는 어떤 치료가 효과적일까
- 아이들을 위한 불안장애와 우울증 치료 — 301
- 파괴적 행동 — 302
- 아이들을 위한 IAPT — 307

## 14장  정신질환은 예방할 수 있을까
- 조기 개입의 중요성 — 313
- 사회 정서 학습의 힘 — 315
- 근거에 기반한 새로운 실험 — 320
- 회복탄력성 — 321
- 마음챙김 — 323
- 학교 규율이 중요한 이유 — 325
- 모든 환경은 행복에 기여해야 한다 — 327

## 15장  더 나은 사회문화가 도움을 줄까
- 어떤 목표를 세워야 할까 — 332
- 부모 양육의 질을 높이는 법 — 334
- 학교라는 든든한 울타리 — 336
- 노동자가 만족스러워하는 직장 — 338
- 언론과 광고의 책무 — 341
- 정부는 국민 행복 증진에 복무하는가 — 342
- 문화는 개인이 무엇을 믿느냐에 달려 있다 — 346

## 16장 이 고통을 멈추려면
정신 건강과 신체 건강을 동등하게 대할 수 있을까 — **353**
예방을 위한 한 걸음 — **357**
결핍을 바라보는 새로운 발상 — **359**


감사의 말 — **363**
표와 도표의 출처 — **367**
부록 — **375**
참고문헌 — **376**
미주 — **429**

1부

# 무엇이 문제인가

## 1장

# 문제의 핵심은 무엇일까

나는 평생 너무 먼 곳에서
손을 흔드는 게 아니라 허우적대고 있었지.

– 스티비 스미스, 〈손을 흔드는 게 아니라 허우적대고 있었지〉

영국의 유명한 사업가 데니스 스티븐슨은 이따금 찾아오는 우울증으로 고통을 겪고 있다. 그는 자신의 증상을 이렇게 설명한다.

"다리가 열 군데나 부러져 병원에 실려간 적이 있었습니다. 내 다리가 아지 문 사이에 있을 때 누군가가 문을 닫아버렸던 거죠. 얼마나 아팠을지 상상이 갈 겁니다. 그런데 우울증으로 겪는 고통은 그보다 몇 배는 더 심합니다. 정말 끔찍한 고통이에요."

정신적 고통도 신체적 고통과 마찬가지로 실재한다. 신체적 고통을 느낄 때 뇌에서 활성화되는 부위는 정신적 고통을 느낄 때도 똑같이 활성화되며, 더러는 사람을 더 심각한 불능 상태로 만든다. 그런데 두 고통은 동등하게 취급받지 않는다. 몸이 아픈 사람은 대부분 치료받지만 마음이 아픈 사람은 3분의 2가 치료받지 않는다. 뼈가 다치면 당연히 치료받으면서 마음이 다쳤을 때는 그렇게 하지 않는 것이다.

이 심각한 차별은 전 세계 모든 보건의료 체계에서 벌어지고 있다. 이것이 특히 문제인 이유는 가장 흔한 정신질환인 우울증과 불안장애를 위한 아주 좋은 치료법이 존재하기 때문이다. 현대의 심리치료와 (필요할 경우 제공되는) 약물치료는 비용도 많이 들지 않는다. 또한 치료의 경제성은 놀라울 정도다.

정신질환을 치료하면 복지 혜택에 의존해야 하는 사람이 줄어들고, 정신질환으로 인해 악화된 신체질환을 치료받는 사람의 수도 감소하는 등 비용을 엄청나게 절감할 수 있다. 이를 합리적으로 추산하면 정신질환을 치료하는 것은 그만한 가치를 지닌다. 전체 사회 관점에서 손해볼 것이 없는 것이다. 그런데도 치료가 필요한 사람의 3분의 1만 치료받는다. 이는 매우 부당하고 심각하게 비효율적인 일이다. 정신질환을 치료하지 않아 겪는 고통이 얼마나 심각한지를 알림과 동시에, 추가 비용을 거의 들이지 않고 그런 질환을 치료할 수 있음을 알리려는 것이 우리가 이 책을 쓴 중요한 목적이다.

더 포괄적 관점에서 살펴야 하는 문제도 있다. 지난 50년 동안 선진 사회는 상당히 진보했다. 절대 빈곤이 줄어들고 사람들의 신체는 더 건강해졌으며 교육과 주거 수준이 향상됐다. 그러나 미국과 영국을 비롯한 많은 나라에 50년 전과 다를 바 없는 불행이 여전히 존재하고 있다.[1] 사회 문제가 끊이지 않고 가족 내 갈등이 증가하는 한편, 범죄와 반사회적 행동도 늘고 있다. 소득, 교육, 신체 질병, 주거 같은 외적 조건을 해결한다고 더 행복하고 평온한 삶을 보장받는 것은 아니다. 우리가 놓친 부분이 있다. 바로 내면의 건강이다. 정신을 건강하게 유지하기 위해 평소에 꾸준히 관심을 기울여야 하고 이상이 생기면 전문가의 도움을 받아야 하다. 정신적으로 더 건강한 사회가 되면 우리 모두 이익을 얻을 것이다. 정신질환 탓에 치러야 하는 엄청난 사회적 비용이 이 책을 쓴 두 번째 동기다.

이 책이 전하고자 하는 진실은 많은 독자를 놀라게 할 것이다. 이 분야에서 오랫동안 활동한 우리조차 여전히 놀랄 때가 있다. 다음은 우리의 주요 탐구 질문이다.[2]

### 얼마나 많은 사람이 고통받는가

정신질환은 우리 사회에 숨어 있는 커다란 문제로 그 실제 규모를 알면 대부분 놀란다.[3] 오늘날 영국의 성인은 여섯 명 중 한 명이 우울증이나 심각한 불안장애로 고통받고 있다. 미국과 유럽 대륙도 상황은 마찬가지다.

어림잡아 세 가족 중 한 가족에 정신 건강 문제가 있는 구성원이 존재한다. 그러다 보니 우리에게 무슨 일을 하는지 묻는 사람들에게 정신 건강 분야에서 일한다고 답하면, "아, 우리 아들이" 혹은 "우리 어머니가요"라며 운을 떼는 사람이 많다. 어떤 사람은 "사실 제가 말이죠"라고 입을 열면서 "다른 사람한테는 말하지 말아주세요"라고 덧붙인다(특히 정치인이 그렇다). 미국에는 교통사고로 사망하는 사람보다 자살하는 사람이 더 많다.[4]

정신질환은 흔하기만 한 게 아니다. 그것은 인간이 자

신을 돌보고 사회적으로 적절히 기능하며 문제를 해결하고 신체와 정신의 고통을 피하는 능력을 손상시킴으로써 우리를 심각한 불건강 상태로 만든다. 이 측면을 고려하면 우울증이 협심증이나 천식, 관절염, 당뇨보다 평균적으로 50% 이상 더 많은 장애를 일으킨다는 점에 주목해야 하는 것은 당연하다고 볼 수 있다.

정말 놀라운 사실은 세계보건기구WHO가 질환 규모를 측정하고 그 심각도를 평가한 결과, 선진국의 전체 질환 중 정신질환이 거의 40%를 차지하는 것으로 나타났다는 점이다.[5] 이와 대조적으로 뇌졸중, 암, 심장질환, 폐질환, 당뇨는 20% 조금 넘게 차지했다. 아래 도표가 이를 보여

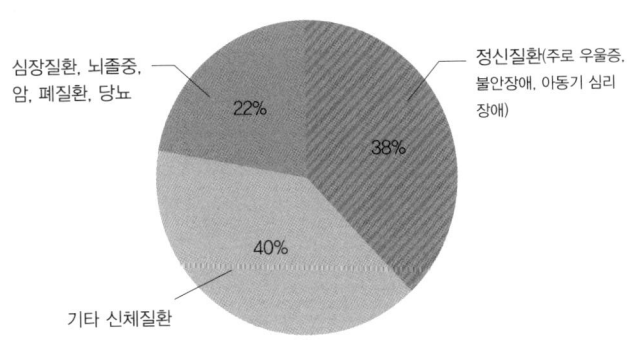

**선진국에서 전체 질환 중 정신질환이 차치하는 비율은 38%다**

준다.

정신질환은 적응하기가 극도로 힘든 편이다. 지속해서 통증을 유발하는 경우를 제외한 대부분의 신체질환보다 훨씬 더 그렇다.[6] 정신질환을 앓는 사람은 지속적으로 끔찍한 고통을 겪는다. 아파서 일을 쉬는 날이 거의 절반이라 업무에도 좋지 않은 영향을 준다. 납세자 역시 피해를 보는데 이는 장애수당을 받는 인구의 거의 절반이 정신질환 당사자이기 때문이다.

이 모든 상황을 고려하면 정신질환이 전 세계 보건 기관에서 우선순위를 차지할 거라고 짐작할지도 모른다. 현실은 그렇지 않다. 2007년 영국 보건부에 새 장관이 취임하고 3주가 지났을 때 그와 만날 기회가 있었다. 회담이 끝날 때쯤 장관은 이렇게 말했다.

"문득 깨달은 사실이 있습니다. 임기를 시작하고 3주 동안 40개 회의에 참석했는데, 정신 건강이라는 표현 자체를 들은 적이 없었습니다."

기업들도 상황은 마찬가지다. 매년 겨울 눈 덮인 스위스 다보스에서 세계경제포럼이 열린다. 세계에서 가장 혁신적인 60개 고용주 그룹인 '사업장 웰니스 동맹Workplace Wellness Alliance' 회의도 포럼 중 진행된다. 2012년 1월 개최

된 세계경제포럼 사업장 웰니스 동맹 회의의 주제는 기업이 당면한 건강 문제였는데 심혈관계질환, 당뇨, 폐질환, 암, 근골격계 등의 문제를 두고 구체적인 발표가 있었다. 그러나 병가病暇의 가장 흔한 원인인 정신질환은 아예 다루지 않았다. 정신질환은 사람들이 언급을 꺼리는 주제였다.

### 왜 도움받지 못하는가

이 점을 생각하면 대부분 정신질환을 치료하지 않는다는 사실이 놀랍지 않다.[7] 신체질환이 있는 사람은 거의 치료받지만 정신질환이 있는 사람 중 치료받는 경우는 3분의 1도 되지 않는다. 이 수치는 선진국 전체에 해당하며 영국, 미국, 유럽 대륙에서는 중증 우울증의 경우에조차 치료받는 사람의 비율이 절반에 미치지 못한다. 췌장이 잘못되면 당연히 치료받지만 정신에 문제가 생긴 경우에는 수십 년 동안 치료받지 않는다.

과연 무엇 때문에 이런 말도 안 되는 상황이 벌어졌을까? 우선 사회적 낙인이 하나의 이유다. 사람들은 정신이 아프다는 사실을 수치스럽게 여긴다. 신체질환은 하늘의 뜻이지만 정신질환은 자신이 뭔가 잘못한 탓이라고 생각한다. 가족이 느끼는 죄책감도 크다. 심장질환이나 암 같은 질병과 달리 대다수 국가에서 정신질환자의 목소리를 대변하는 효과적인 로비 활동이 전혀 없는 이유가 바로 이 때문이다.

중요한 이유가 하나 더 있다. 바로 과학기술 정보의 격차다. 많은 사람이 신체질환을 위한 다양한 치료법 못지않게 정신질환에도 효과적이고 새로운 치료법이 있다는 사실을 모르고 있다.

### 효과적인 치료법은 존재할까

지금은 상황이 과거와 다르다.[8] 1950년대 이전에는 과학적으로 입증된 정신질환 치료법이 존재하지 않았다. 그러나 1950년대를 거치는 동안 정신질환 증상과 우울증을 조절하는 중요한 약물인 항정신질환 약제와 항우울제를 발견했다. 문제는 상당수 환자가 부작용 탓에 약 복용을 꺼린다는 점이다. 정신질환을 치료받는 환자 수가 적은 데는 이런 이유도 있다. 다행히 1960년대와 1970년대에 심리치료 분야에서 획기적 발전이 일어났다. 가장 주목할 만한 치료법은 오늘날 우리가 인지행동치료Cognitive Behavioural

Therapy(CBT)라고 부르는 것이다. 이 치료법은 사고가 감정에 영향을 미치고, 건강한 사고 습관은 한 단계씩 체계적으로 만들어갈 수 있다는 사실에 기초한다. 물론 인지행동치료만 효과적인 치료법은 아니며 효과가 없을 때도 있다. 그러나 다른 어떤 치료법보다 많은 검증 과정을 거쳤기에 평균적 효과에 관해 자신 있게 말할 수 있다. 그 효과는 의학 치료를 시험할 때와 똑같이 수백 건의 무작위 배정 임상 시험을 통해 공인됐다.

연구는 통상 우울증이나 불안 증세로 인지행동치료를 받은 환자의 약 50%가 치료받는 동안 회복했고, 나머지 환자 중 상당수도 증상이 크게 개선되었다는 사실을 보여준다. 인지행동치료는 단기적으로 약물치료만큼 효과적이며 우울증 재발 억제에는 약물보다 더 효과적이다. 불안 증세에는 훨씬 더 인상적인 효과를 냈다. 사회 공포증, 공황장애, 강박장애 같은 증상이 있는 사람은 수십 년 동안 그 증상으로 고통받곤 하지만 치료에 성공하면 평생 거의 재발하지 않는다.

이 '심리학의 혁명'을 이끈 영웅은 정신과 의사 아론 벡이다. 정신분석가로 시작한 벡은 정신분석학을 개관적인 과학으로 만들고 싶어 했다. 벡은 우울증의 원인이 '억

눌린 자신을 향한 무의식적 적개심'이라는 정신분석학의 중심 가설을 확증하고자 한 가지 연구를 설계했다.[9] 그는 동료들과 함께 우울증 환자와 우울증 환자가 아닌 사람의 꿈을 비교했다. 그런데 예상과 달리 우울증 환자의 꿈이 오히려 덜 적대적으로 나타났다. 하지만 그들의 꿈 내용은 분명 깨어 있을 때 실제로 생각하는 방식과 상당히 닮아 있었다. 그들은 자신을 피해자로 여겼다. 다른 사람이나 환경이 자신에게 적대적이라 여겼으며 자신이 거절당하고 거부당하고 버림받았다고 느꼈다.

벡은 환자가 실제로 생각하고 있는 내용에 초점을 두고 환자 본인도 의식하지 못한 채 빠져 있는 사고의 패턴을 스스로 살펴보도록 했다. 그리고 그는 무언의 생각을 감지하기 위해 환자를 마주하고 앉았다.[10] 환자들의 얼굴에 어두운 감정이 스쳐 지나갈 때마다 그는 "방금 무슨 생각이 들었나요?"라고 물었다. 우울증 환자의 경우 한 번의 나쁜 경험을 과도하게 일반화하고, 극단적인 가능성에 집중하며, 최악의 가능성에 높은 가중치를 두는 경향이 있음이 드러났다. 벡은 환자 스스로 자신의 사고 안에 얼마나 많은 편향과 왜곡이 존재하는지 관찰하는 방법을 가르쳤다. 놀랍게도 일부 환자는 12회 치료가 모두 끝나기도 전에 다 나왔다며 더 이상 그를 만나러 오지 않았다.

    심리학의 혁명을 이끈 또 다른 영웅은 남아프리카공화국 출신의 심리학자 조셉 월피다. 그 역시 정신분석학을 기반으로 환자를 치료했지만 치료 속도가 느려 좌절감을 느끼고 있었다. 그러던 중 월피는 특정 대상에 공포를 느끼는 동물을 그 대상에 점진적 방식으로 노출함으로써 공포를 없앨 수 있다는 러시아 심리학자 이반 파블로프의 연구를 접했다. 월피는 이 방식을 환자를 치료하는 데 적용했고, 벡과 마찬가지로 환자가 빠르게 회복한다는 사실을 발견했다. 벡과 월피 모두 훗날 인지행동치료로 통합된 핵심 개념에 관해 통찰을 얻은 것이다. 그들은 새로운 치료의 신뢰도를 높이고자 표준 매뉴얼을 개발했고, 공감 능력을 갖춘 훈련받은 치료자가 이를 수행하도록 했다. 이어 과학적 무작위 시험으로 치료의 유효성을 측정하고자 엄격한 척도를 개발하는 한편 회복한 환자의 비율을 알아냈다. 회복률은 50% 이상으로 나타났고 이는 오늘날 전 세계 수백만 명에게 희망을 주고 있다.

    분명 다른 치료법도 매우 효과적일 수 있다. 그것 역시 체계적으로 발전시키고 검증해야 한다. 이로써 훗날 인지행동치료가 더 효과적인 다른 치료법 개발에 어떻게 이바

지했는지 알려지길 바란다. 과학적 심리치료가 삶을 변화시킬 수 있음에 대해서는 이미 의문의 여지가 없는 단계에 이르렀다. 이는 우리 문화에 영구적 변화를 일으켰다고 볼 수 있다.

현대적 심리치료의 탁월한 부분은 약물치료든 심리치료든 결과에 관해 엄밀한 검증을 바탕에 두고 발전해왔다는 점이다. 이는 모호하고 구조화되어 있지 않으며 치료 기간이 너무 길어 의사들이 꺼리는 방법들과는 거리가 멀다. 반복 검증이 가능한 무작위 대조 시험에 기반한 현대적 심리치료법은 신체질환에 적용하는 대부분의 치료법만큼 성공률이 높은 과학이다. 안타까운 것은 이 사실이 널리 알려져 있지 않고, 대다수 국가에서 근거기반 심리치료를 받기가 여전히 어렵다는 점이다.

### 치료비가 문제일까

치료받기 어려운 이유는 치료비가 비싸서가 아니다.[11] 표준적인 인지행동치료 과정은 일대일로 1시간씩 최대 16회 세션으로 이루어지며 평균 세션 수는 10회 정도다. 전체 비용은 영국 화폐 단위로는 대략 1,000 파운드, 달러로는 2,000달러(한화 약 200만 원)다. 더구나 상태가 심각한 환자의 경우에도 성공률이 50% 수준으로 비용 대비 경제성에 의심의 여지가 없다. 이에 따라 영국 국립보건서비스 British National Health Service(NHS)는 공식 지침을 내려 대부분의 정신질환에 인지행동치료를 권장하고 있다.[12]

구체적인 경제성 분석은 더욱 놀라운 결과를 보여준다. 특히 의료보험제도의 재정을 운용하는 사람들이 주목해야 할 점이 있다. 그것은 정신 건강이 신체 건강에 엄청나게 큰 영향을 미치는 까닭에 궁극적으로 그것이 전체 의료비 지출에 영향을 준다는 사실이다. 우울증과 불안 증세는 당신이 생존하는 동안 주치의나 전문의를 찾는 횟수를 늘린다. 반면 여러 통제된 연구는 심리치료를 받으면 신체질환으로 병원을 찾는 횟수가 현저히 감소한다는 사실을 보여준다. 그렇게 절약한 비용은 심리치료에 충분히 활용하고도 남는 수준이다. 보건 당국 입장에서 이는 일석이조다. 심리치료에 투자를 늘림으로써 정신질환을 치료하는 것은 물론이고, 신체질환 치료에 소요되는 비용을 줄일 수 있기 때문에 보건의료 재정 전반은 오히려 개선되는 것이나.

복지 제도의 재정 측면에서도 마찬가지다. 정신질환

을 앓는 많은 사람이 일자리를 잃곤 한다. 그러나 더 많은 사람이 심리치료를 받으면 복지 지원금을 받거나 직장을 잃을 위험에 처한 사람 중 치료받는 사람의 비율이 높아질 것이다. 그러면 취업자의 수는 늘어나고 복지 수혜자의 수는 줄어든다. 이에 따라 세수는 증가하고 복지 지출은 감소하게 된다. 보수적으로 계산하더라도 재정 수지의 개선 폭이 심리치료의 비용보다 큰 것으로 확인되고 있다. 결국 심리치료를 위한 투자에는 이중의 이익이 존재한다. 다시 말해 심리치료 비용은 신체질환 의료비를 절감하고, 복지 비용과 세수 손실을 줄임으로써 두 측면에서 재정적으로 보전되고도 남는 효과가 있다.

그런데도 의료보험의 재정을 담당하는 사람들은 대체로 필요한 추가 지원을 반대한다. 정신질환을 치료받는 사람이 극도로 적은 이유는 이 때문이다. 따라서 가장 큰 책임은 재정 담당자들에게 있다.

### 조기 개입이 필요할까

아이들은 어른보다 훨씬 더 많은 도움을 필요로 한다.[13] 다시 말하지만 우리에게는 이미 좋은 치료법이 있다.

그러나 대다수 나라에서 사람들이 심리치료를 받기란 쉽지 않다. 어른과 마찬가지로 아이들도 치료받는 경우가 드물다. 정신질환이 있는 청소년 네 명 중 한 명만 치료받는 실정이다.

이 문제에 보이는 근시안적 태도는 당혹스러울 정도다. 성인기 정신질환의 절반가량이 어린 시절에 시작되기 때문이다. 더구나 아동의 정신 건강 문제는 우리 사회에 많은 어려움을 초래하는 원인인 경우가 많다. 정신질환을 앓는 아이는 등교 거부, 마약 복용, 자해 등의 위험이 훨씬 크다. 청소년기에 '품행장애'를 보이는 아이는 어른이 되어 범법 행위로 체포될 확률, 10대에 부모가 될 확률, 이혼할 확률, 나아가 복지 혜택에 의존하며 살아갈 확률이 훨씬 높다. 이처럼 정신질환이 우리 사회 전반에 미치는 영향이 우리의 두 번째 주제이자 더 포괄적인 주제다.

### 더 나은 사회를 만들기 위하여

제2차 세계대전 중 가장 암울했던 시기, 윈스턴 처칠은 경제학자 윌리엄 베버리지에게 사회 정책의 미래를 검토하게 했다. 베버리지는 이후 영국의 정책 방향을 결정한 그의 유명한 보고서에서 사회 문제를 일으키는 다섯 거인으로 빈곤, 나태, 무지, 불결, 질병을 제시했다. 그 각각을 현대 표현으로 바꾸면 가난, 실업, 낮은 교육 수준, 열악한 주거, 신체질환이라 할 수 있다. 그 보고서가 나온 이후 우리는 이따금 생기는 실업 문제를 제외하면 다섯 거인에 맞서 크게 발전했다. 그렇다고 현재 우리 사회가 그때보다 더 행복하다고 말할 수는 없다. 결손가정과 불안한 아동이 늘어났고 범죄도 증가했다.[14] 우리 내면에 존재하는 인간적 요소는 별로 변한 게 없다는 사실이 중요한 이유 중 하나일 것이다. 우리는 외부 문제와 씨름하느라 내부 문제, 즉 여섯 번째 거인인 정신질환이라는 악에 대처하지 못했다.

바로 이 지점에서 복지 제도가 잘못되기 시작했다. 모든 것을 외부 문제로 상정한 탓이다. 물론 상당수가 외부 문제다. 그러나 전부는 아니다. 우울증, 불안, 성격장애 등은 인류 역사만큼이나 오래됐다. 달라진 것은 지난 50년 동안 이런 문제를 해결하기 위한 방법을 개발해왔다는 사실이다.

우리에게는 사람들이 원할 뿐 아니라 별로 비싸지도 않은 치료법이 있다. 이 치료법의 성공률은 엄격한 임상시험을 통해 이미 확인되었다. 그런데도 대다수가 이 치료를 받지 못하고 있다. 우리는 사람들이 이 치료를 받으면 사회가 더 좋아질 거라고 믿는다.

물론 이것이 우리에게 필요한 전부는 아니다. 예방 차원의 정책과 주요 사회 변화도 필요하다.[15] 그렇지만 이미 고통받는 수백만의 사람이 있다. 우리는 어떻게 하면 그들을 도울 수 있는지, 그 결과가 어떨지 알고 있다. 필요한 치료를 받게 하는 것이 최우선이자 진정한 변화를 이끄는 가장 확실한 정책이다. 이것이 우리가 이 책에서 전달하고 싶은 핵심 주장이다.

이를 위해 이어지는 질문을 장별로 실었다. 1부에서는 정신질환이 환자와 주변인의 삶에 어떤 영향을 미치는지 살펴본다. 또 정신질환의 원인도 진단한다. 2부에서는 우리가 할 수 있는 일들을 알아본다. 훌륭한 치료법은 이미 존재한다. 이제 그 치료법을 많은 사람에게 제공할 차례다. 영국의 심리치료 접근성 향상 서비스 Improving Access to Psychological Therapies(IAPT) 프로그램은 우리가 무엇을 할 수 있는지 보여주는 하나의 사례다.[16] 그리고 정신질환을 예방하기 위해서도 많은 일을 할 수 있다.

이제 근본적으로 다시 생각할 때가 됐다. 정신질환은 수많은 사람의 삶을 피폐하게 만들고 너무 많은 문제를 일으킨다. 다만 큰 희생이나 추가 비용 없이 문제에 대처할 수 있다는 것은 좋은 소식이다. 한 언론인은 정신질환 해결을 두고 "생각할 것도 없이 당연히 필요한 일"이라고 표현했다.[17]

## 2장

# 정신질환의 이해

우울증은 내 평생 가장 끔찍한 경험이었다. (…)
앞으로 영원히 기쁨을 느낄 수 없으리라는 절망이 거기 있었다.

— J. K. 롤링

개러스는 매력 넘치는 30대 남성이다. 그러나 그는 20대 시절 내내 집에 틀어박혀 지냈다. 자신이 잘생기지 못해서 모두가 자기를 비웃는다고 생각한 개러스는 다른 사람들과 어울리는 것을 힘들어했다. 그는 외출하면 공황 발작을 일으켰고 어디론가 도망쳐 숨곤 했다.

이 비합리적 두려움과 자기혐오는 놀랍긴 해도 드문

경우가 아니다. 학교에서 개러스는 착실한 학생이었지만 다른 사람들과 함께 있을 때 불안을 느꼈다. 언젠가 학교에서 작문 과제로 자신의 우울증과 자살을 주제로 글을 쓴 적도 있다. 직장을 다니기 시작하면서 개러스의 증상은 스스로 감당할 수 없을 만큼 심해졌다. 결국 개러스는 이후 7년 동안 일을 쉴 수밖에 없었다.

그는 주치의에게 18개월 동안 '정신역동psychodynamic' 심리치료를 받았는데, 그 과정에서 지난 삶과 역기능적 가족관계를 탐색했다. 개러스의 부모는 그가 열세 살 때 이혼했는데 처음에는 매우 폭력적이던 아버지와 함께 살다가 나중에는 어머니한테로 갔다. 안타깝게도 치료자는 개러스의 현재 문제인 자기혐오와 사회불안은 다루지 않았다. 개러스의 증상엔 차도가 없었다. 그 뒤 2년 동안 추가로 심리학자 2명을 소개받았고 그중 한 명은 '인간중심person-centred' 치료 방식을 적용했으나 역시 효과가 없었다. 약물치료도 마찬가지였다.

그러던 어느 날 개러스는 우연히 TV 다큐멘터리 〈사랑하기엔 너무 못생긴Too Ugly For Love〉을 시청했다. 그 다큐멘터리는 자신이 너무 못생겨서 사람들이 비웃을 거라고 확신하는 증상을 보이는 '신체 변형 장애body dysmorphic disorder'

를 다루고 있었다. 개러스가 느끼던 감정과 정확히 일치했다. 그는 프로그램에 나온 치료자를 찾아가 진단을 받았다. 추가로 3년을 고생한 끝에 마침내 12주간 인지행동치료를 진행하는 병원에 입원했다.

개러스는 "8주 만에 내 인생이 바뀌었다"라고 표현했다. 나중에 그는 "나는 태어나서 처음 다른 사람들이 아무렇지 않게 하는 일을 즐기고 있다. 사회 일원으로서 사람들 사이를 편안하게 걷는다. 교실 같은 곳에서 소리 내 의견을 말하거나 카페에 앉아 간식을 먹기도 한다. 가끔 다시 태어난 느낌을 받는다. 공포와 위협으로 가득하던 세상에 가능성과 즐거움이 넘친다"[1]라고 썼다.

개러스는 곧바로 자원봉사 일을 시작했다. 또한 심리치료사가 되기 위한 훈련을 받고 현재 전업 치료사로 활동하고 있다. 그는 간혹 과거 얘기를 하다 눈물을 보인다. 그런 모습이 아니면 그가 겪은 시련을 믿지 못할지도 모른다.

리사는 쉰세 살의 중년 여성으로, 세 살배기 동생이 죽은 직후부터 불안 증세를 보였다. 리사의 불안은 계속 다른 주제로 옮겨갔으며 열네 살 때는 불안을 통제하기 위한 자신만의 확인 강박 의식까지 있었다. 예술 학위를 받았을 때쯤에는 자신이 누군가를 죽일지도 모른다는 불안에 사로잡혀 있었다. 사람의 뇌를 보고 싶었는데 그러려면 사람들을 죽이는 방법밖에 없다고 생각한 것이다. 이러한 강박 사고를 해결하기 위해 병원을 찾았으나 치료자들은 리사의 생각에 여동생의 죽음을 포함한 어린 시절 경험이 어떻게 투영되어 있는지만 설명할 뿐이었다. 리사는 자신의 강박적 생각을 통제할 방법을 찾지 못했고 수년 동안 직업을 얻기도 힘들었다. 술에 의존하며 지냈고 어린 아들을 돌보지 않은 채 방치했다. 약은 거의 효과가 없었다. 결국 쉰 살 무렵 강박장애obsessive-compulsive disorder(OCD)를 치료하는 전문 병원을 찾았고, 그로부터 3년이 지난 뒤 리사는 이렇게 적었다.

"나는 강박장애 전문가에게 배운 방법으로 불쑥불쑥 떠오르는 생각을 통제할 수 있다고 자신한다. 더 이상 심리치료사의 도움은 필요치 않아 보인다. 술에 의존하던 시절로 돌아가고 싶은 생각도 전혀 없다. 쉰세 살의 통통한 중년 여성인 나는 완벽과 거리가 멀지만 기분만큼은 엄청난 부자가 된 것 같다! 전에는 내가 형편없는 인간처럼 느껴졌다. 강박장애 치료를 마쳤을 때, 나는 스스로를 정말 괜찮은 사람으로 느끼게 되었고 미래를 향한 희망을 품을 수 있었다. 나는 더 자유롭게 활동하고 유연하게 사고하는 사람이 되었다. 최근 아들에게 '어떤 공룡도 엄마를 뺏어 갈 수 없어!'라고 쓴 생일 카드를 받았다."[2]

 2006년 2월 28일, 케빈 아이비슨 대위는 바스라 근교에서 폭발물 처리반을 지휘하고 있었다. 그때 거대한 폭발이 일어나 아이비슨은 눈앞에서 동료 2명을 잃었다. 이라크의 성난 군중이 그가 타고 있던 차량 뒤로 모여드는 바람에 뒤로 물러날 수도 없었다. 아이비슨의 눈앞에는 또 다른 폭발물이 있었다. 그 폭발물을 해체하려 했다가는 누군가가 원격으로 폭발시키거나 저격수가 자신을 죽일 수도 있었다. 공포에 사로잡힌 아이비슨은 자신이 곧 죽으리라고 확신했다. 그런데도 앞으로 나아가 폭발물을 옮겼고 나머지 팀원들을 탈출시킬 수 있었다.

 그 사건 이후 아이비슨의 정신은 완전히 무너졌고 결국 그는 군대를 떠났다. 비록 용기 있는 시민을 기리는 조지 메달 George Medal 을 받긴 했으나 자신 때문에 동료들이 죽었다는 생각에는 변함이 없었다. 깨어 있는 내내 아이비슨은 그날의 일을 떠올렸고 잠이 들면 끔찍한 악몽에 시달렸다. 그렇게 그는 내내 죽음과 공포에 사로잡혀 지냈다. 숭대에서 가장 뛰어난 인재였던 아이비슨은 그 사건 이후 무뚝뚝하게 변했으며 사람이든 소음이든 모든 자극에 쉽게 화를 냈다.

그로부터 4년이 지난 뒤 아이비슨은 사우스런던의 모즐리 병원에서 자신에게 치료가 필요하다는 사실을 깨달았다. 그곳에서 인지행동치료를 12회 받았고 아주 안전한 환경에서 어떤 판단도 내리지 않은 채 그날의 모든 순간을 떠올렸다. 또한 치료를 진행하는 동안 일상에서 느끼는 짜증을 참아낼 수 있었다. 아이비슨은 그 변화를 이렇게 표현했다.

"치료를 시작하고 두 달도 지나지 않아 완전히 다른 사람이 된 것처럼 느껴졌다. 결국 다시 '예전'의 내 모습에 가까워졌다."[3]

### 불안장애

개러스와 리사, 아이비슨은 전 세계에서 다양한 불안장애로 고통받는 수백만 명의 사람을 대표하는 전형적인 사례다. 초원에서 여러 위험한 동물과 함께 진화해온 인간은 쉽게 놀랄수록 생존에 유리했다. 그 시대에 불안은 생존에 필요한 기능적 역할을 했다. 하지만 현대 사회에서 과도한 걱정은 생활에 장해가 된다. 우리는 대개 필요 이상으로 걱정하며 그 걱정과 집착의 범위는 매우 넓다. 대략 8%가 전문가의 도움이 필요한 수준[4]이며 이들이 겪는 질환은 '불안장애'다.

어떤 사람들은 불안을 느끼는 것이 **일상적**이다. 이들은 온갖 걱정으로 집중하기도, 가만히 앉아 있기도 힘들어하며 잠을 잘 이루지 못하기도 한다. 그 탓에 피로와 극도의 스트레스에 시달린다. 특정 불안은 간혹 더 큰 기능장애를 일으킨다. 가장 흔한 예가 공황 발작, 사회 공포증, 강박장애, 외상 후 스트레스 장애다.

**공황 증세**를 보이는 사람은 자신이 곧 죽거나, 기절하거나, 미치거나, 심장마비 혹은 뇌졸중을 겪을 거라고 생각한다. 그들은 어떤 신체 감각을 위험 신호로 여기는데 이는 '투쟁- 도피 반응'을 일으켜 심장 박동이 빨라지게 만든다. 그들은 절대 죽지 않지만 그 공포가 너무 강렬한 나머지 공포로 인해 실제로 발작을 경험할 수 있다. 이러한 공포를 경험한 사람은 혹시 일어날지도 모르는 발작을 두려워해 집을 나오지 못하고 광장 공포증까지 얻는다. 공황 장애가 있는 사람 다섯 명 중 한 명이 자살을 시도한다.[5]

**사회 공포증**이 있는 사람은 타인이 자신을 재미없고 한심한 사람으로 여길 거라고 믿는다. 이들은 타인에게 비치는 자기 모습을 끊임없이 관찰하는데 그러한 자의식이 상황을 훨씬 나쁘게 만든다. 그들은 가끔 얼굴이 붉어지고 땀을 흘리거나 몸을 떤다. 상태가 심각해지면 개러스가 오랫동안 그런 것처럼 그냥 숨어버린다.

**강박장애**를 앓는 사람은 막고 싶지만 막을 수 없는 아주 구체적인 사고나 행동을 떠올린다. 리사가 그처럼 강박적 사고를 하는 사례다. 대표적인 사례는 누군가를 죽인다거나 다른 끔찍한 행동을 하는 상상에서 벗어나지 못하는 것이다. 강박 행동에는 반복해서 손을 씻거나 문이 잠겼는지 확인하는 행위 등이 있으며 때론 이것이 1시간 이상 이어지기도 한다. 이러한 사고와 행위는 사람을 완전히 무력하게 만들 수 있다.

마지막으로 **외상 후 스트레스 장애**는 아이비슨처럼 엄청난 충격을 겪은 사람이면 누구나 겪을 수 있다. 충격을 준 경험이 머릿속에 반복해서 떠오르거나 다른 일을 할 때도 생각난다. 이 경우 가정과 직장에서 사람들과의 관계에 문제를 일으킬 만큼 극도로 예민해지고 쉽게 놀라며 짜증을 잘 낸다.

불안장애가 아동기에 시작되는 경우가 있는데, 특히 사회 공포증이 그렇다. 일단 증상이 나타나면 대부분 불안 증세가 오래 이어진다. 어떤 조사에서는 환자들이 평균 17년 동안 증상을 경험하는 것으로 나타났다.[6] 그러나 일단 치료에 성공한 다음에는 회복 상태를 유지하는 편이다.[7] 우울증의 고통은 불안장애에 비해 간헐적이지만 삶에 미치는 파괴력은 별반 다르지 않다.

### 우울증

저명한 과학자 루이스 월퍼트는 예순다섯 살 무렵 우울증에 걸렸다. 그는 당시를 이렇게 회고한다.

"살면서 겪은 일 중 최악이었다. 아내가 암으로 죽어가는 모습을 지켜볼 때보다 더 고통스러웠다. 내 우울증이 아내의 죽음보다 더 끔찍하다고 하는 게 남편으로서 할 소리인가 싶겠지만, 사실이 그랬다. 우울증은 이전에 전혀 경험해본 적 없는 상태였다. 흔히 말하듯 단지 무기력하고 우울한 정도가 아니었다. 나는 부정적 생각에 침잠해 있었고 거의 모든 시간을 자살만 생각하며 보냈다. 일은 고사하고 생각조차 제대로 할 수 없었다. 그냥 하루 종일 웅크린 채 침대에 누워 있고 싶었다. 자전거를 타거나 혼자 외출할 수도 없었다. 혼자 있으면 공황 발작이 일어났다. 신체 증상도 다양했다. 불에 덴 것처럼 피부가 벌겋게 달아올랐고 경련도 일어났다. 새로운 신체 증상을 경험할 때마다 엄청난 불안에 휩싸였다. 예를 들어 소변을 볼 수 없을까 봐 겁이 났다. 수면제를 먹어야 겨우 잠들었는데 그조차 몇 시간뿐이고 깨어나면 더 끔찍했다. 미래가 암울했다. 나는 다시 일하거나 회복할 수 없다고 생각했다. 어쩌면 정신을 놓을지도 모른다는 끔찍한 공포에 시달렸다. 해결책은 자살뿐이었다."

루이스는 자신의 우울증이 심장부정맥을 위해 처방받은 약을 바꾸면서 생긴 신체 반응과 은퇴에 따른 두려움에서 비롯됐다고 여겼다. 시간이 갈수록 감정이 강렬해졌다. 약물치료를 받았음에도 자살 욕구에 압도당했다. 안전을 위해 병원에 입원했으나 여러 주 동안 고통이 이어졌다. 퇴원할 만큼 상태가 좋아진 다음에도 혼자 있는 걸 견딜 수 없었다. 그래서 인지행동치료를 받기로 했다. 사실 가장 힘든 시기에 인지행동치료를 추천받았으나 그때는 도움이 되지 않았다. 하지만 나중에는 "정말 큰 도움"을 받았다. 마침내 그는 다시 일할 수 있었고 정상적인 삶으로 돌아갔다. 그는 항우울제를 끊었으며 《악성 슬픔 Malignant Sadness》이라는 멋진 책을 쓰기도 했다.[8]

메리는 9년 동안 다른 사람과 함께 식사하는 게 힘들었다. 심지어 자식들과 식사할 수도 없었다. 메리는 자신이 한없이 작게 느껴졌다. 유일하게 예외였던 경우는 누군가가 메리에게 음식을 대접할 때뿐이었다. 메리는 몹시 비판적인 어머니 밑에서 불행한 어린 시절을 보냈다. 그렇지만 진짜 우울증이 시작된 건 남편과 이혼한 뒤였다. 무엇보다 일부러 사고를 낼 것 같은 두려움에 운전할 수가 없었다. 정신이 산만한 상태에서 정처 없이 걷다가 길을 잃기도 했다. 메리는 당시 자신이 끔찍한 공허감에 시달렸다고 설명했다.

"절대 사라지지 않는 바이러스가 나를 조금씩 좀먹고 있는 기분이 들었다. 나는 점점 사라지고 있었다."

병원에 갈 때마다 의사General Practitioner(GP) 앞에서 펑펑 울었지만, 의사는 메리에게 프로작prozac(항우울제)을 처방하는 게 전부였다. 비록 전문의가 아닌 일반의였어도 어느 정도 도움을 받은 건 사실이었으나 9년 동안 끔찍한 기분에서 벗어나지는 못했다.

결국 메리는 심리치료를 받기로 결심했고 그중에서도 인지행동치료를 선택했다. 처음에는 도움을 받을 거라고 기대하지 않았다. 그러나 총 11회짜리 치료 과정의 중반

부에 접어들었을 때 희망의 조짐이 보였다. 메리가 인지행동치료에서 얻은 도움은 크게 3가지였다. 첫 번째는 자기비판적 사고가 얼마나 비합리적인지 체계 있게 분석하는 일이었다. 두 번째는 긍정적인 행동을 계획하고 감사 일기를 쓰는 것이었다. 세 번째는 안전한 치료 상황에서 다른 사람들과 함께 식사하는 것 같은 행동 실험이었다.

그 결과 메리의 기분은 완전히 바뀌었다. 메리는 예전과 달라졌고 4년 넘게 그 상태를 유지하고 있다.

20대 후반의 아름답고 재능 있는 여성이었던 소피는, 자신의 완벽주의 성향 때문에 항상 힘들었다. 자신이 세운 기준을 결코 충족할 수 없었기 때문이다. 그런 성향 탓에 소피는 비정상적 수준으로 감정에 무감각한 10대 시절을 보냈다. 열다섯 살에 대형 사고를 당하고도 자신이 살아났다는 사실에 아무런 감정을 느끼지 못했다. 학교 성적은 상당히 뛰어났지만 결국 대학을 졸업하던 해에 완전히 무너지고 말았다.

소피는 제대로 생각할 수도, 대처할 수도 없었다. 어딘가에 갇힌 것처럼 옴짝달싹할 수 없다고 느꼈고 그래서 망연자실했다. 완벽한 공허감과 걷잡을 수 없이 빙빙 도는 광란의 감정 사이를 오갔다. 어느 순간 그 모든 것에서 벗어나고 싶은 강한 욕망에 사로잡혔다. 결국 메리는 한밤중에 자신의 방에서 위스키를 마시고 약을 먹었다. 얼마간 아프긴 했어도 다행히 살았고 학위를 마칠 수 있었다.

그러나 다음 해에는 더 심각했다. 직장을 그만둔 뒤 어떤 일도 꾸준히 할 수 없었다. 너무 힘들어서 술을 많이 마셨다. 상담사를 만나도 별다른 차도가 없었다. 그러다가 인지행동치료를 추천받았다.

소피는 자기 생각을 관찰하고 기록하는 법을 배웠는데 덕분에 마음이 차분해졌다. 자신의 완벽주의도 분석하고 살펴볼 수 있었다. 또한 먹고 자고 사교 활동을 하는 방법뿐 아니라 술을 적당히 마시는 법, 일상을 계획하는 법도 배워 혼란스러운 삶에서 벗어났다. 곧이어 직장에 복귀했고 점차 기분이 좋아진 뒤 지금까지 2년 넘게 평온한 상태를 유지하고 있다. 소피는 이렇게 말했다.

"나 자신을 더 좋아하게 됐다. 다른 사람도 모두 내가 달라졌다고 느낀다."

우리는 누구나 가끔 의기소침해진다. 뭔가 좋지 않은 일이 생기면 더욱 그렇다. 여기서 말하는 우울증은 그런 정도가 아니다. 우울증 역시 외부 사건이 촉발 요인일 수 있지만 이것은 통상 느끼는 불행감보다 훨씬 오래 가는 압도적인 절망감이다. 뚜렷한 촉발 요인이 없는 경우도 허다하다. 시인 새뮤얼 테일러 콜리지는 다음과 같이 표현했다.

> 공허하고 어두우며 쓸쓸한 통증 없는 슬픔이여,
> 숨 막힐 듯 먹먹하고 차가운 슬픔이여,
> 갈 곳을 찾지 못해 내 안에 남아
> 말로, 한숨으로, 눈물로 내보낼 수밖에[9]

우울 증상에는 정도의 차이가 있다.[10] 미국 정신의학회American Psychiatric Association가 사용하는 주요 우울증의 공식 정의[11]는 다음과 같다. 최소 2주 동안 대부분의 시간에 둘 중 적어도 하나 이상의 증상을 경험해야 한다. (1) 거의 모든 시간에 우울한 기분을 느낀다 (2) 거의 모든 활동에서 흥미와 즐거움 상실을 경험한다. 여기에 더해 다음 증상 중 적어도 3가지를 거의 매일 경험해야 한다.[12] 1. 수면 감소 또는 증가 2. 체중 감소 또는 증가 3. 육체적 초조감 또는 무기력 4. 피로 5. 집중력 감소 6. 무가치감 7. 자살 사고. 이런 증상이 가정이나 직장에서 거의 매일 나타나 기능상 장애를 일으킬 만큼 심각해야 한다. 대다수 선진국에서는 특정 시점에 성인 4%가 주요 우울증을 겪고 있으며, 추가로 약 4%는 상대적으로 고도 수준에 미치지 않는 우울증을 겪고 있어 전체 유병률이 8%에 이른다.

다음 질문지는 영국 국립보건서비스에서 우울증을 평가할 때 사용하는 우울증 선별도구 'Patient Health Questionnaire(PHQ-9)'와 불안장애를 평가하는 'Generalised Anxiety Disorder questionnaire(GAD-7)'다. 점수를 합산했을 때 10~14점은 '경도 Mild' 우울증, 15~19점은 '중등도 Moderate' 우울증, 20점 이상은 '고도 Severe' 우울증으로 구분한다. 각각의 그룹에 속한 사람의 수는 비슷하며 주요 우울증은 대개 15점 이상이다.[13] 불안증의 경우 GAD-7 점수가 8점 이상일 때 장애 수준으로 본다.

우리는 메리의 사례로 치료 과정에서 점수가 어떻게 변하는지 확인할 수 있었다. 메리는 처음에 우울과 불안이 높은 수준으로 나타났다. 그러나 전체 치료 과정을 반쯤 진행했을 때 점수는 장애의 경계 수준으로 떨어졌고, 치료가 끝날 때쯤에는 증상이 거의 다 사라졌다.

우울증은 불안장애보다 늦은 나이에 시작되는 경향이 있다.[14] 10대 이전에 발병하는 경우는 아주 드물고 평균 발병 연령은 서른 살이다. 그리고 불안증과 달리 우울증은

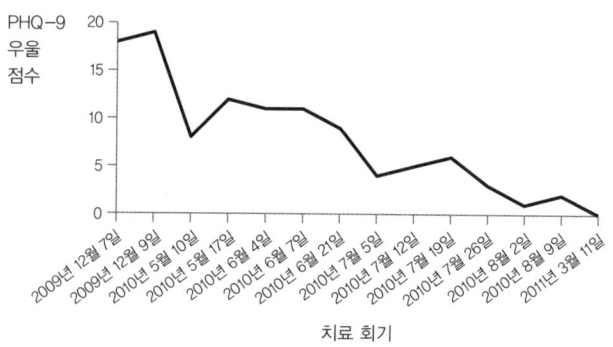

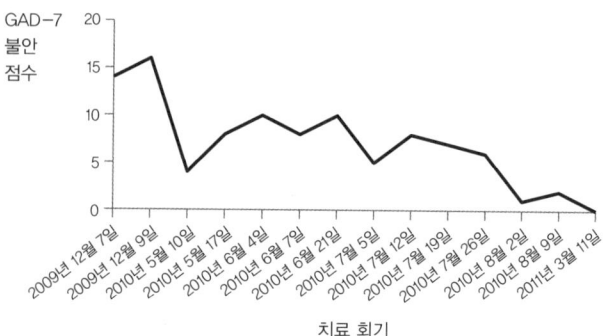

재발하는 경향이 있다. 우울증 증세가 나타나는 우울 삽화는 대개 9개월 안에 끝나지만 한 차례라도 우울증을 경험한 사람의 60%가 적어도 한 번 이상 추가로 우울 삽화를 경험한다. 우울증이 있는 사람은 평균적으로 평생 모두 네

## PHQ-9 우울증 선별도구

| 당신은 <u>지난 2주</u> 동안 다음 문제로 얼마나 자주 힘들었습니까? | 없음 | 며칠 간 (2~6일) | 절반 이상 (일주일 이상) | 거의 매일 |
|---|---|---|---|---|
| 1. 평소 하던 일에 흥미가 사라지거나 즐거움을 느끼지 못했다. | ○ | ○ | ○ | ○ |
| 2. 기분이 가라앉거나, 우울하거나, 희망이 없다고 느꼈다. | ○ | ○ | ○ | ○ |
| 3. 잠들거나 수면 상태를 유지하기 어려웠다. 혹은 너무 많이 잤다. | ○ | ○ | ○ | ○ |
| 4. 피곤하거나 기운이 없었다. | ○ | ○ | ○ | ○ |
| 5. 식욕이 없었다. 혹은 너무 많이 먹었다. | ○ | ○ | ○ | ○ |
| 6. 자신이 잘못했거나 실패했다는 생각이 들었다. 혹은 자신이 가족을 실망시켰다고 생각했다. | ○ | ○ | ○ | ○ |
| 7. 신문을 읽거나 TV를 보는 것처럼 평범한 일에 집중할 수 없었다. | ○ | ○ | ○ | ○ |
| 8. 다른 사람이 눈치챌 정도로 행동이나 말이 느려졌다. 혹은 반대로 평소보다 너무 안절부절못하거나 가만히 있지 못했다. | ○ | ○ | ○ | ○ |
| 9. 차라리 죽는 게 더 나을 거라고 생각했다 혹은 자해할 생각을 했다. | ○ | ○ | ○ | ○ |

**GAD-7 불안장애 선별도구**

| 당신은 지난 2주 동안 다음 문제로 얼마나 자주 힘들었습니까? | 없음 | 며칠 간 (2~6일) | 절반 이상 (일주일 이상) | 거의 매일 |
|---|---|---|---|---|
| 1. 과민하거나 불안하거나 아슬아슬한 느낌이 들었다. | ○ | ○ | ○ | ○ |
| 2. 걱정을 멈추거나 조절하기 어려웠다. | ○ | ○ | ○ | ○ |
| 3. 여러 가지 다른 일을 너무 많이 걱정했다. | ○ | ○ | ○ | ○ |
| 4. 편안하게 쉬는 것이 어려웠다. | ○ | ○ | ○ | ○ |
| 5. 너무 안절부절못해서 가만히 앉아 있기가 힘들었다. | ○ | ○ | ○ | ○ |
| 6. 쉽게 짜증을 내거나 화를 냈다. | ○ | ○ | ○ | ○ |
| 7. 뭔가 끔찍한 일이 생길 것 같아 두려웠다. | ○ | ○ | ○ | ○ |

번의 우울 삽화를 겪는 것으로 나타났다.[15] 일부 심각한 우울증의 경우 혼자 대처하기 어렵고 자살 위험이 있어 병원을 방문해야 한다.

특히 우울증에 걸린 적 있으면서 우울증을 겪지 않는

시기에 조증(과도한 흥분이나 웅대한 자신감, 공격성, 수면 부족 등)을 경험하는 사람은 입원하는 경우가 흔하다. 이들은 통상 양극성 장애를 앓고 있다고 보는데 이것은 10대 후반이나 그 이후 발병하는 경향이 있다.[16] 이 상태는 보통 단극성 우울증(조증이 나타나지 않는)보다 더 심각하다. 양극성 장애를 앓는 사람의 10% 이상이 결국 자살한다.[17] 성인 인구의 0.5%에서 1%는 언제든 한번은 양극성 장애에 걸릴 수 있으며[18] 이는 조현병, 성격장애와 함께 '심각한 정신질환'으로 알려진 3대 정신질환으로 분류되곤 한다.

**조현병**

조현병은 그 형태가 다양하다.[19] 조현병 환자에게 가장 흔하게 나타나는 증상은 망상적 믿음이나 환각이다. 자신을 신이나 악마 혹은 한 나라의 총리라고 믿는 것처럼 대개 과대망상형 믿음을 보인다. 어떤 사람은 자신이 박해받고 있다고 확신한다. 망상과 달리 환각은 신체 경험이다. 가장 흔한 증상은 환청이지만 환시를 경험하기도 한다. 한번쯤은 길에서 혼자 논쟁을 벌이거나 상상 속 상황에 분노를 쏟아내는 사람의 모습을 목격한 적이 있을 것이다. 이러한 사례들에서 조현병은 일반적이지 않은 기이한 신념을 갖거나 경험하는 '양성' 증상의 형태를 보인다.

한편 조현병 환자의 약 4분의 1은 상당히 수동적이다. 이들은 즐거움이나 여타의 감정을 느끼지 못한 채 무감각한 모습을 보인다. 병을 앓고 있지만 그 진행이 조용히 이루어지는데 이를 '음성' 증상이라고 부른다.

세 번째 유형의 조현병 증상에는 무질서한 행동 (혹은 와해된 행동)이 있다. 혼란스러운 언어를 사용하거나 미친 듯이 웃고 울 수 있고, 긴장증으로 몸을 움직이지 못하는 모습을 보일 수도 있다.

조현병은 이상하고 무서워 보이는 증상의 조합으로 나타나는데, 세바스찬 포크스Sebastian Faulk는 소설 《인간의 흔적Human Traces》에서 이를 잘 묘사하고 있다. 조현병 환자의 가족은 상당한 불안감을 느낀다. 조현병은 '정신증psychosis'의 가장 흔한 형태로 급성 단계에서 현실 감각이 심각하게 떨어진다. 조현병 환자의 약 10%는 자살한다.[20] 대다수 국가에서 국민의 0.5%나 1%가 조현병에 걸리며 10대 후반 혹은 성인이 되기 전까지 완전히 드러나지 않는다. 조현병을 앓는 사람의 20% 이상은 완전히 회복한다.[21]

**성격장애**

성격장애가 있는 집단은 크게 둘로 나눌 수 있다. DSM-5(정신질환의 진단 및 통계 편람)에는 이 밖에도 여러 성격장애가 수록되어 있는데, 여기서 말하는 두 가지 유형은 "특정한 공공 및 정신 건강 정책과 관련이 있는 두 가지 유형"을 말한다. 첫 번째는 삶과 감정이 매우 불안정한 사람들로 이뤄진 집단이다. 그들 중 상당수가 자해하며 최대 10%가 결국 자살한다. 이 상태를 경계선 성격장애Borderline Personality Disorder라는 다소 특이한 이름으로 부른다. 이 증상은 전체 성인 인구의 0.5%에서 1%에게 영향을 미친다.

두 번째는 반사회적 성격장애Anti-Social Personality Disorder 집단이다. 이들은 지속해서 타인의 권리를 침해한다. 겉으로는 매력적으로 보이는 경우가 많지만 그들 중 상당수는 죄책감이나 양심의 가책을 느끼지 않는다는 점에서 정신병질적psychopathic이다. 이들도 성인 인구의 0.5%에서 1%에 해당하는 비율을 차지한다. 경계선 성격장애가 있는 사람과 마찬가지로 3분의 1 이상이 약물 남용자로,[22] 이는 내면이 안정적이거나 행복하지 않다는 사실을 말해준다.

### 알코올의존과 약물 중독

알코올이나 약물에 의존하는 행위는 자신과 가족의 삶을 파괴한다. 증상이 심각한 사람은 앞서 말한 상태도 함께 나타나는 경우가 대다수다.[23] 여기서 자연스럽게 질문이 생긴다. 어떤 문제가 먼저일까? 중독으로 우울 증세나 불안 증세가 생겼을까, 아니면 그 반대일까? 이 질문에 답하려면 어떤 증상이 다른 어떤 증상에 선행했는지 다달이 자세히 살펴야 한다. 또한 그 두 증상의 원인일 수 있는 제3의 요소도 염두에 두어야 한다.[24] 사실상 어떤 증상이 선행했는지는 크게 중요하지 않다. 통상 두 증상을 병행 치료하는 것이 필수적이기 때문이다.

영국과 미국에서는 성인의 6%(남성의 9%, 여성의 3%)가 알코올에 의존적인 것으로 판단한다. 이들은 과음한 다음 날에도 아침에 또다시 술을 마시거나 몸을 떨고 식은땀을 흘리는 증상을 보이며 애타게 술을 찾는다.[25] 대개는 경도 의존으로 판단하지만 0.5%는 중등도 이상의 의존으로 본다. 이는 걱정스러운 비율이다.[26] 중증 알코올의존 환자의 약 18%는 결국 자살에 이르는데 보통 20년 넘게 과음한 뒤다.[27]

코카인이나 헤로인 같은 강력한 마약이 오히려 술보

다 사회 문제를 조금 덜 일으키지만, 결과는 치명적인 경우가 잦다. 사고사도 흔하게 발생한다. 영국과 미국에서는 성인의 약 1%가 마약에 의존하고 있으며, 여성보다 남성이 2배 더 많다.[28] 이들은 흔히 '문제 약물 사용자'로 알려져 있다. 이들 중 대부분은 정신 건강이 취약하다.[29]

마지막으로 도박도 중독의 한 형태다. 성인의 0.3% 정도가 병적인 도박 중독자이며 대개는 남성이다. 도박 역시 다른 모든 형태의 중독처럼 주로 성인 초기에 가장 흔하게 나타나고 나이가 들수록 점차 줄어든다.[30]

사실 우리가 논의한 많은 문제가 아동기에 시작되며 성인 질환자의 절반은 열다섯 살이 되기도 전에 정신 건강상 심각한 문제를 드러낸다.[31] 특히 아동의 정신질환은 어린 시절을 망칠 뿐 아니라 대개 성인기 정신질환으로 이어진다.

**품행장애**

브라이언은 단정하고 예의 바른 여덟 살 소년이다. 그러나 늘 착한 아이였던 것은 아니다. 태어난 지 18개월부터 분노발작 행동을 보였는데, 그것이 하루에 네 번에 달할 때도 있었다. 그럴 때면 물건을 때려 부수거나 칼을 들고 어머니에게 달려들었다. 돈을 훔치기도 했고 아파트 발코니에서 뛰어내리겠다고 협박하기도 했다. 브라이언의 어머니는 매력적인 여성으로 브라이언이 태어났을 때부터 자궁경부암을 앓았다. 그런데 암 수술 직후 브라이언이 수술 부위를 발로 차는 바람에 상처가 벌어져 다시 수술받아야 했다.

브라이언은 학교에서도 가만히 있지 못하고 교실 안을 정신없이 돌아다니며 파괴적 행동을 일삼는 바람에 반복적으로 교실에서 쫓겨났다. 지나치게 공격적이라 친구도 없었다. 여섯 살이 되자 더는 감당할 수 없는 지경이었고 브라이언의 어머니는 그를 돌봐줄 사회복지기관을 알아보았다.

다행히 브라이언은 사회복지기관에 보내지는 대신 유명한 정신과 전문의의 도움을 받을 수 있었다. 브라이언의 진단명은 적대적 반항장애였다. 이후 브라이언과 어머니는 매주 베테랑 정신과 전문의를 만나 '부모-자녀 상호작용 놀이parent-child game'를 했다. 그 과정에서 브라이언의 어머니는 아이를 관찰하고 칭찬하는 법을 배웠다. 그녀는 학습이 빠른 사람이었고 브라이언은 금세 좋아지기 시작했으나 여전히 산만했다. 그래서 주의력 결핍 과잉 행동장애(ADHD)가 있는지 검사한 결과 그 증상이 있는 것으로 나타나 약도 매일 복용했다.

브라이언은 병원 치료를 받은 지 두 달 만에 완전히 달라졌다. 대부분 차분하게 지냈고 진정하기 힘든 경우에는 진정하기 위해 자기 방으로 가야 한다는 걸 이해했다. 하루에 네 번씩 나타나던 분노발작 증상은 두 달에 한 번꼴로 줄었다. 이후 브라이언은 교실 밖으로 쫓겨나지 않았고 어머니와의 관계도 친밀해졌다. 2년이 지난 현재까지 브라이언은 잘 지내고 있다.

어느 시점이든 아동 중 10%가 정신질환을 진단받을 가능성이 있다.[32] 아동의 3% 정도는 사회 공포증 같은 불안장애를 앓는데, 이는 학교를 일찍 그만두게 만드는 등 학습에 좋지 않은 영향을 미친다.[33] 우울증을 앓는 아이는 그보다 더 적은데 초기 청소년기까지도 1%를 조금 넘는 수준이다.

브라이언처럼 품행장애를 겪는 아이는 더 많다. 전체 아동의 약 5%는 언제든 한 번은 품행장애 증상을 보일 수 있다. 10대 이전에 통제 불능이던 아동은 이후 성인이 되어서도 무례하게 행동하거나 범죄자가 될 가능성이 매우 크다.[34] 반면 10대 때만 잠시 엇나간 청소년은 성인이 되어 나쁜 행동을 지속할 가능성이 훨씬 작다.

일부 아이에게는 주의력 결핍 과잉 행동장애가 있다. 이들은 간혹 부주의하고 지나치게 활동적이며 충동적 행동을 보인다. 주의력 결핍 과잉 행동장애는 네 살 정도면 나타난다. 아동의 1~2%가 경험하며 이들 중 상당수는 이후 품행장애로 진행된다.[35]

가장 안타까운 집단은 자폐증을 보이는 아이들이다. 모든 질환이 그러하듯, 자폐증에도 스펙트럼이 존재하며 150명 중 한 명이 어떤 식으로든 영향을 받는다. 자폐증이 있는 아이는 타인의 말과 감정을 이해하는 능력이 부족하다. 이들은 눈을 마주치지 못하고 의사소통도 어렵다. 이들 중 3분의 1은 말하는 법을 배우지 못하지만, 나머지는 도움을 받아 기능적이고 독립적인 성인으로 성장할 수 있다.

### 우리는 모두 정신 건강의 스펙트럼 어딘가에 있다

우리가 이 장에서 논의하는 모든 문제에는 고통이 따른다. 정신적 고통 말이다. 정신적 고통도 신체적 고통과 마찬가지로 실존하는 고통이며, 신체적 고통의 정서적 측면은 정신적 고통과 정확히 같은 뇌 영역(전대상피질anterior cingulate cortex과 전측뇌섬엽anterior insula)에서 경험한다.[36] 따라서 정신적 고통과 신체적 고통을 묘사할 때 같은 표현을 사용하는 것은 당연한 이치다. 실제로 우리는 두 고통을 표현할 때 같은 말을 쓴다. 가령 몸이 '상했다'고도 하고 마음이 '상했다'고도 한다. 이가 '아프다'고도 하고 마음이 '아프다'고도 한다. 또한 우리는 신체질환도 '앓을 수' 있고 정신질환도 '앓을 수' 있다.

그렇지만 '정신질환'이라는 표현을 사용할 때는 주의해야 한다. 병원에서 환자를 치료할 때는 이 말을 거의 쓰지 않으며 대신 '정신 건강 문제'나 '어려움'이라고 말한다. 그러나 정책과 더불어 돈을 지출하는 상황에서는 좀 다르게 접근해야 한다. 우리는 모두 어느 정도는 정신 건강 문제를 경험하지만 신체질환과 정신 건강 문제가 맞붙으면 대개 정신 건강이 우선순위에서 뒤로 밀린다. 치료가 필요한 사람이 반드시 치료받게 만들려면 정신질환 개념을 사용하는 것이 도움을 준다. 이것은 문제의 원인이 생물학적이라는 뜻이 전혀 아니며, 치료가 필요한 임상적 상태임을 암시한다. 마치 축구장에서 다리를 다칠 경우와 같다. 생물학적 원인으로 문제가 생긴 것은 아니지만 치료가 필요하다는 의미다. 심리적 장애를 묘사하는 용어는 다양하게 존재하는데, 우리는 책에서 각각의 상황에 맞는 표현을 사용할 것이다.

문제는 누구에게나 있고 우리는 모두 정신 건강의 스펙트럼상 어딘가에 있다. 따라서 아픈 사람과 그렇지 않은 사람 사이의 경계가 어디인가라는 쟁점이 존재한다. 이것은 많은 신체질환의 경우와 다르지 않다. 그 예로 고혈압의 정의를 들 수 있다. 의사는 환자의 혈압이 심장마비를 일으킬 확률에 미칠 영향을 살펴보고, 그 발생 확률을 용인할 수 없는 수준으로 높인다고 판단할 때 고혈압으로 진단한다. 정신질환도 마찬가지다. 그 기준은 고통 수준이 용인할 수 없는 수준으로 높거나, 그 상태가 용인할 수 없을 정도로 한 사람의 인생을 저해할 때다.

그러면 진단 개념은 어떨까? 어떤 사람들은 진단이 정신질환을 '의료화'한다는 점과 인간에게는 의학 측면뿐 아니라 종종 모든 범위에 걸쳐 문제가 있다는 사실 때문에 진단을 좋아하지 않는다. 하지만 사람들을 도우려면 핵심 문제를 식별해 그것과 같은 문제가 있는 다른 사람에게 도움을 준 치료법을 사용할 수 있어야 한다. 이것은 '의학적 모형medical model'*이 아니다. 사회, 심리, 생물학, 기계 등에 상관없이 어떤 문제를 해결하는 데 적용이 가능한 과학적 모델이다. 흥미롭게도 진단은 약물치료보다 심리치료를 위한 지침을 마련하는 데 더 유용하다. 본질상 동일한 항우울제를 우울증과 대다수 불안장애에 처방할 가능성이 크지만, 그런 질환에 심리치료를 적용하는 방식에는 중요한 차이가 있다.

물론 정신질환의 유형은 다양하고 반드시 단 하나의 포괄적 정의가 있어야 하는 것은 아니다(신체 질병에도 하나 이상의 정의가 있다). 어쨌거나 정신질환에는 꽤 괜찮은 정의가 있는데, '심리적 또는 정신물리학적psycho-physical 원인으로 생긴 중대하고 지속적인 고통과 기능 손상'이 그것이다. 이 정의는 당연히 노인성 치매를 포함한다. 그러나 노인성 치매는 인생의 마지막에 찾아오는 별도의 문제로 이 장에서는 다루지 않는다.[37] 이 장에서 논의하는 질환만으로도 충분히 책 한 권을 채울 수 있다.

이 책은 우울증과 불안장애 (그리고 아이들의 품행장애) 로 고통받는 수백만 명에게 초점을 맞추고 있다. 정신질환

---

* 인간의 이상심리를 신체 질병으로 간주해 의학적 원리로 설명, 예측, 통제하려는 접근을 일컫는다(옮긴이 주).

의 수준이 아주 심각할 경우에는 치료를 받지만 대개는 치료받지 않는다. 우리는 바로 그런 사람들의 문제를 다루고자 한다.

과연 이 모든 질환은 얼마나 많은 사람에게 영향을 미치고 있을까? 상황이 나빠지고 있는 걸까? 필요한 치료를 받고 있는 사람은 얼마나 될까?

## 3장

# 얼마나 많은 사람이 고통받고 있을까

실리토 박사는 그에게 우울증 약을 처방했다.
그것은 정신질환자만을 위한 것이 아니고 사실 꽤 널리 퍼져 있다.
분명 상류층의 많은 사람이 복용하고 있을 것이다.

— 앨런 버넷, 《즐거움》

정신질환의 규모는 믿기지 않을 정도다. 74쪽 표에 나와 있듯 서로 다른 증상의 수치를 종합하면 전체 성인 다섯 명 중 한 명, 아동 청소년의 경우 열 명 중 한 명이 정신질환을 앓고 있다.

이 수치는 영국인을 대상으로 한 설문 조사로 얻은 것이지만 미국과 유럽 대륙도 상당히 비슷하다. 예를 들

**정신질환을 앓고 있는 사람의 백분율(%)**

| 성인 | |
|---|---|
| 불안장애 | 8 |
| 우울증 | 8 |
| 조현병과 양극성 장애 | 1 |
| 성격장애 | 1 |
| 심한 물질의존 | 1 |
| 합계 | 19 |

| 아동 청소년(5~16세) | |
|---|---|
| 불안장애 | 3 |
| 우울증 | 1 |
| 자폐 스펙트럼 장애 | 1 |
| 품행장애/ADHD | 5 |
| 합계 | 10 |

면 영국, 미국, 유럽연합에서 정신질환을 앓고 있는 성인의 전체 비율과 관련해 자주 인용하는 연구 결과는 각각 23%, 26%, 27%다.[1] 이들 수치는 정신질환을 이 책의 기준보다 더 포괄적으로 정의할 때 산출할 수 있는 결과로 '경도' 상태까지 포함한다. 미국에서는 3분의 1 이상이 경도이며 3분의 1은 '중등도', 3분의 1 미만은 '고도'[2] 상태다. 이러한 정의에 감을 잡기 위해 이전 해에 평범한 일을 수행할 수 없었던 기간이 어느 정도인지 물어볼 수 있다. 고도로 심각한 경우 일상적 역할을 해내지 못하는 날이 두 달 넘는 상황에 해당하지만, 경도는 그 기간이 하루도 채 되지 않는다. 우리는 이 책에서 상대적으로 좁은 범위의

정의를 사용해 표를 구성했다.

저소득 국가에서도 고소득 국가와 마찬가지로 정신질환이 흔할까? 확보한 증거에 따르면 그렇다. 이는 우울증, 불안장애, 조현병 모두에 해당한다. 아래 표는 우울증 수치를 보여준다(앞에 제시한 표보다 살짝 더 좁은 정의를 적용했다).[3] WHO는 당연히 정신질환을 세계적인 문제라고 지적한다.[4]

모든 수치는 특정 시점이나 특정 해에 질병을 앓고 있는 사람을 의미한다. 그런데 현재 잘 지내고 있지만 과거에 아픈 적 있거나 미래에 아플 사람도 존재한다. 사실 적어도 인구의 3분의 1은 살면서 언젠가는 정신질환을 경험한다.[5] 더구나 정신질환은 환자 가족에게도 영향을 준다. 대략 30%의 가정에 현재 정신질환을 앓는 성인 한 명이 존재하며,[6] 아이들까지 포함하면 이 수치는 훨씬 더 높아진다.

**우울증을 앓고 있는 성인의 백분율(%)**

| | |
|---|---|
| 고소득 국가 | 6.5 |
| 중상위 소득 국가 | 5.5 |
| 중하위 소득 국가 | 6.5 |
| 저소득 국가 | 7 |

### 정말 더 나빠지고 있을까

혹시 과거에 비해 정신 건강 문제가 늘어났을까? 상황이 나빠지고 있음을 보여주는 자료가 있으며 이는 널리 알려져 있다. 보통 성인에 관한 자료는 대개 몇 살 때 어떤 정신질환 증상이 있었는지 질문하는 방식의 회고 조사로 얻게 된다.[7] 그러나 현재의 정신 건강 상태를 묻는 질문을 비슷한 집단을 대상으로 연도를 달리해 반복적으로 던진 후 얻은 조사 결과가 더 믿을 만하다. 그러면 이런 종류의 연구로 무엇을 알 수 있을까?

1950년대와 1980년 사이에 일부 국가에서 성인 우울증이 증가했다는 자료가 있다.[8] 그런데 이후 영국과 미국에서 광범위하게 조사했으나 성인 인구에서의 추가적 증가를 보여주는 근거를 찾지 못했다.[9] 결국 "우울증이 계속 증가하고 있다"는 믿음은 사실이 아니다.

청년을 대상으로 한 조사는 성인의 경우보다 더 나은 장기 근거가 존재하며 결과는 대체로 비슷하다. 1990년대까지는 장애가 증가했으나 이후 안정을 찾았다. 가장 오랜 기간 수집한 연대기적 데이터는 미국의 4년제 대학생을 대상으로 한 것으로 그 시작은 1940년대로 거슬러 올라간다. 다음 도표는 우울증에 관한 것이다.[10]

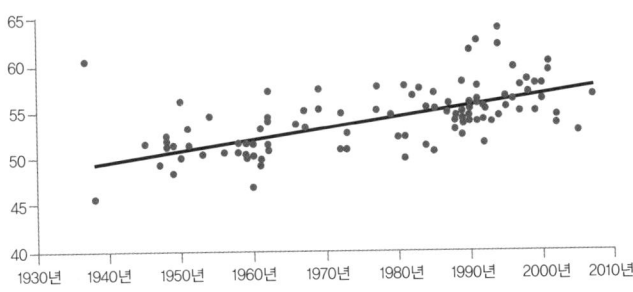

미국 대학생의 우울 점수는 1940년대부터 증가세를 보이고 있다

영국도 1974년부터 15~16세를 대상으로 비교가 가능한 전국 조사를 네 차례 실시했다. 정신 건강 문제를 겪고 있는 인구는 1974년과 1999년 사이에 2배가 되었지만, 이후부터 2004년까지는 큰 변화가 없다.[11] 스코틀랜드에서 같은 연령 집단을 대상으로 진행한 또 다른 연구에 따르면, 정서 문제는 1999년까지 비슷하게 증가한 것으로 나타났다.[12] 흥미로운 점은 이런 증가가 모든 사회 계층과 남녀에게 영향을 주었다는 사실이다. 추가 질문으로 인간관계와 외모, 시험 스트레스 증가가 주요 원인으로 밝혀졌다.

결국 여러 증상, 특히 우울증은 30~40년 전보다 오늘날 더 일찍 발병하는 경향이 있어 보인다. 그러나 생의 어느 단계에서든 영향을 받는 인구는 아마 많이 증가하지 않을 것이다. 정신질환은 인간이 처음 진화를 시작할 때부터 늘 우리와 함께했다. 새로운 사실은 이제 정신질환을 치료할 수 있다는 점이다.

### 고통의 정도와 규모

정신질환이 신체질환에 비해 얼마나 더 흔한지 궁금증이 생기는 것은 당연하다. 물론 단순히 각 임상 증상을 보이는 사람의 숫자를 비교할 수도 있다. 다만 그러면 각각의 질환으로 겪는 고통의 정도와 일상을 방해하는 규모를 반영하기 어렵다. 예를 들어 WHO의 한 연구는 우울증에 따른 장애 정도를 가장 흔한 4가지 신체적 만성질환인 당뇨, 협심증, 천식, 관절염에 따른 장애 정도와 비교했다. 여기서 밝혀진 것은 4가지 신체질환 중 그 어떤 질환보다 우울증에 따른 장애 정도가 50% 더 심각하다는 사실이다.[13]

WHO는 각 질환의 이환율* 규모를 평가하기 위해 특수한 방법론을 개발했다. 이것은 각각의 질환 환자 수에 각 질환이 초래하는 장애 정도에 따라 가중치를 부여하는

---

\* 특정 기간 내에 발생한 환자 수를 인구당 비율로 나타낸 것(옮긴이 주).

### 정신질환은 선진국에서 가장 큰 건강 문제다

**1. 이환율의 원인(백분율)**

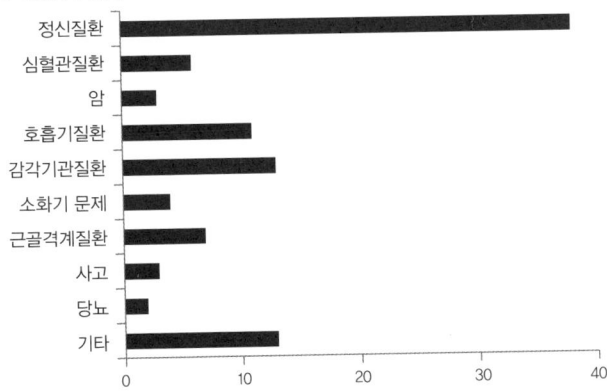

**2. 전반적인 질병 부담률의 원인(백분율)**

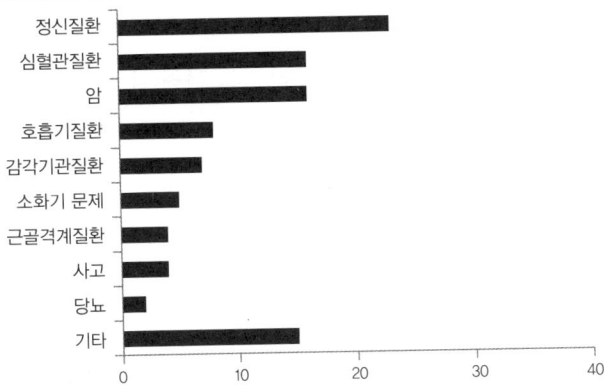

방식이다.[14]

WHO가 이 방식으로 밝혀낸 사실은 참으로 놀랍다. 선진국에서 정신질환은 전체 이환율의 38%를 차지한다.[15] 이것은 6%를 차지하는 심혈관질환 그리고 훨씬 낮은 비율을 차지하는 당뇨와 대조적이다. 전체 정신질환 중 절반 이상의 비율을 차지하는 질환은 우울증과 불안장애다.

이환율 측면에서 보면 지금까지 정신질환은 가장 흔하게 발생하는 질병이다. 그러나 이것은 (우울증을 제외하면) 죽음의 가장 직접적인 원인이 아니다. 다양한 질병의 '전체적' 부담을 측정하려면 조기 사망도 고려해야 한다. WHO는 여든 살 이전의 사망으로 손실된 수명에 기반해 조기 사망의 부담을 측정하고 있다. 이어 여기에 이환율의 부담을 추가하고, 1년간의 이환을 1년간 생명의 손실과 동등하게 취급해 계산한다. 그 과정을 거쳐 나온 선진국의 결과가 79쪽 2번 도표다. 그래프는 조기 사망을 측정에 포함해도 정신질환에 따른 부담이 심혈관질환이나 암보다 더 크다는 사실을 보여준다. 선진국에서 정신질환으로 인한 부담률은 전체의 23%를 차지한다.

전 세계의 전체 수치를 살펴보면 정신 건강 13%, 심혈관질환 10%, 암 5%, 호흡기질환 4%, 당뇨 1% 순이다.[16] 그러나 유엔이 2011년 최초로 비감염성 질환을 위한 콘퍼런스를 열었을 때, 정신질환은 주제에서 빠지고 나머지 4개

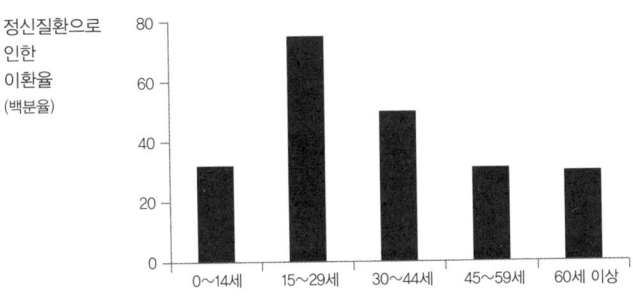

정신질환은 선진국에서 생산 연령층의 주요 건강 문제다

신체질환만 포함됐다.

이 사실이 특히 놀라운 이유는 정신질환이 엄청난 고통을 줄 뿐 아니라, 주로 한창 경제 활동을 해야 하는 연령층에게 발병해 경제적 손실을 초래하기 때문이다. 신체질환은 대개 노년기에 생기는 경우가 많지만,[17] 정신질환은 마흔다섯 살까지 발병할 수 있는 모든 질병의 절반 이상을 차지한다. 따라서 정신질환은 생산 가능 연령층을 공격하는 가장 심각한 질병이라 할 수 있다.

### 자살, 고통의 덫에 걸려 지르는 마지막 비명

이 모든 것에 비추어봤을 때 정신질환은 대다수 정책

입안자가 생각하는 것보다 훨씬 더 큰 문제다. 만약 그럼에도 설득이 되지 않는다면, 마지막으로 자살을 언급할 수밖에 없다.[18] 자살하는 사람의 약 90%는 자살할 무렵 정신질환을 앓는다.[19] 사람들이 스스로 목숨을 끊게 만드는 원인은 대개 신체 고통이 아니라 정신적 고통이다. 정신질환을 앓지 않는 사람이 신체질환으로 자살하는 경우는 매우 드물다.[20]

전 세계에서 자살로 사망하는 사람은 살해당한 사람과 전쟁으로 목숨을 잃는 사람의 수를 합한 것과 거의 비

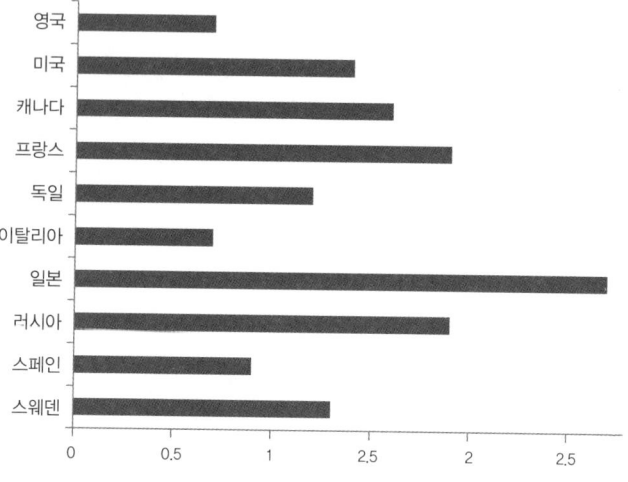

**전체 사망에서 자살이 차지하는 백분율(2013)**<sup>*</sup>

숫하다. 2000년을 예로 들면 자살한 사람은 81만 5,000명이었고 살해당한 사람은 52만 명, 전쟁으로 사망한 사람은 31만 명이었다.[21] 다음 그래프에서 알 수 있듯 선진국에서는 대부분 인구의 0.5%에서 2%가 자살로 생을 마감한다.

어떤 유형의 정신질환이 자살에 가장 큰 원인일까? 84쪽의 표는 자살률이 1%인 나라를 상정하고 작성한 예시다. 마지막 행을 보면 자살자의 60%는 단극성 우울증을 앓고 있으며 10%는 양극성 장애, 10%는 조현병, 나머지 10%는 성격장애를 앓고 있다. 그런데 단극성 우울증을 앓는 인구 자체가 다른 질환에 비해 훨씬 많다. 우울증을 앓는 사람의 개인적 자살 위험은 양극성 장애나 조현병을 앓는 사람에 비해 훨씬 낮은 편이다. 알코올의존도 자살에 영향을 미치는 주요 인자다.

자살은 여성보다 남성에게 2배 더 흔하게 나타나며, 영국을 제외한 대다수 국가에서 젊은이보다 나이 든 사람

---

\* 원문 도표 자료인 2013년 기준의 한국의 기록을 보면, 10만 명당 사망 인원 526.6명 중 자살자 28.5명, 5.4%로, 도표 중 어느 나라보다도 높은 수치임을 알 수 있다. 출처: 통계청 사망원인통계, 사망원인별 사망률 추이 https://www.index.go.kr/unity/potal/main/EachDtlPageDetai.ldo?idx_cd=1012(감수자 주).

**생애 자살률 구성 지도**

| | 양극성 장애를 제외한 우울증 | 양극성 장애 | 조현병 | 성격 장애 | 기타 |
|---|---|---|---|---|---|
| (A) 이 질환을 앓은 경험이 있는 사람은 몇 퍼센트인가? | 15% | 1% | 1% | 2% | 82% |
| (B) 이 질환을 앓은 사람 중 몇 퍼센트가 자살에 이르는가? | 4% | 10% | 10% | 5% | 0.001% |
| (C) 과거 한 번이라도 이 질환을 앓은 경험이 있는 사람이 자살하는 비율은 얼마나 되는가?((A)×(B)) | 0.60% | 0.10% | 0.10% | 0.10% | 0.10% |

참고: (C) 행의 총 자살률은 1%임

사이에 흔하다. 그러나 많은 국가에서 젊은이의 자살이 특히 남성 사이에 증가하고 있고 중년 자살은 감소 추세다.

어째서 남성 자살률이 훨씬 높은 걸까? 그리고 대부분의 다른 사람과 달리 일부 정신질환을 앓는 사람들이 자살하는 이유는 뭘까?[22] 자살을 가장 잘 예측하는 변수는 절망감이다. 절망감은 탈출구가 없는 것 같은 느낌이다. 터널 끝에 빛이 보이면 참고 견딜 수 있다. 반대로 희망이 없는 상황이면 어떻게 계속 나아갈 수 있겠는가? 물론 여기에는 추가 요인이 필요한데 그것은 자살을 실행할 만큼의 에너지다. 자살을 완수하게 하는 두 번째 예측 인자는 충동성이다. 이것은 여성보다 남성에게 훨씬 더 흔하게 나타나는 특징적 요인이다.[23]

많은 자살이 충동적으로 일어난다. 실패한 자살의 3분의 2는 자살을 생각한 지 1시간도 지나지 않아 시도한 경우다.[24] 나머지는 훨씬 더 계획적인데 특히 자살에 성공한 사람의 30%는 유서를 남겼다.

20세기의 위대한 리더로 불리는 윈스턴 처칠은 성격상 우울한 면이 있는 충동적인 사람이었다. 처칠은 자신의 그런 면을 스스로 '검은 개'라고 불렀다.[25] 다음은 처칠이 자살에 관해 쓴 글이다.

> "나는 급행열차가 지나갈 때 승강장 모서리 근처에 서 있고 싶지 않다. 좀 더 뒤쪽에 있거나 가능하면 기둥 뒤에 서 있는 게 좋다. 배 옆에서 물속을 내려다보는 것도 좋아하지 않는다. 한순간의 행동으로 모든 것을 끝낼 수 있기 때문이다. 작은 절망 한 방울만 보태져도 그렇다."

다행히 많은 자살 시도가 실패로 끝난다. 영국에서는 거의 매년 0.7%의 사람이 자살을 시도하지만 실패한다.[26] 성인의 약 5%는 어느 순간 자살을 시도한 경험이 있다고 한다.[27] 성공하지 못한 자살 시도는 완수한 자살과 다른 양상을 보인다. 보통 2 대 1 이상의 비율로 여성에게서 더 흔하게 나타난다. 또한 나이 든 사람보다 젊은 사람에게 훨씬 더 자주 발생한다. 더구나 결국 자살한 사람은 약 20%만 약물 과다복용이지만, 실패한 자살은 90%가 약물 과다복용으로 시도한 것이었다.

그러니까 성공하지 못한 자살 시도는 그저 도와달라는 외침에 불과한 게 아니라는 말이다. 오히려 고통의 덫에 걸려 지르는 비명에 가깝다.[28] 옥스퍼드대학교 심리학자 마크 윌리엄스가 표현한 그대로다. 숲에서 다른 새와 싸우다가 진 새는 가능하면 날아서 도망간다. 그렇지만 새장에 갇힌 새는 웅크린 채 시름시름 앓는 것밖에 다른 도리가 없다. 사실 자살을 시도한 사람은 자신이 죽든 살든 개의치 않는 경우가 많다. 그들은 결과를 단지 운에 맡길 뿐이다.[29]

정신 건강은 엄청난 고통, 장애와 관련된 중대한 인도주의적 주제다. 그러면 도움이 필요한 사람들은 충분히 도움을 받고 있을까?

_____ **4장** _____

# 방치되는 사람들

"제 딸 샬럿은 강박장애와 우울증을 앓고 있고,
2주 전에는 자살을 시도했습니다(정말 큰일 날 뻔했지요).
그러나 아직도 치료받지 않고 있어요.
치료가 필요하다는 소리를 들은 건 이미 열 달 전의 일입니다.
몸에 이런 심각한 문제가 생겼다면
급히 병원으로 옮겨져 적절한 치료를 받았겠죠."

− 2009년 5월, 리처드 레이어드가 받은 편지

정신질환의 규모를 알면 흠칫 놀라겠지만, 그보다 더 충격적인 것은 이를 위한 도움이 부재하다는 사실이다. 정말 효과적인 치료법이 존재하는데도 사람들은 대체로 전혀 도움을 받지 못하고 있다.

### 단 10%만이 치료를 받는다

신체질환과 비교하면 이는 놀라운 일이다. 선진국에서 당뇨를 앓는 사람의 90%는 치료를 받는다. 정신질환을 앓는 경우는 그렇지 않다. 영국과 미국, 유럽 대륙에서 치료받는 사람은 3분의 1도 안 된다. 주요 우울증조차 그 수가 절반에 미치지 못한다.[1] 저소득과 중소득 국가는 상황이 훨씬 더 심각한데, 아래 표가 보여주듯 정신질환을 앓는 사람 중 치료받는 비율이 10% 미만이다.[2]

대다수 국가에서는 주로 약물치료를 시행한다. 예를 들어 2007년 영국에서 불안장애와 우울증을 앓는 성인의 15%는 약물치료만 받았고, 겨우 10%만 대면치료나 상담치료(약물을 병행하는 경우 포함)를 받았다.[3] 개정된 영국의 현행 국가 치료 지침에 따르면 모든 환자는 어떤 형태로든 심리치료를 받아야 하며 약물치료는 그보다 훨씬 적은 수

**치료받는 성인의 비율**

| | |
|---|---|
| 영국 | 31% |
| 미국 | 36% |
| 유럽연합 | 26% |
| 저소득과 중소득 국가 | 9% |

의 환자가 받아야 한다.

아래 도표는 질병에 따른 성인의 치료 비율을 보여준다.[4] 아이들의 상황도 어른 못지않게 경악스러운 수준으로 치료받는 비율이 겨우 4분의 1에 불과하다.[5]

사람들이 이런 문제를 치료받기까지는 얼마나 걸릴까? 정신질환을 앓는 많은 사람이 여전히 전혀 치료받지 않고 있다. 미국에서는 사회 공포증이 처음 발병하고 30년 넘은 사람의 70%가 한 번도 치료받지 않았으며, 우울증은

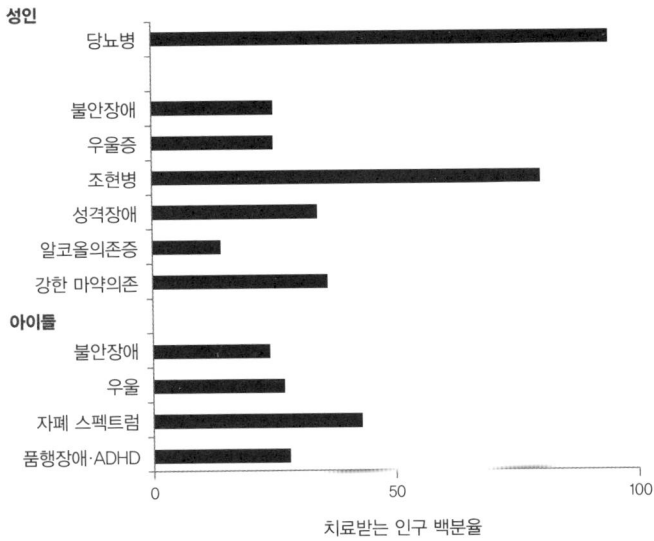

그 비율이 25%다. 치료를 받더라도 통상 사회 공포증은 16년, 범불안장애는 9년, 우울증은 8년이 지난 뒤였다. 양극성 장애도 치료받기까지 평균 6년이 걸렸다.[6] 놀랍게도 영국에서는 자살한 사람의 겨우 28%만 지난 일 년 안에 정신 건강 서비스를 받은 경험이 있었다.[7]

물론 이들 중 상당수는 스스로 치료를 요구하지 않는다. 반면 치료를 원하는 사람들은 종종 참기 힘들 정도로 오래 기다려야 한다. 영국에는 신체 질병으로 고통받는 사람을 위한 최대 대기 시간 기준이 있다. 하지만 우울증이나 불안장애를 앓는 사람에게는 그러한 권리가 없다.

이러한 일이 희귀질환에 벌어져도 충격적인데 모든 건강 문제 중 가장 심각하고 가장 흔한 건강 문제에 벌어지는 상황이라 훨씬 더 충격적이다.

### 치료받는 사람이 적은 이유

왜 이렇게 치료받는 사람이 적은 걸까? 직접적 이유는 의심할 여지없이 제공히는 심리치료가 부족해서다. 정신 질환을 앓는 사람은 거의 누구나 일반 병원에서 약을 처방받을 수 있다. 그러나 대다수가 그 이상을 원한다. 사람들은 정신 건강을 관리하는 데 도움을 받길 원한다. 대체 어떤 문제가 생긴 것인지 설명을 듣고 싶어 하며 다수가 진단을 원한다. 약물치료는 이 두 가지 모두를 충족시키기엔 부족하며, 사람들이 치료받는 것을 꺼리게 만드는 부작용도 있을 수 있다. 정신 건강 문제로 의사를 찾는 환자 중 다수가 심리치료를 원하지만, 대개는 원하는 기회를 얻지 못한다.[8]

전문가의 심리치료를 포함한 정신 건강 서비스의 비율이 낮다는 증거는 차고 넘친다. 미국에서는 1차 의료기관의 3분의 2가 정신 건강 문제가 있는 외래 환자를 받을 수 없다고 말한다. 이는 신체 건강에 문제가 생긴 사람이 겪는 경우보다 적어도 2배는 많은 수준이다.[9]

2010년 영국왕립일반의사회the Royal College of General Practitioners는 회원들을 대상으로 '우울증이나 불안장애를 앓는 성인이 단순 상담만이 아닌 인지행동치료 같은 심리치료 전문가를 요청할 때 두 달 안에 치료를 제공할 수 있는가?'라는 질문을 포함한 설문 조사를 실시했다. 정서나 행동에 문제가 있는 아이들에 관해서도 비슷한 질문을 던졌다. 설문에 답한 일반의는 15%만 통상 성인에게 필요한 치료를 제공할 수 있다고 답했다. 65%는 거의 그렇지 못하다고 했다. 아이들의 상황은 훨씬 나빴는데 겨우 6%만 아이들에게 심리 서비스를 제공할 수 있다고 답했고 78%는 거의 불가능하다고 했다.[10]

이는 단기적으로는 심리치료 제공에 자금을 배분하는 이들에게 분명한 책임이 있다. 영국은 국립보건서비스의 지역 위원회에, 미국과 다른 많은 국가는 의료보험 규정에 책임이 있다. 거의 모든 의료 체계에서 심리치료에 자원을 배분하는 방식이, 심각성이 비슷한 신체질환에 자원을 배분하는 방식과 전혀 다르다. 많은 경우 겨우 6회기 치료에만 돈을 제공하는데, 이는 마치 심장 수술을 절반만 허락해도 괜찮다는 식이다.

이와 달리 약물치료는 쉽게 제공되며 심리치료와의 차이는 놀라울 정도다. 우선 약물치료는 의사가 다른 질병을 치료하는 방식과 비슷해서 이해하기가 쉽다. 의사들이 정신질환 당사자와 보내는 진료 시간은 전체 진료 시간의 25%를 차지하지만, 극소수 일반 의사만(일부는 아주 훌륭한 의사다) 흔한 정신질환에 관해 의미 있는 훈련을 받는다. 게다가 약물은 로비에 굉장히 능한 제약회사가 생산한다. 반면 심리치료는 이를 원하는 환자가 아무리 많아도 이에 상응하는 로비가 존재하지 않는다. 이는 현재 상황의 주요하

고도 근본적인 원인인 '낙인'으로 우리를 데려다 놓는다.[11]

### 낙인, 치료의 가장 근본적인 적

다리가 부러지거나 심장이 좋지 않은 사람과 달리 우울하거나 불안이 심한 사람은 자기 자신을 부끄럽게 생각한다. 정신질환은 마치 당사자에게 근본적 결함이 있는 것처럼 느끼게 만들기 때문에 사람들은 최선을 다해 이를 숨긴다. 친구나 가족에게도 숨기며 병원에 가는 비율도 훨씬 낮다. 의사를 만나도 해결책을 찾아달라고 적극적으로 요구할 가능성은 별로 없다. 가족 역시 이를 부끄럽게 여기며 대개는 문제를 크게 만들려고 하지 않는다. 정신질환은 그 자체만으로도 힘들지만 부끄러워 언급할 수 없기에 훨씬 더 고통스럽다. 어떤 사람은 스스로 목숨을 끊기도 한다. 그리고 훨씬 많은 사람은 이를 감추면서 심각한 고통 속에 살아간다.

많은 사람이 정신질환을 치료할 수 없거나 기껏해야 상태를 조절하는 정도만 가능하다고 생각한다. 적절한 도움을 받으면 대부분 회복할 수 있다는 사실을 모른다. 이 문제는 매우 중요하다. 심지어 지금도 정신 건강 분야에

종사하는 많은 사람이 자신의 환자에게 치료가 아닌 '지원'이 필요하다고 말한다. 사람들은 보통 어떤 문제를 해결할 뾰족한 방법이 없다고 생각하면 언급을 피한다. 신체질환이 있는 사람에게는 잘 치료받고 있는지 묻지만, 정신질환이 있는 사람에게는 그런 질문을 하지 않는다. 이러한 현실이 정신질환을 더욱 수치스러운 것으로 만든다.

그래도 희망은 있다. 암이 치료하기 어려운 병이었을 때 사람들은 병을 숨겼다. 암이 치료가 가능해지자 사람들은 자기 상태를 이야기하고 있다. 공포와 두려움도 줄어들었다. 마찬가지로 점점 더 많은 장애가 치료의 영역으로 들어오면서 장애에 훨씬 더 개방적이 되었고 솔직해졌다. 환자 가족도 마찬가지다. 더러는 매우 효과적인 로비 단체를 조직한다. 정신질환에도 같은 일이 벌어져야 한다.

당연한 얘기지만 정신질환에 관한 대화에는 언제나 문제 하나가 따라다닌다. 다른 사람은 당사자가 얼마나 아픈지 알기 어렵다는 점이다. 다른 병도 어느 정도는 그렇다. 모든 고통은 주관적이라 타인은 그저 짐작하는 수밖에 없다. 정신질환은 한 사람의 행동 양식과 밀접하게 관련이 있기에 특히 더 가늠하기 어렵다.

사회가 별 문제 없이 유지되고 작동하는 이유는 행위

의 책임이 행위자에게 있다고 믿기 때문이다. 다시 말해 사람들에게 자유의지가 있다고 전제한다. 만약 누군가가 아침에 일어나지 않으면 마치 일어날 수 있는데 일부러 그러지 않는다는 듯 일어날 때까지 닦달한다.

가끔은 일어날 수 없을 때가 있다. 다리가 부러졌다면 당연히 못 일어난다. 그런데 그 사람이 주요 우울증을 앓고 있다면 일어날 수 있는지 없는지 장담하기 어렵다. 그들은 다리가 부러진 사람처럼 일어나지 못할 가능성이 꽤 크다. 그러나 정신질환을 잘 모르는 사람들은 정신 건강 문제를 겪는 사람을 어떻게 대해야 하는지 모른다. 이는 가정뿐 아니라 학교와 직장에서도 마찬가지다.

물론 방법은 있다. 정신질환을 공부하고, 아주 일상적인 일조차 도움 없이는 하지 못하는 상태인지 살피는 것이다. 이러한 도움의 목적은 사람들을 자립하게 하는 데 있다. 나아가 자기 행동을 책임지는 사람이 되도록 하는 데 있다. 무엇보다 가장 먼저 해야 할 것은 "괜찮아?"라고 물어봄으로써 도움이 필요한지 확인하는 일이다.

"아니, 힘들어"라는 답이 나왔을 때, 어떻게 해야 하는지 알고 있으면 물어보기가 훨씬 쉽다. 이 말은 모두가 정신 건강을 더 잘 인식하고, 가능한 치료를 더 잘 알며, 회복

될 수 있음을 확신해야 한다는 뜻이다.

앞으로 우리가 해야 할 일은 분명하다.

- 부모·교사·고용주·건강 산업 종사자 모두 정신 건강과 회복 가능성에 관해 일정한 교육을 받아야 한다.
- 이 문제에 관심이 있는 사람은 신체장애와 신체질환이 있는 사람들이 그랬던 것처럼 더 나은 치료를 위해 조직적 캠페인을 벌여야 한다. 그 차원에서 낙인 방지 캠페인은 도움을 준다.[12]
- 정신 건강에 어려움을 겪는 모두가 이 문제에 가능한 한 개방적이어야 한다.

**영웅들**

대중의 주목을 받고 있다면 특히 더 그래야 한다. 우리는 유명인 동성애자가 커밍아웃으로 대중의 시각을 얼마나 바꿔놓았는지 알고 있다. 정신 건강 문제도 마찬가지다. 같은 맥락에서 우리는 정신 건강에 어려움을 겪고 있음을 용기 있게 고백하는 유명인에게 박수를 보내야 한다.

1998년 우울증으로 한 달간 휴식하고 돌아와 다음 총선에서 승리한 노르웨이 수상 셸 망네 본데비크에게 존경을 표해야 한다. 폭식증과 싸우고 있다고 공개한 영국 부총리 존 프레스콧에게도 그러해야 한다. 잉글랜드의 스포츠 스타인 축구선수 데이비드 베컴(강박증)과 토니 애덤스(알코올의존), 올림픽 금메달리스트 켈리 홈스(우울증), 유명 방송인 스티븐 프라이(양극성 장애), 멜빈 브래그(우울증), 루비 왁스(우울증)에게도 마찬가지다. 인기 작가 메리언 키스(우울증)와 배우 앤젤리나 졸리(자해) 역시 찬사받아야 마땅하다.

잉글랜드의 훌륭한 크리켓 선수였던 마커스 트레스코틱은 우울증 때문에 경력이 일찍 끊겨버렸다. 2008년 《나에게 돌아오는 길 Coming Back to Me》이라는 책과 함께 우리에게 돌아온 그는 대중의 반응에 놀라며 "결과는 내 예상을 완전히 빗나갔다"라고 말했다. 낙인 따윈 없었으며 오직 공감과 지지가 있을 뿐이었다.

2012년 영국 의회는 정신 건강을 주제로 토론을 벌였다. 그 의원들 중 19%가 정신 건강 문제를 경험한 것으로 나타났는데,[13] 이전까지는 아무도 공개적으로 말한 적이 없었다. 그 토론에서 의원 4명이 안타까운 진실을 털어놓았다.[14] 한 명은 주요 우울증을, 또 한 명은 31년째 강박장애를 겪고 있었다. 나머지 2명은 각각 산후 우울증과 공황장애를 앓은 적 있다고 했다.

안드레아 리드섬 의원은 자신의 산후 우울증을 이렇게 묘사했다.

"우는 갓난아이를 품에 안은 채 같이 울 때의 심정은 상상할 수 없을 만큼 끔찍합니다. 그럴 때는 차 한 잔 우려내는 일조차 스스로 할 수 없어요. 자신이 완전히 쓸모없는 사람으로 느껴집니다."

찰스 워커 의원은 자신의 강박장애를 두고 다음과 같이 말했다.

"강박장애는 지난 31년 동안 제 삶에 상당히 큰 영향을 미쳤습니다. 관리하기 쉬울 때도 있었지만 힘들 때도 많았죠. 강박장애는 사람을 암울하게 만듭니다. 저는 4의 규칙에 집착했고 모든 걸 짝수로 했지요. 손 씻는 것도, 방에 들어갔다 나가는 것도 네 번씩 했습니다. 아내와 아이들은 제가 방에 들어갔다 나갔다 하면서 네 번이나 불을 껐다 켜는 걸 보고 '리버댄스'를 추는 것 같다고 했죠. 실수로 스위치를 다섯 번 눌렀다기는 큰 낭패입니다. 같은 짓을 세 번 더 해야 하니까요. 몇 번 했는지 세는 것은 아주 중요했죠. 저는 과자 봉지나 포장지를 어쩔 수 없이 집 여기저기에 늘어놓습니다. 쓰레기통 근처에 갔다가는 여러 번 손을 씻어야 하니까요."

잠시 멈춘 워커는 말을 이어갔다.

"강박장애는 머릿속에 이래라저래라 열심히 참견하는 참견쟁이가 들어앉은 것이나 마찬가지입니다. 끊임없이 자신과 타협해야 하죠. 가끔 황당할 때도 있지만 어떤 경우에는 암울하고 심각합니다. 지난 5년 동안은 꽤 건강했어요. 그래도 방심하면 어느 순간, 이 공격적인 녀석이 등장해 정면으로 주먹을 날립니다. 최근 휴가 때 아들이 낚싯대를 들고 있는 멋진 사진을 한 장 찍었습니다. 몹시 뿌듯해하고 있는데 내면에서 이런 목소리가 들리더군요. '당장 지우지 않으면 네 자식은 죽게 될걸.' 그런 목소리와 두세 시간 싸우다 보면, 실제로 존재할 리 없는 그 목소리에 굴복하면 안 되며 아들이 죽는 일 따윈 벌어지지 않으리라는 사실을 깨닫습니다. 하지만 아들의 안전을 담보로 할 수는 없으니 결국 굴복하고 참담함을 느끼죠."

이처럼 자기 경험을 거리낌 없이 공개한 의원은 용감한 사람들이다. 네 의원 모두 그들이 보여준 용기 덕분에 더 높은 명성을 얻었다. 우울증을 앓은 적 있는 케반 존스 의원은 토론이 열리기 직전까지 자기 경험을 밝히는 문제를 두고 고민했다. 존스는 결국 공개했고 이런 말을 하면서 마무리했다.

"제가 옳은 일을 했는지 잘 모르겠습니다. 어쩌면 오늘 밤 집에 돌아가 말한 것을 후회할지도 모르죠. 하지만 이미 뱉어버렸는데 어쩌겠어요. 이 일로 저를 바라보는 시선이 바뀌지 않았으면 좋겠군요."

존스의 바람과 달리 시선은 바뀌었다. 더 좋은 쪽으로. 정신 건강을 위해 효과적인 캠페인을 벌이려면 더 많은 당사자의 증언이 있어야 한다. 다른 한편으로 정신질환이 삶의 모든 측면에 어떤 영향을 미치는지에 관한 체계적인 정보도 필요하다.

## 5장

# 정신질환은 삶에 어떤 영향을 미치는가

남자도, 여자도 나를 기쁘게 하지 못한다.

– 《햄릿》, 2막 2장

정신질환은 우리를 매우 고통스럽게 만든다. 이것은 현대 사회에서 가장 크게 고통을 유발하는 단일 요인에 속한다. 나아가 사람들의 삶에 여러 가지로 많은 영향을 미친다. 다음에 적은 몇 가지 특별한 이야기는 반드시 살펴보아야 할 사실들이다.

- 정신질환은 신체질환이나 가난, 실업보다 더 많은 사람에게 고통을 안겨주고 있다.
- 정신질환은 흡연 못지않게 기대 수명을 줄인다.
- 장애수당을 받는 모든 사람 중 절반 정도가 정신질환을 앓으며, 이들은 전체 병가의 거의 절반을 차지한다.
- 정신질환은 지능지수만큼 교육적 성취와 소득에 영향을 미친다.
- 죄수 10명 중 9명은 교도소에 갈 당시 정신 건강에 문제를 겪고 있는 상태다.

### 불행의 가장 큰 원인

먼저 고통을 이야기해보자. 최근까지도 행복과 불행에 영향을 미치는 정말 중요한 요인이 무엇인지 파악하는 과학적인 조사 방법이 없었다. 그러나 행복에 관한 새로운 과학이 모든 것을 바꿔놓고 있다. 이제 사람들은 삶에 얼마나 만족하는지를 0점(전혀 만족하지 않는다)에서 10점(매우 만족한다) 사이로 답할 수 있다. 그 대답은 객관적 측정으로 뇌의 관련 영역과 상관관계가 높은 것으로 나타났다.[1] 이에 따라 정책 입안자는 국민소득 수준을 높이는 것보다 삶의 만족도를 점점 더 극대화할 정책을 만드는 데 집중할 수 있다.

이를 위해서는 어떤 요소가 삶의 만족도에 어느 정도로 영향을 미치는지 알아야 한다. 이 영역에는 전체 인구를 대상으로 한 조사가 도움을 준다. 이러한 조사는 사람들의 정신 건강뿐 아니라 신체 건강, 소득, 직업, 가족 상황, 나이, 성별 등의 영향력을 보여준다. 여러 나라의 많은 조사에서 비슷한 결과를 보였다.[2]

아래 표는 전형적으로 나타나는 결과를 영국, 독일, 호주의 사례를 통해 보여주는 예시다.[3] 우선 주관적인 행복도 측면에서 하위 10%에 해당하는 사람을 '불행함을 느끼는

**정신질환은 불행의 가장 큰 이유다**(성인)

|  | 부분상관계수* | | |
|---|---|---|---|
|  | 영국 | 독일 | 호주 |
| 정신 건강 문제(1년 전) | 0.30 | 0.21 | 0.20 |
| 신체 건강 문제(현재) | 0.11 | 0.10 | 0.14 |
| 1인당 가구 소득(로그값) | −0.05 | −0.06 | −0.02 |
| 실업 | 0.04 | 0.06 | 0.02 |
| 조사 표본 수 | 103,000 | 50,000 | 57,000 |

* 이들 수치는 다른 변수의 영향을 통제한 뒤, 각 변수와 불행 간 관계의 강도를 보여준다.

사람'으로 보기로 한다. 이어서 위에 언급한 여러 요인 가운데 어떤 요인이 응답자를 불행하게 만드는지 분석한다. 표에 제시한 수치는 누가 불행하고 누가 불행하지 않은지 설명하는 데 있어 각 요소별 중요도를 측정한 것이다.

결과는 놀랍다. 무엇보다 **정신적으로 건강하지 못한 상태는 신체가 건강하지 못한 상태보다 불행의 원인에서 차지하는 비중이 더 크다.** 신체 건강이 현실 문제로 다가온 노년층을 포함해 모든 연령대 집단을 봐도 마찬가지다. 또한 정신적 고통은 빈곤이나 실업보다 불행의 더 큰 요인으로 작용한다.

우리에게는 물질적 빈곤보다 훨씬 더 많은 것을 포함하는 새로운 결핍 개념이 필요하다. 어떤 재정 수단이 있든 인생을 즐길 심리적 수단이 없으면 심각한 결핍 상태로 볼 수 있다. 그러므로 공공정책을 수립할 때는 정신 건강을 지금보다 더 중심에 두어야 한다.

정신 건강은 신체 건강만큼이나 중요하게 다뤄야 한다. 이 문제를 연구하기 위해 건강을 신체 이동성, 자기 돌봄 능력, 일상생활 능력, 신체적 고통, 정신적 고통 등 5가지 차원으로 나누어 생각해볼 수 있다. 이어 그 5가지 차원 중에서 개인의 삶의 만족도에 가장 큰 영향을 미치는 것이 무엇인지 질문할 수 있다. 아래는 미국 시민을 대표하는 표본을 추출해 분석한 결과다.[4] 아래 도표에 나타나 있듯 정신적 고통은 신체적 고통보다 더 크게 삶의 만족도에 부정적 영향을 미친다. 그 한 가지 이유는 적응하기가 더 어렵기 때문이다. 신체적 고통을 겪는 동안에는 잠시나마 다른 쪽으로 주의를 돌리는 게 가능하지만, 정신적 고통은

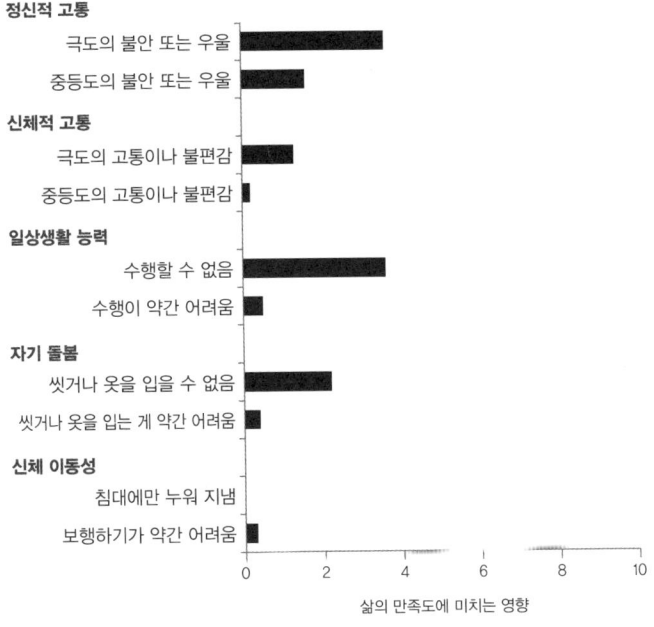

**질병의 다양한 차원이 삶의 만족도를 얼마나 떨어뜨리는가**

지독하게도 의식 전체를 지배하는 경향이 있다.

　정신질환을 경험한 적 없는 사람은 그것이 얼마나 끔찍한지 쉽게 상상하기 힘들다. 그래서 그들에게 중요도에 따라 5가지 측면을 평가하라고 하면 정신적 고통을 신체적 고통이나 신체의 비이동성보다 나쁘게 평가하지 않는다.[5] 그러나 정신적 고통을 경험한 사람은 정신질환을 대다수 신체질환보다 더 나쁘게 느낀다.

### 질병과 죽음

　정신질환은 신체 건강에도 지대한 영향을 미친다. 정신은 몸에 영향을 미치며 몸도 정신에 영향을 미친다. 그런 의미에서 기억해야 할 특별한 정보가 또 하나 있다. 자살이 주된 경로가 아님에도, **우울증이 기대 수명에 미치는 영향은 흡연과 같다**는 사실이다. 노르웨이 지역의 노르트뢰넬라그주 전체 인구를 대상으로 한 연구를 예로 들 수 있다. 연구를 시작할 때 먼저 참가자 전원의 정신 상태를 임상 진단했다. 이후 사망을 확인하고자 6년간 추적 연구했다. 이로써 나이대와 상관없이 원래 우울 증상이 있던 사람의 사망 가능성이 그렇지 않은 경우보다 52% 더 높다는 사실을 발견했다.[6] 이는 흡연 여부에 따른 사망률 차이와 거의 같은 결과였다.

영국과 미국의 다른 연구들도 비슷한 결과를 보여준다.[7] 그중 한 연구는 행복에만 초점을 두고 몇 가지 단순한 질문으로 그 정도를 측정했다. 연구진은 쉰 살 이상의 영국인 표본 집단을 인터뷰한 뒤 이후 사망 여부를 9년간 추적했다. 그 결과 연구 시작 당시 가장 행복하지 않다고 답한 사람이 사망할 가능성이 가장 컸다. 108쪽 도표에 분명히 드러나듯 그 차이는 확연했다. 나이와 기저질환을 통제한 이후에도 가장 행복하지 않다고 답한 집단에 속한 사람은 가장 행복하다고 답한 집단에 속한 사람보다 매년 사망 가능성이 50% 더 높았다.[8]

과연 어떤 질병의 사망 가능성이 더 클까? 우리는 불안장애보다 우울증이 미치는 영향을 더 많이 알고 있는데 우울증은 대부분 만성질환 위험을 높인다. 1994년 캐나다 성인을 대상으로, 그해에 주요 우울증을 앓던 사람들과 나머지 인구를 구분해 이후 8년 동안 어떤 질병이 새로 생기는지 관찰했다. 나이와 성별을 통제했을 때 우울한 사람들은 심장질환, 뇌졸중, 폐질환, 천식, 관절염이 발생할 가능성이 적어도 50% 정도 더 컸다.[9] 암에 초점을 둔 메타 분석

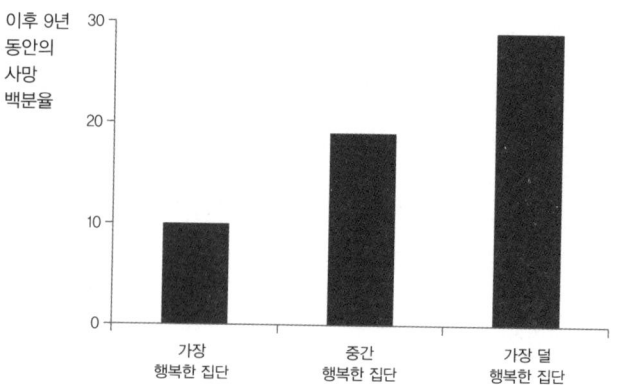

결과도 비슷했다. 스트레스와 관련된 심리적 문제를 겪는 사람들은 암에 걸릴 가능성이 더 컸다.[10]

일단 **정신질환을 겪기 시작하면 이는 신체질환 진행에 영향을 미친다.** 이를 확인하려면 신체질환의 초기 심각도를 주의 깊게 통제해야 한다. 통제 이후 확인한 결과 정신질환은 여전히 행복에 중대한 영향을 미쳤다. 25개 연구를 분석한 결과에 따르면, 암 환자가 주요 우울증이나 경미한 우울증을 앓는 경우 매년 사망 가능성이 평균 최대 40% 더 높은 것으로 나타났다.[11] 심장마비를 경험한 사람에게 우울증이나 불안장애가 있을 경우 사망 가능성이 50% 더 높다.[12] '사망 가능성이 50% 더 높다'라는 표현이 마치 후렴구처럼 자주 등장하는 느낌이다.

그 이유는 다양하다.[13] 우선, 의사가 정신적 질병이 있는 환자를 진료하며 신체질환을 발견할 가능성은 작다.[14] 그 탓에 충분한 치료가 이뤄지지 않을 가능성이 있다. 둘째, 일부 정신과 약물은 신체에 좋지 않은 영향을 미친다. 셋째, 정신질환이 있는 사람은 건강하지 않은 생활을 할 가능성이 크다. 담배를 더 많이 피우고, 술도 많이 마시며, 마약도 더 많이 하곤 한다. 또한 식습관이 건강하지 않고 운동을 적게 한다.[15] 그러나 주된 원인은 신체에 가해지는 만성스트레스다. 만성스트레스는 여러 가지 방식으로 신체에 해를 끼친다.[16]

무엇보다 만성스트레스는 투쟁-도피 반응을 계속해서 활성화시킨다. 이때 아드레날린이 과잉 분비되고 스트레스 호르몬인 코르티솔도 비정상적 패턴을 보인다.[17] 이는 기대 수명을 낮추는 결과로 이어진다. 그뿐 아니라 동맥경화와 인슐린 저항성 같은 건강에 해로운 결과를 초래하는 만성적 전신 염증을 유발한다. 가령 뉴질랜드 더니든에서 태어난 아이들을 출생 직후부터 10년 동안 연구한 결과는 아동 학대와 20년 뒤 염증 생체표지자 수치 사이

의 강력한 관련성을 보여준다. 아래 도표에서 이를 확인할 수 있다.[18]

성인기에 발생한 심리적 트라우마의 영향을 살펴본 연구도 있다. 이 연구에서는 베트남에 주둔했던 미 육군 중에서 표본을 무작위로 추출하고 17년 정도 지난 뒤 의학적 검사를 진행했다. 그 결과 외상 후 스트레스 장애가 있던 퇴역 군인의 경우 자가면역질환(류머티스성 관절염, 1형 당뇨병, 건선 등)에 걸릴 확률이 다른 사람보다 3배 높았다.[19]

또한 실험실 연구로 기분이 면역체계에 미치는 효과도 확인할 수 있다. 주목할 만한 다음 두 사례를 살펴보자. 사람들에게 작은 크기의 표준적 상처를 만든 뒤 그 회복

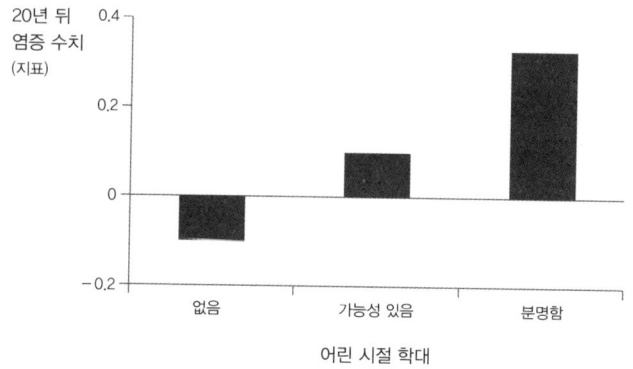

아동 학대는 20년 뒤 염증 수치에 영향을 미친다

속도를 측정하는 실험에서, 우울하거나 불안한 사람의 회복 속도가 가장 느렸다.[20] 독감 주사를 맞은 집단에서는 심리적으로 지친 사람들이 항체를 가장 적게 형성했다.[21]

기분이 우리 건강에 영향을 미치는 세 번째 메커니즘은 혈류를 통한 방식이다. 스트레스는 피브리노겐(혈액 응고에 관여하는 혈장 단백질) 생성과 혈소판 접착성을 높인다. 이는 혈전과 심장마비 가능성을 더 높인다.[22]

정신적 스트레스는 이 모든 기제로 유기체인 신체에 영향을 줌으로써 신체 증상을 일으킨다. 가끔은 이러한 기제들 외에 다른 기제도 나타난다. 이때 환자는 신체 증상을 경험하지만 의사는 그에 대응하는 기질성 장애를 찾아내지 못한다. 소위 '의학적으로 설명할 수 없는 증상'이다. 증상이 실제로 존재하고 사람들이 요통, 복통, 흉통, 두통을 느끼지만 여기에 대응하는 생물학적 원인을 발견하거나 치료할 수 없는 경우다. 이런 사례는 아주 흔하다. 믿기 힘들겠지만 사우스런던에 있는 대형 병원 두 곳을 찾는 외래 환자 중 절반에게는 의학적으로 설명할 수 없는 증상이 있다.[23] 이들 사례 중 일부는 의심할 여지 없이 의사가 감지하지 못하는 기질성 장애지만, 나머지는 개인이 정신 상태 탓에 직접적으로 발생하는 생생한 실제 증상이다. 심리치료는 이 모든 사례에 도움을 줄 수 있다.

2천 년 전 그리스·로마 시대의 위대한 의사 갈레노스는 의사를 찾는 환자의 60%는 신체가 직접적 원인이라기보다 정서적 원인에서 비롯된 증상을 보이는 것이라고 판단했다.[24] 이 생각은 과대 추정일 수도 있으나 정신이 신체에 영향을 주는 것은 분명한 사실이다. 바로 이것이 우리가 이 장에서 탐색해온 주제다. 물론 반대로 신체가 정신에 영향을 주는 경우도 있다.[25] 오랫동안 만성질환을 앓으면 우울과 과도한 불안을 겪을 가능성이 대략 3배로 뛴다.[26] 이 사례는 7장에서 다룬다.

여기서는 정신 건강을 증진하면 신체 건강도 높일 수 있다는 사실 하나를 전달하는 것으로 충분하다. 로마인이 즐겨 쓴 "건강한 몸에 건강한 정신"이라는 표현은 단지 몸이 건강해야 마음도 건강하다는 뜻이 아니라 신체와 정신이 서로를 지탱해준다는 의미를 담고 있다. 더 많은 현대 의사가 이렇게 생각했으면 좋겠다.

### 일할 수 없는 상태

정신 건강은 신체 건강에 해를 끼쳐 일하기 어려운 상

태로 만들 수도 있다. 어떤 경우에는 정신 건강이 신체질환을 거쳐 간접적으로 영향을 준다. 신체 건강에 미치는 영향을 무시할지라도 모든 장애의 3분의 1은 정신질환에서 직접적으로 기인한다. 아래의 장애수당 관련 표를 보면 영국과 미국, 유럽 대륙에서는 실제로 그렇다는 사실을 알 수 있다. 생산 연령인 성인의 약 6%가 장애수당을 받고 있는데 이들 중 3분의 1은 명백히 정신질환이 그 원인이다. 특히 요통, 두통 같은 신체질환을 호소하는 많은 사람에게는 애초에 의학적으로 설명하기 어려운 정신적 증상이 있다. 그러므로 장애수당의 거의 50%는 정신질환에 따른 것이라고 할 수 있다.

복지에 의존하는 비율이 이토록 높은 이유 중 하나는 정신질환으로 복지에 의존하는 경우 그 기간이 장기화하는 경향이 있어서다. 영국에서는 그 기간이 평균 4년이다.

**생산 연령의 몇 퍼센트가 장애수당을 받고 있는가**

|  | 정신질환 원인 | 전체 원인 |
|---|---|---|
| 영국 | 2.5 | 6.1 |
| 미국 | 2.0 | 6.6 |
| OECD의 다른 6개 국가(평균) | 2.4 | 6.4 |

충격적인 점은 정신질환 때문에 세금을 지출하는 상황인데도 치료받는 사람은 (적어도 영국에서) 절반이 채 안 된다는 사실이다.[27] 이런 상황은 누구에게도 좋지 않다.

설령 직업이 있을지라도 정신적 문제는 일을 제대로 수행하기 어렵게 만든다. 아래 표에서 볼 수 있듯 정신적인 어려움을 겪는 사람은 병가를 낼 가능성이 훨씬 크다.[28] 일을 쉬는 경우 3분의 1에서 절반 정도가 정신질환 때문이다. 가끔 직장의 분위기 탓에 결근하는 상황도 있지만 적어도 사례의 80%는 기저의 정신 건강 문제로 그런 분위기를 감당하지 못하는 경우다.[29]

더구나 그들이 직장에 있다고 항상 일에 집중할 수 있는 것은 아니다. '정상적인 생산 능력' 대비 '현재 생산성'을 질문한 설문 결과를 보면, 표준 이하의 성과를 내는 프리젠티즘presenteeism*이 결근으로 인한 손실만큼이나 커다란 생산성 손실을 초래하는 것으로 나타난다.[30] 특히 정신

**병가로 인한 손실 노동 일수(백분율)**

|  | 정신질환이 있는 근로자(%) | 다른 이유 (%) |
|---|---|---|
| 영국 | 11.0 | 2.2 |
| 유럽 21개 국가 | 11.2 | 4.6 |

건강이 원인이면 그 손실은 아마 더 클 것이다.

### 낮은 소득과 성적

이런 것과 더불어 여러 가지 이유로, 정신질환이 있는 사람은 직업이 있어도 그렇지 않은 사람에 비해 평균 소득이 낮다. 이 현상은 과거 스웨덴 군대에 입대한 신병들을 대상으로 한 연구에서 뚜렷하게 나타난다.[31] 그들은 열여덟 살에 지식과 추론 능력을 측정하는 인지 능력은 물론 사회성과 정서적 건강 같은 비인지적 능력도 평가받았다. 그리고 그들이 마흔 살이 넘을 때까지 소득을 추적 관찰해 기록했다. 그 결과 비인지적 능력이(혹은 그 부족이) 소득을 설명하는 데 인지적 능력만큼이나 중요한 역할을 한다는 사실이 밝혀졌다. 심지어 소득에서조차 마음이 머리만큼 중요하다는 말이다.

더 어린 나이대의 교육 성과를 설명할 때도 비슷하게 적용할 수 있다. 한 연구에서 8학년생 집단을 대상으로 학

---

★ 직원이 아픈 상태로 출근하거나 비생산적 상태에서 일하는 상황(옮긴이 주).

년 초에 지능과 자제력을 검사했다. 그리고 그들의 학년 말 성적표를 보니 자제력이 성적 변화에 지능지수보다 2배 더 영향을 주는 결과가 나왔다.[32]

### 무질서하고 반사회적인 행동

다시 아동기의 정신 건강 문제로 돌아가자. 정신적 어려움은 나머지 어린 시절에 어떤 영향을 미칠까? 또한 그것으로 성인기 삶을 어떻게 예측할 수 있을까?

아래 표가 보여주듯 정신 건강에 어려움을 겪는 아이

**정신 건강 문제는 청소년기에 다른 문제로 이어진다**
(영국, 11~16세 청소년)

| 백분율 | 아이들이 겪는 장애 | | |
|---|---|---|---|
| | 정서장애 | 품행장애 | 장애 없음 |
| 무단결석(모든 나이대) | 16 | 22 | 3 |
| 퇴학당한 경험(모든 나이대) | 12 | 34 | 4 |
| 지속적인 흡연 | 19 | 30 | 5 |
| 강한 마약 경험 | 6 | 12 | 1 |
| 자해 경험 | 19 | 18 | 2 |

는 그렇지 않은 아이와 상당히 다른 삶을 살아간다. 무단결석하는 일이 더 잦고 퇴학당하는 사례도 더 많다. 또한 흡연하거나 약물을 사용할 가능성이 더 크며 자해 가능성도 마찬가지다. 그 각각에서 가능성의 차이는 최소 4배다. 그뿐 아니라 그들의 부모에 따르면 이런 아이들 5명 중 한 명꼴로 신체적 자해 경험이 있었다.

어린 시절 문제는 이후의 삶에서 비슷한 문제로 이어지는 경우가 빈번하다. 118쪽 표는 7~9세 시기에 행동 문제를 보인 아동에 초점을 맞췄다. 우리는 하위 5%(품행장애가 있는 아이)와 상위 50%가 성인이 되었을 때 어떤 행동 특징을 보이는지 살펴보았는데, 그 차이는 놀라웠다. '품행장애가 있는' 아이들은 이후 폭력적 범죄를 저지를 가능성이 10배 더 컸다. 약물에 의존하거나 10대에 부모가 될 가능성과 자살할 확률은 4배 높았다. 그리고 복지 혜택에 의존할 확률은 3배 더 높았다.

이들 모두가 범죄나 나쁜 짓을 저지른다는 뜻은 아니다(간단히 확인할 수 있지만 품행이 바른 상위 50% 집단 역시 하위 5%가 저지르는 만큼 범죄를 저지른다). 하지만 하위 5%가 상위 50% 정도로 행동을 교정하면 범죄율과 복지 혜택 의존율, 약물 사용자, 10대 부모, 자살 시도가 훨씬 줄어들 거라는

**7~9세 때의 행동 문제로 이후 삶에 발생할 문제를 예측한다**
(뉴질랜드)

| 이어지는 행동 백분율 | 아동기에 보인 행동 | |
|---|---|---|
| | 가장 불량한 5% | 가장 바람직한 50% |
| 폭력적 위반 행위(21~25세) | 35 | 3 |
| 약물 의존(1~25세) | 20 | 5 |
| 10대 부모 | 20 | 4 |
| 자살 시도(25세까지) | 18 | 4 |
| 복지 혜택 의존율(25세) | 33 | 9 |

점은 분명하다.[33]

영국의 수감자 10명 중 9명이 교도소에 가기 전부터 정신적 어려움을 겪었다는 사실은 놀라울 게 없다.[34] 이는 일반인 10명 중에 정신적 어려움을 겪는 사람이 2명 이하라는 비율과 비교가 된다. 약 75%의 남자 수감자에게 성격장애가 있으며 50%가량에게는 우울증이나 불안장애가 있다.[35] 20% 정도는 교도소에 오기 전 해에 치료를 받았을 만큼 정신 건강이 좋지 않았다.[36] 정신 건강 문제는 교도소에 갈 확률을 훨씬 높일 뿐 아니라 1년 안에 다시 범죄를 저지를 확률도 높인다.[37]

정신질환은 수많은 가정을 파괴하고 목숨을 빼앗는 가정 폭력의 원인 중 상당 부분을 차지한다. 부모에게 폭력을 행사하는 이들의 적어도 3분의 1이 정신질환을 앓고 있다.[38] 이와 마찬가지로 정신질환이 있는 사람은 가정 폭력을 비롯한 여타 폭력 범죄의 희생자가 될 가능성 역시 크다. 영국에서는 심한 정신질환을 앓는 사람이 그렇지 않은 사람에 비해 폭력의 희생자가 될 가능성이 5배 더 높았다.[39]

## 삶의 모든 영역에 영향을 미치는 정신 건강

정신 건강은 우리 삶의 모든 영역에 영향을 미친다. 그렇다면 정신 건강은 다른 요소들과 비교했을 때 삶의 만족도를 결정하는 데는 얼마나 중요할까? 이 질문에 답하려면 1970년에 태어난 아이들을 평생 추적한 영국 코호트 연구British Cohort Study*를 살펴봐야 한다.

무엇이 성인기 삶의 만족도에 영향을 미칠까?[40] 여기에는 직접 영향을 미치는 것과 어린 시절을 포함해 이전의

---

\* 동일 집단 추적 조사(옮긴이 주).

삶처럼 멀리서 영향을 미치는 것이 있다. **직접적인 원인**은 정신 건강 외에 가구 소득이 충분한지, 직업을 원할 경우 직업이 있는지, 충분히 교육받았는지, 결혼했거나 동거 중인지, 범죄 기록이 없는지, 신체 건강은 좋은지 등이 가장 확실한 요소다. 아래 도표는 나머지를 일정하게 유지할 때 각 요소가 삶의 만족도에 얼마나 영향을 미치는지 측정한 것이다.[41] 동어반복이라는 비판을 피하기 위해 정서 건강을 조사의 초기에 측정했으며, 이는 전반적인 신체 건강에 관한 자기 보고도 마찬가지다.

다음 질문은 가족 배경과 어린 시절의 발달 과정처럼

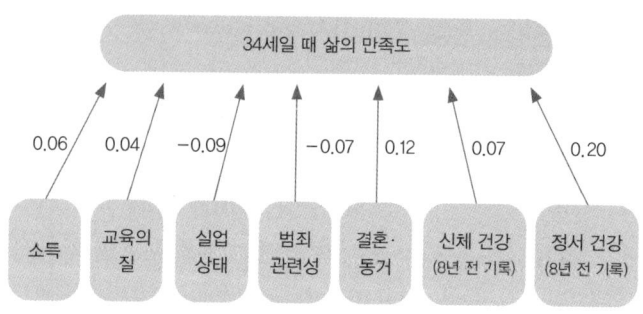

**성인기 삶의 만족도에 직접 영향을 미치는 주요 원인은 무엇인가**
(영국, 부분상관계수*)

* 이들 수치는 표에 있는 나머지 모든 변수의 영향을 통제한 상태에서 삶의 만족도와 각 변수 사이에 존재하는 관계의 강도를 보여준다.

**상대적으로 멀리 있는 원인**에 관한 것이다. 우리는 어린 시절 성장 과정에서 두뇌(시험 성적), 품행, 정서 건강이라는 3가지 중요한 측면에 초점을 두었다. 관점이 폭넓은 사람은 대부분 두뇌 능력이 전부는 아니라고 인식하며 행동을 다

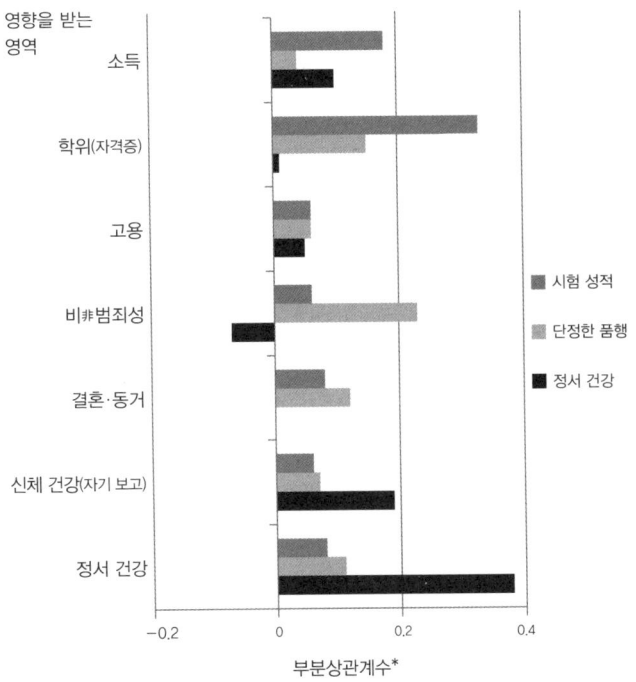

**성인기의 다양한 성취에 미치는 어린 시절의 중요한 측면은 무엇인가**

\* 이들 수치는 나머지 다른 변수를 일정하게 유지한 상태에서 어린 시절 시험 성적, 단정한 품행, 정서 건강에 따라 왼쪽에 있는 성인 변수를 각각 얼마나 잘 예측할 수 있는지 보여준다.

른 중요한 요소로 여기는 경우가 많다.[42]

　각각이 얼마나 더 중요한지는 성인기의 어떤 결과를 확인하는지에 따라 다르며,[43] 이는 121쪽 도표로 확인할 수 있다. 아이의 시험 성적은 이후 소득과 교육적 성취를 가장 잘 예측한다. 품행은 범죄 유무나 동반자를 찾는 문제와 관련성이 크다. 정서 건강은 이후의 건강(신체 건강과 정신 건강 모두)을 가장 잘 예측한다.

　궁극적으로 확인하려는 것은 '무엇이 만족스러운 성인의 삶을 만드는가'이다. 이를 가장 잘 예측하는 요소는 뭘까? 바로 어린 시절의 정서 건강이다. 어린 시절의 정서 건강은 성인기에 만족스러운 삶을 살 것인지를 가장 잘 예측하게 한다. 품행은 그다음이며 가장 덜 중요한 것은 지적 능력이다. 다음 표가 이 사실을 보여준다.

　이 결과는 교육학자들이 우선순위로 내세우는 것과 현저하게 차이가 있다. 물론 성공적인 삶의 중요한 기준이 소득이라면 지능이 최우선 관심사일 것이다. 그러나 삶의 행복과 불행을 중요하게 여긴다면 아이들의 정서 건강에 훨씬 더 신경 써야 한다. 품행은 그만큼 중요하지는 않다. 품행과 지능이 삶의 만족도에 미치는 영향력은 상대적으로 작다. 우리는 지금 우리가 너무 쉽게 등한시하는 내면

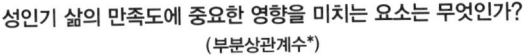

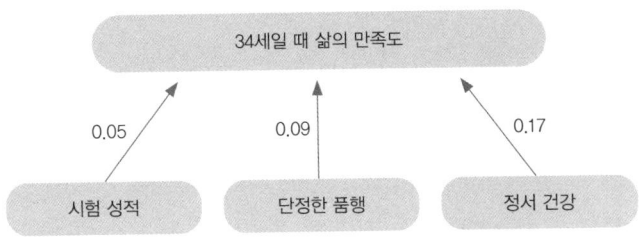

\* 이들 수치는 다른 모든 변수의 영향을 통제한 후 어린 시절의 시험 성적, 단정한 품행, 정서 건강이 각각 서른네 살 성인의 삶의 만족도를 얼마나 예측하는지 보여준다.

자아를 이야기하고 있다. 정신 건강은 가장 큰 자산이다. 이것은 우리 각자의 삶에 필수적이다. 언젠가 마크 트웨인은 이렇게 말했다.

"내가 잃어버린 모든 것 중에서 내 정신이 가장 그립다."

개인의 정신 건강은 사회의 나머지 사람들에게도 필수적이다. 정신 건강이 결핍된 곳에서는 나머지 사람들이 엄청난 대가를 치른다.

___ **6장** ___

# 정신질환에 따른 사회경제적 비용

제 딸은 치료받을 때까지 1년이나 기다려야 합니다.
딸은 복지 혜택을 받지 않아도 될 만큼 회복하려 노력하고 있지만
지원이 부족해요.

— 2012년 3월, 리처드 레이어드가 받은 편지

정신질환은 그 영향을 직접 받는 사람들만의 문제가 아니다. 정신질환은 사회의 나머지 사람들이 엄청나게 큰 비용을 떠안게 만든다. 따라서 이 문제를 해결해야 한다는 논거는 단순히 인도주의적인 것이 아니라 명백히 경제적 차원의 문제이기도 하다. 정신 건강 문제는 생산적인 노동을 줄이고 범죄를 늘리며 신체 건강 관리를 필요하게 만든

다. 그 비용은 얼마나 될까?

### 취업자 감소와 복지 의존도 증가

앞서 살펴본 것처럼 정신질환자는 일반인보다 더 소수만 일할 수 있다. 만약 정신적으로 아픈 사람이 건강한 사람만큼 일한다면 총 고용률은 4% 넘게 증가할 것이다.[1] 이때 발생하는 추가 생산량은 수십억 파운드에 달한다.

그 손실의 일부는 개인이 부담하지만 상당량을 모든 납세자가 부담한다. 일하지 않는 사람은 세금을 적게 내기 때문이다. 더구나 그들 중 많은 수가 장애수당을 받고 있다. 대다수 선진국에서는 생산 연령 인구의 2%가 넘는 사람들이 정신질환으로 장애수당을 받고 있다.[2]

그뿐 아니라 직장을 다니긴 해도 병가를 내거나 능력을 제대로 발휘하지 못하는 사람이 많다. 이는 비용 측면에서 고용주에게 커다란 부담이다. 전체 결근 원인 중 40% 넘는 비율이 정신질환 때문이다(여기서 말하는 정신질환의 원인은 직장 분위기가 아니다). 정신적으로 어려움을 겪는 사람의 결근율이 낮아지면 유럽 대륙의 근로 시간은 1.2% 증가하고, 영국은 약간 더 증가할 것이다.[3]

심란한 상태에서 일하는 탓에 능률이 떨어지는 '프리젠티즘'도 있다. 이 상태는 측정하기가 어려운 까닭에 사람들에게 자기 상태가 최상일 때보다 얼마나 능률이 떨어지는지 질문하는 식으로 연구를 해왔다. 정신질환이 있는 사람과 다른 사람을 비교하면, 정신질환이 원인인 프리젠티즘으로 줄어든 생산량이 적어도 결근으로 감소한 생산량과 같다는 사실을 알 수 있다.[4]

이처럼 정신 건강 문제는 정신질환자 가족의 업무 능력에 영향을 미치는 것을 제외하고 보더라도 실업, 결근, 프리젠티즘으로 경제 생산량에도 영향을 준다. 보수적으로 분석해도 복합 효과로 국민 소득(GNP)이 4% 감소했는데 이는 대다수 국가가 교육에 지출하는 비용에 해당한다. 이 비용의 절반은 정부 재정이 부담하게 된다.[5]

### 범죄 증가

연구에 따르면 범죄의 3분의 1은 7~9세 때 품행장애로 진단받은 적 있는 사람들이 저지른다.[6] 그러면 범죄가 초래하는 비용 손실은 얼마나 될까?

그것은 나라마다 다르다. 영국에서 범죄로 발생하는

전체 비용은 국민소득의 5%로 추산한다.[7] 이는 재산 손실, 재산과 사람의 물리적 손상, 수입 손실, 피해자의 정서적 피해로 추정한 가치 등을 포함한다. 비용에서 정서 요소를 제외하고 남은 절반만 정신질환 탓이라 해도 이것은 여전히 국민소득의 약 2%에 해당하며, 그중 절반 정도를 납세자가 부담한다.

한 사람당 비용을 따져봐도 흥미롭다. 런던 시내에 거주하는 열 살 아동을 대상으로 한 인상적인 추적 연구가 하나 있다. 정부는 열 살 때 품행장애를 진단받은 아동이 스물여덟 살이 될 때까지 그들에게 그렇지 않은 아동에 비해 비용을 10만 파운드(한화 약 1억 8,000만 원) 더 많이 지출했다.[8] 경제적 추가 비용은 더 큰데 한 연구에서는 아이 한 명당 22만 5,000파운드(한화 약 4억)로 추정했다.[9]

### 신체 의료 비용 증가

마지막으로 의료비를 이야기할 차례다. 앞서 5장에서 살펴본 것처럼 정신 건강에 문제가 생기면 더러는 신체 건강도 나빠진다. 통상 최초의 건강 상태가 같을 때 사망률이 50% 더 증가한다. 그러니 정신 건강 문제로 의료비가 많이 늘어나는 것은 당연하다.

　정신 건강에 어려움을 겪는 사람과 그렇지 않은 사람의 의료 시설 이용을 비교하면 이를 알 수 있다. 이때 비교 대상의 초기 건강 상태는 서로 같아야 한다. 비교 결과 정신질환을 앓는 사람이 그렇지 않은 사람보다 신체 의료 비용을 훨씬 더 많이 지출하는 것으로 나타났다. 130쪽 도표는 콜로라도 액세스 보험 시스템Colorado Access insurance system이 제공한 것으로, 우울증과 관련해 놀라운 수치를 보여준다. 일반적으로 밝혀진 것은 신체질환이 동일할 때 정신 건강에 어려움을 겪는 사람은 그렇지 않은 사람보다 건강관리 서비스를 60% 더 이용한다는 사실이다.[10]

　이 막대한 추가 비용[잉글랜드의 경우 100억 파운드(대략 17조 6,000억 원)][11]은 다양한 경로로 발생한다. 무엇보다 정신질환이 있는 사람은 운동을 잘 하지 않거나 약을 규칙적으로 복용하지 않는 것처럼 자신을 잘 돌보지 않는다. 또한 정신적 스트레스는 생리적으로 악영향을 끼치기도 한다. 여기에다 정신 건강에 어려움을 겪는 사람은 걱정을 더 많이 하는 경향이 있어서 병원에 자주 간다. 131쪽 도표는 지금 설명한 이 3가지 발생 경로를 보여준다.

　추가로 의학적 설명이 불가능한 증상을 경험하는 사

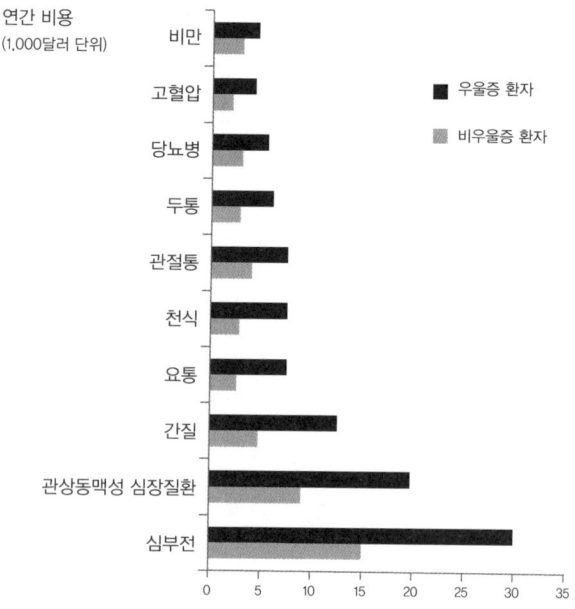

람과 관련된 문제가 있다. 진단받은 신체질환은 없지만 심각한 통증을 경험하는 경우다. 이들은 나머지 인구에 비해 상대적으로 병원을 더 자주 방문하고 더 많은 의학적 검사를 받을 가능성이 훨씬 더 크다. 다양한 국제 자료에 기반해 이러한 인구 집단을 위해 추가로 지출되는 의료 서비스 비용을 계산할 수 있다. 영국에서는 그 금액이 30억 파운드(약 5조 원)에 달한다.[12]

**신체질환이 동일해도 정신질환이 있는 사람은 그렇지 않은 사람에 비해 신체적 의료 서비스를 더 자주 받는다**

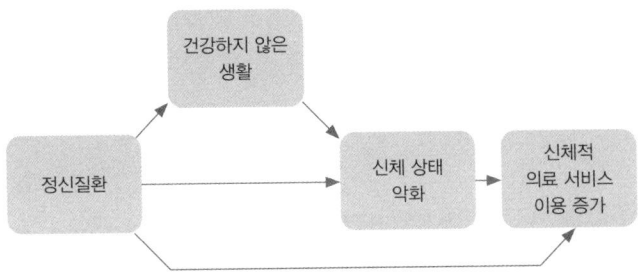

그 사람들이 모두 정신질환을 앓는 것은 아니며 이들이 지출한 비용 중 일부는 이미 이전에 추산한 금액에 들어간다. 설령 그럴지라도 정신질환을 앓는 사람들이 신체질환을 관리하는 데 추가로 지출하는 비용은 국민소득의 1%에 이른다. 대다수 선진국에서 비슷한 수치를 보이지만 국민소득에서 차지하는 의료 비용이 훨씬 더 많은 미국은 보다 높게 나타날 것이다.

132쪽 표를 보면 우리가 지금까지 파악한 3가지 원인이 초래하는 정신질환의 전체 경제적 비용을 추정할 수 있다. 이는 국민소득의 약 7%이며 이 중 적어도 절반은 정부나 의료보험이 부담한다.

**정신질환의 경제적 비용(영국)**

|  | 경제적 비용 | 그 가운데 납세자가 부담하는 비용 |
|---|---|---|
| 실업, 결근, 프리젠티즘 | 4 | 2 |
| 범죄 | 2 | 1 |
| 신체적 의료 서비스 | 1 | 1 |
| 전체 | 7 | 4 |
| 정신적 의료 서비스 | 1 | 1 |

\* 단위: 국민소득에서 차지하는 비율(%)

## 비용을 줄이려면 어떻게 해야 할까

우리는 이런 비용을 줄이기 위한 정신질환 해결에 얼마나 투자하고 있을까? 어떤 나라도 국민총생산의 1% 이상 지출하지 않는다. 133쪽 첫 번째 도표에도 나와 있듯 대다수 경제 선진국은 0.5% 미만의 돈을 지출하며 더 가난한 나라는 돈을 거의 쓰지 않는다.

잉글랜드는 국민소득의 7% 정도의 부담을 초래하는 문세를 해결하기 위해, 국민소득의 1%만 지출하고 있다. 얼핏 살펴보기만 해도 적당한 비율로 보이지 않는다. 그것이 실제로 충분한지는 추가로 사용하는 돈을 효과적으로

### 모든 유형의 국가에서 정신 건강을 위한 지출은 매우 낮다

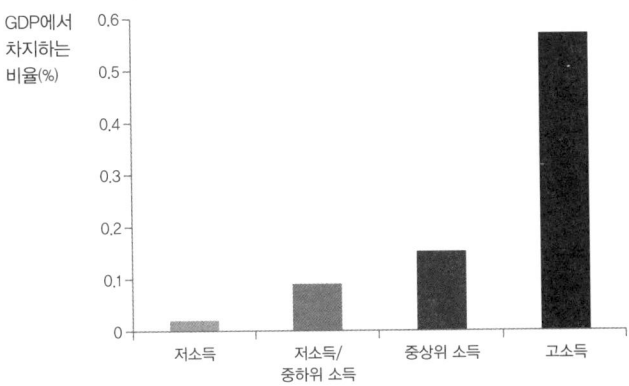

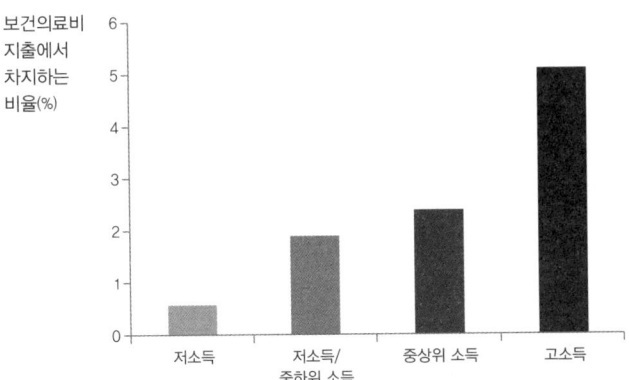

활용하는가에 달려 있다. 이 책 2부에서 주장하는 것처럼 돈은 효과적으로 사용될 수 있다.

그런데 그 추가적인 돈을 어디에서 충당할 수 있을까?

예를 들어 의료 서비스 예산이 한정되어 있으면 정신 건강에 더 많은 몫을 배정할 수 있을까? 우리가 선진국 사례에서 확인했듯 정신질환은 질병 전체 부담의 4분의 1을 차지한다. 그러면 보건의료비 지출에서 차지하는 비중은 어느 정도일까? 133쪽 두 번째 도표를 살펴보자.

어떤 국가도 정신 건강을 위해 보건의료 예산의 13%(영국 수치) 이상 지출하지 않는다. 대부분 그보다 훨씬 적은 비용을 지출한다. 우리에게 비용 효율이 높은 정신질환 치료법이 있는데도 말이다. 치료받지 못하는 사람은 수백만에 달하며 이는 명백히 시스템 수준에서 벌어지는 차별이다.

부유한 국가에서는 주로 우울증과 만성불안처럼 가장 흔한 정신적 어려움을 겪는 사람을 차별하는 형태로 나타난다. 가령 잉글랜드에서는 연간 1,000억 파운드(한화 약 175조 3,500억) 이상을 의료비로 지출한다. 135쪽 표에 나와 있듯 그중에서 겨우 30억 파운드(약 5조 3,000억)만 우울증과 불안장애가 있는 700만 명의 생산 연령 국민에게 쓴다[2012~2013년까지 추가로 약 2억 5,000만 파운드(한화 약 4,400억)를 심리치료 접근성 향상을 위한 새로운 서비스에 투입했는데 이는 뒤에서 설명한다].[13] 그리고 아동의 정신 건강을 위해서는 7억 5,000만 파운드(한화 약 1조 3,000억)만 쓴다. 이는 1년 안에 사망할 50만 명의 신체 건강을 위해 약 300억 파운드(한화 약 53조)를 지출하는 것과 상당히 대조적이다.[14] 우리는 삶의 **길이**를 연장(때로 아주 조금)하는 데는 돈을 지나치게 많이 투자하면서 삶의 **질**을 향상하는 일에는 거의 쓰지 않는다.

연구비를 분배할 때도 터무니없는 차별이 이뤄지고 있다. 잉글랜드에서 의학 연구에 투입하는 자금의 겨우 5%만 정신 건강 연구에 할당하며 그중 상당 부분이 치매

**정신 건강을 위해 지출하는 국립보건서비스 비용**
(잉글랜드, 2011~2012)

|  | 지출 (10억 파운드) | 해당 질환이 있는 사람 (100만 명) | 1인당 지출 (파운드) |
|---|---|---|---|
| 우울증과 불안장애(16~64세) | 3.5 | 7.0 | 500 |
| 조현병, 양극성 장애, 성격장애 | 5.5 | 0.8 | 6,900 |
| 물질 오용 | 12 | 0.4 | 3,000 |
| 아동 정신질환 | 0.7 | 0.7 | 1,000 |
| 65세 이상 노인 정신질환 | 3.5 | 1.0 | 3,500 |
| 전체 | 14.4 | 9.2 | |

연구에 쓰인다.[15] 가장 어이없는 상황은 정신질환으로 고통받는 사람 중 치료받는 사람이 극소수라는 사실이다. 좋은 치료법이 이미 존재하지만 3분의 1만 도움을 받는다. 간단한 경제 논리로만 따져봐도 이 부분은 반드시 달라져야 한다. 그 전에 먼저 정신 건강 문제가 어떻게 발생하는지부터 살펴야 할 것이다.

## 7장

# 무엇이 정신질환을 일으키는가

부모를 지나치게 몰아세우지 마라.
당신도 부모가 될 수 있으니.

– 아이비 콤프턴버넷, 《장로와 더 나은 사람들》

우리의 다른 모든 것과 마찬가지로 정신 건강은 본성과 양육, 즉 유전자와 경험이 결합하는 방식에 달려 있다. 우리가 바꿀 수 있는 것은 경험뿐이다. 그러나 경험이 어떻게 작동하는지 이해하려면 유전자의 역할도 이해해야 한다.

서구는 프로이트의 영향으로 정신질환이 상당 부분

부모의 행동 때문이라는 결론을 내렸다. 우리가 부모를 닮았다면 그것은 부모가 우리를 대하는 방식 때문이지 우리에게 물려준 유전자의 영향은 아니라는 얘기다.[1] 이것이 1960년대까지 받아들여진 상식이다. 그러다가 1966년 오리건대학교 레너드 헤스턴이 조현병과 관련해 유명한 논문을 발표했다.[2]

헤스턴은 출생 후 입양되어 자신과 유전자가 다른 부모 밑에서 성장한 사람들을 연구했다. 그들 중 일부는 조현병을 앓는 어머니가 낳았고 나머지는 '조현병이 없는' 부모가 낳았다. 헤스턴은 어머니가 조현병인 경우 아이 중 10%에게 조현병이 발병한 반면, 비조현병 어머니에게서 태어난 아이는 사실상 거의 아무도 조현병이 발병하지 않았다는 사실을 발견했다.[3] 추가로 진행한 연구에서는 더 놀라운 사실이 드러났다. 어머니가 조현병인 경우 아이를 자신이 직접 기르든, 조현병이 없는 다른 사람이 기르든, 아이의 조현병 발병률은 10%였다.

이 놀라운 사실을 139쪽 표에 요약했다. 이러한 연구는 조현병이 유전의 영향을 일부 받으며 부모의 양육 방식이 주된 이유가 아니라는 사실을 분명히 보여준다. 아이가 자기 부모와 닮았다면 이는 부모가 아이를 대하는 방식 때

**조현병이 있는 어머니가 아이와 전혀 만나지 않아도
그 아이에게 조현병이 발병할 가능성이 10배 더 크다**

|  |  | 각 집단 내 조현병인 사람들의 백분율 |
|---|---|---|
| 입양 가족이 기른 경우 | 생물학적 어머니가 조현병을 앓은 경우 | 10 |
|  | 생물학적 어머니가 조현병이 없는 경우 | 1 |
| 생물학적 어머니가 기른 경우 | 생물학적 어머니가 조현병을 앓은 경우 | 10 |

문만은 아니다.

    1960년대부터 모든 정신질환에서 유전자가 중요한 역할을 한다는 사실은 점점 더 명확해졌다. 유전자가 저절로 병을 일으키는 것은 아니지만 발병 위험성을 상당히 높일 수는 있다. 우리 인간은 유전자와 경험 그리고 그 둘이 상호작용한 산물이다. 따라서 먼저 유전자를 살펴보고 그보다 훨씬 더 중요한 경험의 영향, 유전자와 경험의 상호작용 방식을 살펴보고자 한다.

### 유전자일까

모든 부모가 다 알다시피 아이는 일란성 쌍생아가 아니면 태어나는 순간부터 다르다. 그런데 많은 사람이 여전히 '백지설'을 믿는다. 이는 우리에겐 경험이 전부이며 백지 위에 무엇을 쓰는지가 중요하다는 생각이다. 이 사상은 우리 정체성을 온전히 경험이 결정한다고 믿었던 17세기 후반 영국의 위대한 철학자 존 로크로 거슬러 올라간다.[4]

지금 우리는 이 생각이 틀렸다는 사실을 안다. 추가로 반박할 증거는 쌍생아 연구에서 찾아볼 수 있다. 쌍생아 중 일부는 일란성이다. 이들은 같은 수정란에서 분열했고 유전자가 동일하다. 나머지는 다른 난자 2개가 다른 정자와 수정한 경우다. 이 이란성 쌍생아는 유전자의 절반만 같은 반면, 일란성 쌍생아는 유전자가 모두 같다. 그러므로 유전자가 정신 건강에 중요하다면 일란성 쌍생아의 정신 건강 상태는 같은 성性의 이란성 쌍생아보다 서로 더 비슷해야 한다.

바로 그것이 우리가 발견한 사실이다. 쌍생아 중 한 명이 양극성 장애를 앓고 있을 때 나머지 쌍생아도 양극성 장애를 앓을 가능성이 일란성 쌍생아는 55%지만, 이란성의 경우 단 7%다.[5] 이유는 꽤 단순하다. 일란성 쌍생아가

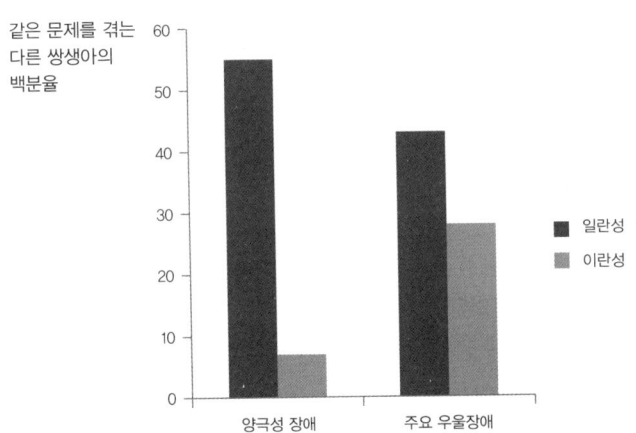

공통적으로 가지고 있는 유전자가 더 많고 또 유전자가 그만큼 중요하기 때문이다.[6]

주요 우울증의 경우 유전자의 역할이 상대적으로 작지만 그래도 여전히 상당한 수준이다. 위 도표에서 볼 수 있듯 단극성인 주요 우울증에도 유전적 요소가 있으며 일란성 쌍생아는 이란성 쌍생아보다 서로 훨씬 더 비슷하다. 그 유사성이 일란성 쌍생아는 43%, 이란성 쌍생아는 28%로 나타나 15% '차이'가 있다. 만약 유전자가 중요하지 않다면 이 차이는 발생하지 않았을 것이다.

다음 도표는 모든 주요 정신 건강 문제에 그 '차이'가 발생한다는 사실을 보여준다. 도표에 나와 있듯 모두 유전적 요소를 일부 지니고 있다.

입양 연구도 비슷한 패턴을 보인다. 우리는 이미 조현병 사례로 이를 설명했다. 우울증과 불안장애를 연구한 결

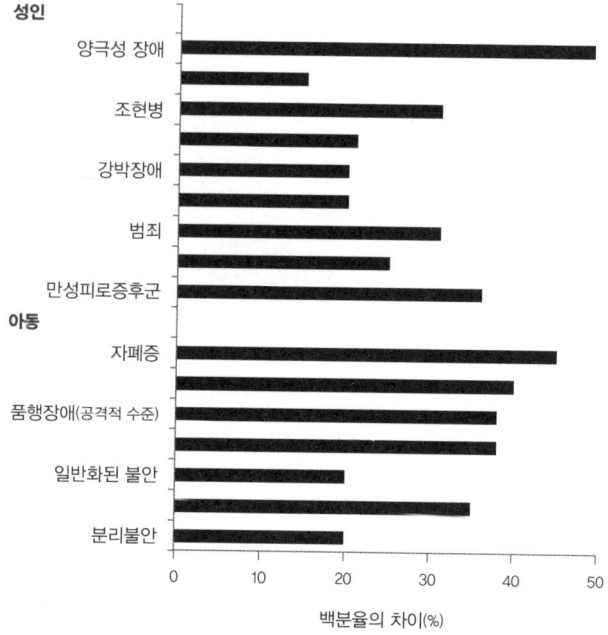

과는 상대적으로 덜 놀라운 편이지만, 우리가 방금 쌍생아 연구에서 살펴본 증거와 다르지 않다.[7]

유전적 증거는 다양한 질환이 공유하는 공통적인 유전적 특성이 어떤 것인지 식별하게 해준다는 점에서도 흥미롭다. 예를 들어 우울증 위험을 초래하는 유전자는 불안 위험을 초래하는 유전자와 명백히 같다.[8] 그 위험이 발현할지, 우울과 불안 중 어떤 형태로 나타날지 결정하는 것은 경험이다. 이 둘은 모두 '내재화된internalising' 장애 증상이다. 이와 달리 반사회적 장애나 물질 남용 같은 '외현화된externalising' 장애의 위험은 다른 유전자 세트에 달려 있다.[9]

## 유전자와 경험은 어떻게 상호작용하는가

유전자는 중요하긴 하지만 이는 단지 이야기의 시작일 뿐이다. 그 자체로 정신 건강에 문제를 일으키지는 않는다. 여기서 유전자가 하는 역할은 문제 발생 위험을 높이는 일이 전부다. 최종 결과는 역시 경험에 달렸다. 예를 들어 141쪽 도표에서 보았듯 만약 양극성 장애가 있으면 유전자가 **같은** 쌍생아 역시 양극성 장애일 확률이 55%다. 이는 꽤 높은 비율이지만 누가 양극성 장애에 걸리고 누가

걸리지 않을지 설명할 때, 유전자는 그 역할의 한계를 분명히 드러내기도 한다.[10]

더구나 이 수치는 단지 현존하는 사회 환경에서 유전자가 어떤 역할을 하는지 알려줄 뿐이다. 우리가 양극성 장애를 잘 치료하거나 정신적으로 더 건강한 의식을 지닌 사회에서 살고 있다면 아마 수치는 크게 달라질 것이다. 그러니 눈을 경험의 역할 쪽으로 돌려보자. 경험은 유전자와 달리 개선할 여지가 있다(유전자 치료가 빠른 시일 안에 대중화될 것 같지는 않다).

현대 과학이 전하는 기본 정보 중 하나는 유전자와 경험의 상호작용이 당신의 모습을 결정한다는 사실이다. 그러니까 단순히 어떤 부분이 유전자의 영향을 받았고, 어떤 부분이 경험으로 형성된 것인지 구분할 수 없다. 다만 나쁜 유전자는 나쁜 경험의 영향을 증폭하고 그 반대도 마찬가지다.[11]

이것은 많은 동물에게 적용할 수 있다. 새끼 쥐가 태어났을 때 눈을 가렸다가 6개월 뒤 빛에 노출하면 시력이 적절하게 발달할 수 없다.[12] 시력 유전자는 적당한 때 충분한 빛이 있는 곳에서 작용한다. 비슷한 사례로 인간의 페닐케톤뇨증이 있다. 이 질환은 지능장애를 일으키지만, 오직 관련 유전자를 선천적으로 보유한 상태에서 페닐알라닌(여러 식품에서 흔히 발견되는 단백질로 대다수가 섭취하고 있다)을 섭취할 경우에만 증상이 나타난다. 페닐알라닌이 없는 음식을 섭취하면 이 유전자가 있어도 질환에 걸리지 않는다.

경험은 발달에 결정적 역할을 한다. 직접 영향을 줄 뿐 아니라 유전자 스위치를 끄거나 켤 수도 있다. 이는 후성유전학이라는 새로운 과학으로 분자 수준에서 물리적으로 추적할 수 있다. 나쁜 유전자와 나쁜 경험의 상호작용 효과를 살펴봄으로써 심리학 수준에서도 관측이 가능하다.

가장 명백한 증거는 입양아 연구에서 찾을 수 있다. 예를 들면 청소년기의 반사회적 행동을 살펴본 연구가 있다. 양부모가 반사회적일 경우 반사회적 행동 경향성이 높긴 했으나, 생물학적 부모가 반사회적인 경우 그 영향이 더 컸다.[13] 이로써 유전자와 경험이 상호작용한다는 사실을 알 수 있다.

입양한 아이가 더 성장했을 때의 정신 건강을 연구한 다른 많은 연구에서도 비슷한 사례를 찾아볼 수 있다.[14] 그러나 가장 주목할 만한 사례는 각 개인의 DNA를 이용한 연구에서 볼 수 있다. 우리는 지금 우울증이나 부정적인 행동을 일으키기 쉬운 개별 유전자를 확인한 단계에 있다.

그런 유전자 중 하나가 뇌에서 세로토닌 흐름을 조절하는 세로토닌 전달 유전자인데, 이 유전자는 결과적으로 우울증 발병 위험에 영향을 미친다.

이 유전자에는 다른 모든 유전자와 마찬가지로 2가지 코딩(대립 유전자allele)이 있다. 그중 하나는 아버지에게 받은 것이고 나머지 하나는 어머니에게 받은 것이다. 세로토닌 전달 유전자는 짧거나 길거나 둘 중 하나다. 짧은 경우 긴 쪽보다 우울증을 일으킬 가능성이 더 크다. 최악의 상황은 대립 유전자 둘 모두가 짧은 경우고, 가장 좋은 상황은 둘 다 긴 경우다. 하지만 유전자는 개인이 부정적인 사건에 충분히 노출되는 경우에만 힘을 발휘한다.

이것은 147쪽 도표에 잘 나타나 있다. 더 짧은 코딩을 지닌 사람일수록 우울해질 가능성이 더 크지만, **반드시** 충분히 부정적인 경험을 동반해야 한다. 이와 비슷하게 부정적인 경험은 취약한 유전자가 있는 경우에만 문제가 된다.[15]

이들 결과는 실험으로 재현할 수 있다. 인간이 스트레스를 받으면 제일 짧은 유전자 코딩을 지닌 사람들의 편도체가 가장 활성화되는 것을 볼 수 있다.[16] 짧은꼬리원숭이도 어미와 떨어져 있을 때 가장 격렬한 스트레스 반응을

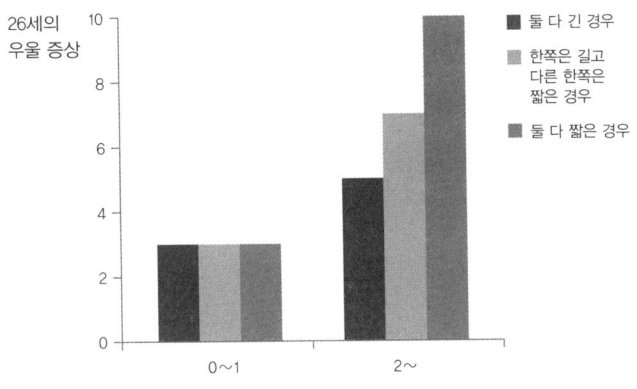

**우울증: 부정적 사건의 영향은 세로토닌 전달 유전자에 따라 다르다**

26세의 우울 증상

21~26세에 경험한 부정적 사건의 수

보인 개체는 짧은 대립 유전자를 지닌 개체였다.[17]

148쪽 도표는 뉴질랜드 더니든에서 출생부터 스물여섯 살까지 추적한 데이터에 기반한 애브샬롬 카스피와 테리 모피트의 고전 연구에 나타난 결과다. 카스피와 모피트는 같은 성인을 대상으로 반사회적 행동을 결정하는 요인이 무엇인지도 연구했다. 이 연구에서 그들은 뇌에서 신호를 전달하는 화학적 신경전달물질 대사에 관여하는 모노아민 산화효소 A(MAOA) 유전자에 초점을 맞췄다. 모노아민 산화효소 A 수준이 낮은 유전자형을 지닌 사람은 반사회적 성인이 될 가능성이 더 컸지만, 이는 어린 시절에 학대당한 경우에 한했다. 이와 비슷한 수준으로 학대받은 경우 '취약한' 유전자를 지니고 있으면 학대가 훨씬 더 나쁜 영향을 미쳤다.

이들 연구는 엄청난 영향력을 발휘했다. 다른 데이터에서 늘 같은 결과가 반복된 것은 아니어도 다양한 후속 연구를 종합적으로 고려했을 때 기본 메시지가 여전히 유효한 것으로 나타났다.[18] 비록 유전자와 환경의 영향력은 서로 독립적이지만, 취약한 유전자가 부정적 경험의 효과

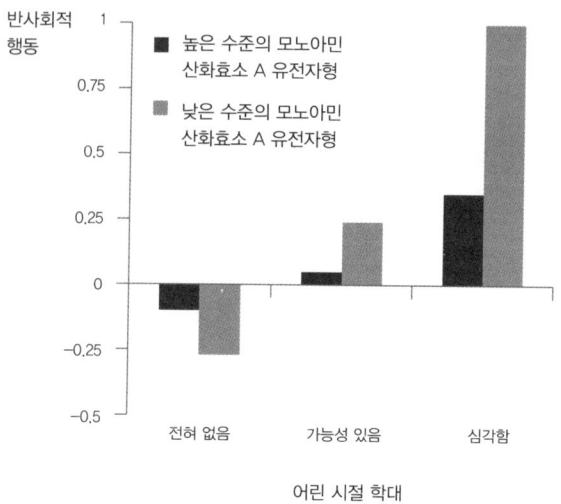

반사회적 행동: 어린 시절 학대의 영향은 모노아민 산화효소 A 유전자에 달렸다

를 증폭시키고 부정적 경험이 취약한 유전자의 효과를 배가시킨다는 점에서 상호작용한다고 할 수 있다.

흥미롭게도 그 반대 상황 역시 발생한다. 취약한 유전자를 지니고 있을 때, 좋은 경험에 더 잘 반응하는 경우도 있다는 것이다.[19] 가령 세로토닌과 관련된 대립 유전자가 짧은 아이는 다른 아이보다 인지행동치료에 더 잘 반응한다.[20] 이는 상당히 고무적인 사실이다. 유전자가 우리에게 영향을 미친다는 사실이 곧 우리가 그 영향에서 벗어날 수 없다는 의미는 아니다. 오히려 반대로 유전자가 우리에게 불리하면 우리는 그것을 해결하기 위한 긍정적인 개입에 **더 잘** 반응할 수 있다.

### 정신 건강에 영향을 미치는 개인의 경험

그러면 정신 건강에 영향을 미치는 중요한 경험에는 어떤 것이 있을까? 동물 실험에서는 경험을 다르게 조절할 수 있어서 경험의 효과를 분명하게 측정하는 것이 가능하다. 예를 들면 우리는 특정 동물을 다른 부모에게 무작위로 배정함으로써 양육 효과를 연구할 수 있다. 신경과학자 마이클 미니는 쥐를 이용한 고전 연구에서 새끼를 잘 핥아주지 못하는 어미 쥐의 새끼를 잘 핥아주는 어미 쥐가 키우게 했다.[21] 이 쥐들은 스트레스를 훨씬 적게 받는 쥐로 성장했고 자기 새끼들도 훨씬 더 잘 핥아주었다. 붉은털원숭이를 이용한 스티븐 수오미의 유명한 연구에서는 과잉 활동하는 어미 원숭이의 새끼들 중 일부를 데려다 차분하게 양육하는 어미에게 무작위로 배정했다.[22] 그렇게 자란 새끼 원숭이들은 생물학적 어미에게 남아 있던 새끼 원숭이들보다 훨씬 더 차분했다.

이들 실험은 제대로 시행한 무작위 배정 연구였다. 인간을 대상으로 이런 실험을 할 수는 없다. 그래서 인간 개개인을 비교할 때 유전자와 경험은 일반적으로 상관관계가 있다는 혼란스러운 상황에 직면하게 된다. '취약한' 유전자를 지닌 사람은 일반적으로 평균보다 더 많이 부정적인 상황과 맞닥뜨린다. 이런 사람은 스스로 더 부정적인 상황을 선택할 수도 있다. 또한 태어나자마자 입양되는 게 아니면 인간은 누구나 유전자를 공유하는 부모와 살고, 그 부모는 그런 유전자의 영향을 받는 가정 환경을 조성한다.

이는 경험의 효과를 명확히 밝히는 일을 어렵게 만든다. 그래도 경험은 노력하면 바꿀 수 있는 부분이라는 사실은 여전히 중요하다. 더구나 우리에게는 입양 연구와 쌍생아 연구, 동일한 개인을 대상으로 진행한 평생 연구(유전자는 변하지 않고 환경만 변하는 경우)를 비롯해 많은 증거가 있다. 이 모든 것에 기반해 얻게 된 교훈은 분명하다. 우리의 어린 시절, 가족과 살며 겪게 되는 경험은 중요하지만 그게 전부는 아니라는 사실이다. 성인기의 경험, 신체 건강, 일 그리고 우리가 살아가는 사회 유형도 우리의 행복을 결정하는 데 중요한 역할을 한다.

### 어린 시절[23]

정신질환을 예방하는 최선의 방법은 건강한 양육이다. 이는 적어도 기댈 수 있는 한 명의 헌신적이고 사려 깊은 어른과 조화로운 관계를 맺는 것을 말한다. 아이는 사랑받아야 하고 어른과 애착을 형성해야 한다. 아이가 학대당하면 나중에 학대하는 부모가 될 가능성이 평균보다 6배 더 높다.

그만큼 학대는 중요한 위험 요소다. 물론 학대받은 아이가 전부 학대자로 자라는 것은 아니다. 오히려 학대받은 아이의 3분의 2는 학대자가 되지 않았다. 대단히 충격적인 모든 경험이 마찬가지다. 이처럼 상대적으로 영향받지 않는 사람도 많지만 어떤 사람은 삶이 완전히 무너진다.

어린 시절 심각한 정서적 학대 경험을 보고한 사람은 성인기에 우울증에 걸릴 가능성이 3배 더 높다. 그럼에도 심각한 정서적 학대를 경험한 이들 가운데 40%는 우울증을 겪지 않는다.[24] 단지 나쁜 일이 생겼을 때 어떤 사람은 다른 사람보다 좀 더 취약할 뿐이다.

아동에게 두 번째로 중요한 문제는 부모 사이의 관계다. 가족의 불화는 아동의 정신 건강에 부정적이고, 부모의 별거는 기존에 불화가 심각했던 경우를 제외하면 문제를 더 악화한다.[25] 오늘날 부모의 별거가 과거에 별거가 드물던 시절보다 상처를 덜 입힌다는 증거는 없다.[26] 정신질환 문제는 부모가 정신질환에 걸리거나 알코올 또는 약물에 의존하는 경우 증가할 수 있다.[27]

어머니가 일하느라 아이를 어린이집에 맡기는 경우는 어떨까? 부정적 영향이 크다는 증거는 없다. 그러나 미국의 일부 자료에 따르면 아이가 어린이집에 오래 머무는 경우 공격성과 반사회성이 다소 증가할 수 있다고 한다.[28] 물론 부모가 한결같이 아이에게 사랑을 주는 한 그 영향력은 미미하다.

아이들은 신체질환과 학교에서의 괴롭힘으로도 정신질환이 생길 수 있다. 그러면 빈곤 아동은 어떨까? 일단 우리가 앞서 말한 다른 요소를 고려하면 그 자체가 아이의 정신 건강에 직접 영향을 미치는 것 같진 않다. 하지만 빈곤이 부모의 양육 방식이나 정신 건강을 나쁘게 만든다면 우회적으로 좋지 않은 영향을 미칠 것이다.[29]

이렇듯 우리는 가족의 양육이 정신질환에 어떤 영향을 미치는지, 정신질환이 어떻게 형성되는지 잘 알고 있다. 우울증은 무력감에서 기인하며 무력감은 아동이 주변에서 벌어지는 일을 스스로 통제할 수 없을 때 쉽게 뿌리내린다.[30] 불안 역시 보호가 부족하거나 반대로 과잉보호로 인해 생길 수 있다. 아동의 부적절한 행동은 의심할 여지 없이 가정에서 부모의 행동을 목격하면서 그 영향을 받는다. 이러한 문제는 간혹 성인기까지 이어진다. 그러면 성인기의 삶은 정신 건강에 어떤 영향을 미칠까?

### 성인기에 겪은 주요 사건

앞서 살펴본 것처럼 불안장애는 대부분 청소년기에 나타난다. 그렇지만 우울증은 주로 성인기에 시작된다. 개인의 삶에 일어난 사건은 우울증에 어느 정도까지 영향을 미칠까? 이것은 조지 브라운이 처음으로 주의 깊게 연구했는데 그는 우울증이 사랑하는 이의 죽음, 가정 폭력, 반려자와의 별거, 실직, 가족의 질병 같은 일련의 부정적 사건을 경험한 후 생긴다는 사실을 보여주었다.[31] 특히 힘든 상황이 끊이지 않고 계속 이어지는 생활 환경에 있으면 우울증에 걸릴 가능성이 더 크다. 예를 들면 집에서 어린 자녀를 세 명 이상 독박 육아해야 하는 어머니는 우울해질 가능성이 더 크다. 반대로 좋은 경험은 우울증에 걸릴 확률을 낮춘다. 가령 가까운 친구가 있는 여성은 힘든 사건이 벌어졌을 때 우울증에 걸릴 가능성이 작다.

### 신체질환

급성 우울증이나 불안을 초래할 수 있는 문제 중 하나는 신체질환이다. 갑작스러운 신체 증상 발현은 분명 정신질환을 촉발하는 요인이며 앞서 말한 삶의 부정적인 사건 중 하나다.[32] 당뇨나 심장 통증, 호흡 곤란 같은 증상이 오랜 기간 이어져도 정신 건강에 악영향을 끼칠 수 있다. 심각한 만성 신체질환이 있는 사람의 약 3분의 1이 치료가 필요한 정신적 문제를 동반하지만 해결하지 못하는 경우가 많다.[33]

### 일

인간은 사회적 동물로 자신을 둘러싼 가족과 공동체에 필요한 존재가 되길 원한다. 일 역시 자신이 필요한 존재라는 느낌을 주는 중요한 원천이다. 반대로 실직 상태나 불안정한 고용 상태는 정신질환의 원인으로 잘 알려져 있다. 실직은 대다수 사람에게 시간이 지나도 적응하기 어려운 충격을 초래한다.[34] 그러나 일자리가 있다고 문제가 모두 해결되는 것은 아니다. 일하는 환경 역시 정신 건강에 중요하다. 환경이 형편없는 일터도 있다. 분위기가 적대적인 일터에서는 정신이 쉽게 무너질 수 있다. 반대로 분위기가 건강한 일터에서는 명확한 목표가 주어질 뿐 아니라, 목표를 성취하는 방법에도 최대한 자율성을 보장한다. 동시에 지지와 정당한 피드백도 필수다.[35] 동료들이 당신 편이라고 느끼면 모든 것이 달라진다.

### 사회 계층과 소득

사회 계층은 정신 건강과 어떤 연관이 있을까? 정신질환과 사회 계층 사이에는 일부 연관성이 있지만, 생각하는 것보다는 훨씬 적다. 156쪽 표는 영국 가정을 대상으로 진행한 표준 설문 조사로 얻은 결과인데 영국의 기본적 수치를 보여준다. 첫 번째 세로 열(우울증 또는 불안장애가 있는 사람 열)은 우울증이나 불안장애가 있는 사람의 비율이 각 사회 계층별로 얼마나 분포되어 있는지를 보여준다. 이러한 질환은 모든 사회 계층에 분포해 있다. 그런데 두 번째 세로 열(우울증 또는 불안장애가 없는 사람 열)에 나타나 있듯 우울증이나 불안장애가 없는 사람도 모든 사회 계층에 분포해 있다. 우울증을 앓는 사람 중 하위 사회 계층(4, 5번)에 속하는 비율은 일반 인구보다 다소 높다. 그리고 최상위 사회 계층(1번)은 그 비율이 다소 낮다. 문제는 모든 계층

**정신질환을 앓는 사람은 모든 사회 계층에서 나온다**
(영국)

| 사회 계층 | 우울증 또는 불안장애가 있는 사람(계층별 %) | 우울증 또는 불안장애가 없는 사람(계층별 %) |
|---|---|---|
| 1 | 3 | 5 |
| 2 | 27 | 29 |
| 3 비육체 노동 | 25 | 24 |
| 3 육체 노동 | 19 | 19 |
| 4 | 18 | 16 |
| 5 | 7 | 5 |
| 전체 | 100 | 100 |

에서 나타난다는 점이다.

정신질환과 사회 계층 사이에는, 명백한 인과 관계 문제가 있다. 정신 건강 문제로 직업 사다리에서 더 낮은 계층으로 밀려날 수 있기 때문이다. 이것이 지능지수에서는 덜 명확할 수 있기에 아래 표에서 지능지수를 사용해 분석을 반복했다. 이 경우에도 정신질환과의 관련성은 꽤 약했다.

소득과의 관련성을 따지자면 소득이 신체 건강에 미치는 영향은 거의 의심할 여지가 없다. 그러나 정신 건강

**정신질환은 모든 지능 수준에서 나타난다**
(영국)

| IQ 수준 | 우울증 또는 불안장애가 있는 사람(수준별 %) | 우울증 또는 불안장애가 없는 사람(수준별 %) |
| --- | --- | --- |
| 120 | 5 | 8 |
| 110~119 | 21 | 23 |
| 100~109 | 21 | 26 |
| 90~99 | 28 | 25 |
| 80~89 | 18 | 14 |
| 80 이하 | 7 | 5 |
| 전체 | 100 | 100 |

에 미치는 영향은 훨씬 모호하다.[36] 연관이 있다고 보는 연구에서는 소득이 정신 건강에 영향을 미치는지, 아니면 그 반대인지가 늘 논란이다. 아이들의 경우 이는 중요한 논란이 아니다. 아이들은 부모의 수입과 아동의 정신 건강을 보기 때문이다. 부모의 저소득이 자녀의 학업 성취도에 좋지 않은 영향을 준다는 사실은 잘 알려졌지만,[37] 정신 건강에도 비슷한 영향을 미친다는 결과는 없다. 예를 들어 영국의 아동 정신 건강 조사에 따르면, 우리가 앞서 다룬 다른 변수를 통제한 뒤에도 소득이 아이의 정신 건강에 미치는 영향이 나타나지 않았다. 이는 특정 시점에 개인을 비교한 경우와 가정의 소득이 변화할 때 자녀의 정신 건강이 어떻게 변화했는지 살펴본 경우 모두 마찬가지였다.[38]

정신 건강을 개선하기 위한 개입 효과를 살펴봐도 관련 증거를 일부 얻을 수 있다. 어느 연구에서는 정신질환에 직접 개입하는 일련의 프로그램과 소득 수준 향상으로 간접 개입하는 프로그램을 비교했다. 첫 번째 프로그램이 눈에 띄게 더 성공적이었고 이때 간접적으로 소득 증가 효과까지 나타났다.[39]

**통계학의 교훈**

지금까지 잘 알려진 정신질환의 여러 원인을 살펴봤다. 그러면 정신질환을 예방하거나 줄이기 위해 그 원인을 공격해야 할까, 아니면 그저 문제가 생겼을 때 치료해야 할까? 당연한 얘기지만 둘 다 해야 한다. 정신질환은 가능하면 예방해야 하며(공중보건 차원의 접근) 증상이 나타나면 치료해야 한다(치료 차원의 접근). 과연 두 접근 방법의 성공 가능성은 얼마나 될까?

공중보건 차원의 접근을 옹호하는 사람들은 특정 통계 기법을 사용해 그 영향력을 과장하는 경향이 있다. 가령 아래 표가 묘사하는 세상을 생각해보자. 표에서 100명 중 20명에게는 정신질환이 생길 위험성이 높은 특성이 있

**고위험군이 모두 정신질환에 걸리는 것은 아니며
상당수의 저위험군도 정신질환에 걸린다**

|  |  | 정신질환에 걸렸는가? | | 전체 |
|---|---|---|---|---|
|  |  | 그렇다 | 아니다 | |
| 위험도 | 높음 | 10 | 10 | 20 |
|  | 낮음 | 10 | 70 | 80 |
|  | 전체 | 20 | 80 | 100 |

다(이를테면 정신질환을 앓는 부모가 있는 경우처럼). 그중 10명은 결국 정신질환을 겪을 것이다. 반면 나머지 10명은 그렇지 않다. 추가로 고위험군이 아니던 사람 중 10명이 실제로 정신질환에 걸렸다. 이 상황을 어떻게 설명할 수 있을까? 정신질환에 걸릴 위험은 고위험군이 50%, 저위험군은 12.5%다. 고위험군의 위험이 4배 높다. 만약 우리가 통계학자들이 선호하는 '승산비'*를 사용할 경우 고위험군의 위험도는 저위험군보다 7배 더 높다.[40]

이는 꽤 결정적인 것처럼 들린다. 어쩌면 정신 건강 문제에 대처하기 위해서는 고위험군이 정신질환을 앓기 전에 개입해야 한다고 생각할지도 모른다. 조금만 더 생각해 보자. 고위험군의 정신질환을 예방하는 데 완전히 성공하더라도(이는 매우 가능성이 작지만) 정신질환자 수를 절반으로 줄이는 수준에 그칠 것이다. 뿐만 아니라 애초에 질환에 걸리지 않을 고위험군에게 필요 이상으로 노력을 쏟을 가능성이 크다.[41]

비용 측면에서 노력을 들일만한 가치가 있는지 아닌

---

* 오즈비(비차비, odds ratio) 또는 승산비는 두 집단간의 오즈값의 비이다. 오즈(odds)는 사건이 일어날 확률을 사건이 일어나지 않을 확률로 나눈 값이다(옮긴이 주).

지는 비교 대상인 다른 바람직한 목표가 무엇인지에 따라 달라진다. 많은 경우 예방적 개입은 일부 노력이 불필요할 때조차 가치가 있다. 그러나 우리가 말하는 특정 사례에서 실제로 정신질환에 걸린 사람이 고위험군에 속한 사람보다 더 많지 않다는 사실에 주목해야 한다. 분명 도덕적 의무는 실제로 병에 걸린 사람에게 가장 집중하는 데 있고, 이것은 우리가 최우선 순위라고 주장하는 것 중 하나다. 그들은 신속히 치료받아야 한다. 어릴 때 병에 걸리면 그때 치료받아야 한다. 우리는 이러한 '조기 개입' 형태가 최우선 순위에 있어야 하고 아직 병에 걸리지 않은 위험군에 '조기 개입'하는 것은 이보다 덜 중요하다고 판단한다.

정신질환의 원인을 알고자 하는 또 다른 이유가 있을까? 물론이다. 사람은 모두 자신이 존재하는 방식을 이해하고 싶어 한다. 이것 역시 치료에서 마찬가지로 중요한 요소일 수 있다.

그렇지만 그 단계에서 두 번째 쟁점이 떠오른다. 많은 사람이 자신을 고위험군에 속하게 만드는 경험을 한다. 하지만 162쪽 표가 보여주듯 일부는 정신질환에 걸리지 않는다. 그들이 그 경험으로 흔들리는 것은 분명 사실이다. 그때 일부는 주저앉아 일어나지 못하는 반면 나머지는 회

**왜 일부는 회복하고, 일부는 회복하지 못하는가**

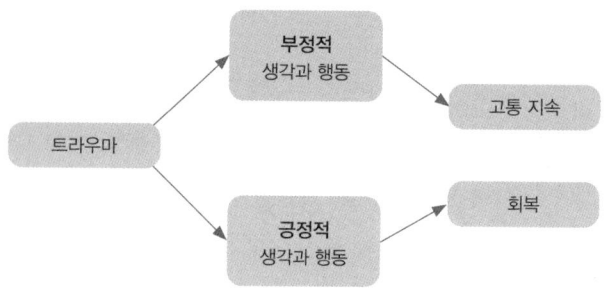

복한다. 이 지점에서 중요한 질문 하나가 떠오른다. 과연 똑같은 경험을 했어도 왜 어떤 사람은 정신질환에 걸리고 또 어떤 사람은 걸리지 않는 걸까? 우리는 단순한 사례로 이 문제를 살펴볼 수 있다.

### 문제는 무엇 때문에 계속되는가

1998년 아일랜드공화국군의 한 분파가 북아일랜드 오마의 붐비는 쇼핑 거리에서 폭탄을 터뜨렸다. 많은 사람이 큰 충격을 받았다. 그들은 모두 같은 경험을 한 셈이었다. 그러나 계속해서 정신 건강의 문제를 겪은 것은 그 가운데 일부였다. 왜 그랬을까?

한 개인이 겪는 고통의 지속 여부를 압도적으로 가장 잘 예측하는 요인은 '트라우마에 반응하는 방식'이다.[42] 그림이 보여주듯 부정적으로 사고하고 행동하는 것이 익숙한 사람은 계속 고통스러워했지만, 긍정적으로 생각하는 것이 익숙한 사람은 초기 상태가 같았음에도 회복 가능성이 훨씬 더 컸다. 다른 형태의 불안이나 우울증을 겪는 사람도 마찬가지다. 회복하는 사람은 자신에게 가장 적게 몰두하는 사람이다.

이것은 치료법에 중요한 단서를 제공한다. 누군가를 돕기 위해 언제나 문제의 근본 원인을 알아야 하는 것은 아니다. 그렇지만 무엇이 문제를 유지하는지는 반드시 알아야 한다. 실제로 물리적 치료에서도 동일한 방식의 구별을 자주 적용한다. 암 치료에서 무엇이 암을 유발했는지는 중요하지 않을 수 있다. 그냥 암을 도려내면 그만이다. 그 사람의 동맥이 왜 막혔는지는 알 필요가 없을지도 모른다. 스텐트를 삽입해 호흡 곤란을 치료하면 그뿐이다. 실제로 스텐트를 삽입한 채 마라톤을 뛰는 사람도 있다. 근본 원인은 해결하지 못해도 당면 문제는 해결하는 셈이다. 비슷하게 감염도 종종 원인을 모르는 상태에서 그냥 항생제로 치료한다.

### 정신질환은 사회문화의 영향을 받는다

지금까지 우리는 마치 정신질환이 순전히 개인적 현상인 양 얘기했다. 그러나 정신질환은 사회의 풍조와 문화의 영향을 깊게 받는다. 영향을 미치는 방식은 갤럽 세계 여론조사Gallup World Poll를 이용한 국가 간 비교로 알 수 있다.[43]

### 정신적 고통

—— 어제 하루 동안 아래와 같은 감정을 많이 느꼈습니까?

(그렇다/아니다)

걱정, 슬픔, 분노, 우울감

국가마다 4가지 감정에 응답한 비율을 합산해 정신적 고통 지표를 설정한다. 그런 다음 자신이 속한 공동체에서 경험한 것과 관련해 이어지는 질문을 하고 '그렇다'고 대답한 응답자의 비율을 계산한다.

### 사회적 지지

—— 당신에게 문제가 생겼을 때 언제든 도와달라고 기댈 수 있는 가족이나 친구가 있습니까, 없습니까?

**자유**
── 당신의 국가에는 선택에 따라 마음대로 살 수 있는 자유가 있습니까, 없습니까?

**부패 정도를 측정하기 위해 다음 두 질문에 '그렇다'라고 답한 응답자의 평균 비율을 계산한다.**
── 1. 당신의 국가에 있는 기업들 내에 부패가 만연합니까, 그렇지 않습니까?
── 2. 당신의 정부에 부패가 만연합니까, 그렇지 않습니까?

여론조사에 따르면 정신적 고통의 정도는 국가마다 큰 차이가 있다. 3장에서 확인했듯 국민 1인당 소득은 정신적 고통과 아무런 상관관계가 없다.[44] 하지만 사회적 지지, 자유, 부패는 정신적 고통과 분명 상당한 관련성이 있었다.[45] 다른 연구들은 국가의 평균 행복도와 상호신뢰도가 양의 상관관계를 가진다는 사실을 발견했다.[46] 사실 모든 사람은 소득 수준에 상관없이 문명화한 복지 국가로부터 커다란 혜택을 받는다. 그렇다면 '욕구 5단계설'을 주장한 매슬로는 옳다고 볼 수 없다. 하위 욕구가 충족될 때까지 상위 욕구를 충족하는 것이 별다른 차이를 만들어내지 못한다는 '욕구의 위계'는 없다.

한편 한 국가의 윤리적 풍토는 소득 수준과 상관없이 모든 사람의 정신 건강에 매우 중요하다. 그러면 소득 불평등이라는 구체적인 문제는 어떠할까? 올리버 제임스는 일부 국가를 비교한 결과 소득 불평등과 정신질환 사이에 강력한 상관관계가 있음을 발견했다.[47] 그러나 어떤 결론을 내리기에 앞서 다양한 다른 변수를 고려해야 한다. 브리티시컬럼비아대학교의 존 헬리웰은 여러 변수를 주의 깊게 연구했지만 소득 불평등이 국민 복지나 부정적 감정 등(기타 상수들)에 미치는 명확한 영향을 발견하지 못했다.[48] 서로 신뢰하는 사회 환경은 살아가는 데 분명 중요하다. 상호 존중과 평등한 가치의 기풍은 아마 소득 분배의 불평등도가 정확하게 어느 정도인지보다 더 중요할 것이다.


### 불평등의 문제

어느 나라든 소득 계층 사이에 신체 건강의 불평등이 심한 것은 엄연한 사실이며, 이는 소득 불평등을 줄여야 하는 또 다른 이유다.[49] 이러한 경제적 불평등이 건강과 관련해 유일한 불평등은 아니다. 아마도 가장 극단적인 불평등은 정신질환을 앓는 사람과 신체질환을 앓는 사람 사이에 존재하는 불평등일 것이다. 이것은 아주 구체적인 문제로 10년 안에 해결할 수 있을지도 모른다. 당연히 이것은 보건 분야의 최우선 과제라고 할 수 있다.

우리는 정신질환을 치료하는 방법을 많이 알고 있으며, 덜 고통스러운 사회를 만들려면 어떤 사회적 변화가 필요한지도 안다. 그 두 종류의 지식을 모두 이용해야 한다. 개인과 사회 수준 모두를 변화시켜야 하니 말이다. 사회적 변화는 15장과 16장에서 논의한다. 사회가 변하려면 시간이 필요하다. 그사이 해결해야 할 가장 중요한 과제는 당장 눈앞에 있지만 치료하지 못한 정신질환을 치료하는 일이다. 이것이 다음 여섯 장에 걸쳐 이어질 주제다.

대다수가 고통받는 정신질환의 종류는 우울증, 불안장애 그리고 아동기의 품행장애다. 따라서 이 책의 나머지 부분에서는 이 문제를 중점적으로 다룰 것이다.

# 2부

## 무엇을 할 수 있을까

## 8장

# 치료는 효과적이고 믿을 만한가

> 마음의 병을 고칠 수 없는가,
> 기억 속에 뿌리내린 슬픔을 뽑아낼 수 없는가,
> 머릿속에 쓴 근심을 쓸어낼 수 없는가,
>
> – 《맥베스》 5막 3장

2005년 우리는 사람들이 심리치료에 더 쉽게 접근할 수 있게 해달라고 요구하기 위해 영국의 정신 건강 장관을 만나러 갔다. 장관은 자신도 같은 생각을 했으며, 문제를 겪고 있는 모두에게 도움의 손길을 내미는 사람이 있다는 사실을 알리고자 노력했다고 했다. 우리는 심리치료가 과학을 기반으로 삶에 변화를 일으키기 위한 실천이라는 것과 이 실천이 생각보다 더 많은 역할을 할 수 있음을 설명해야 했다.

1950년대까지만 해도 정신 건강 문제에는 과학적으로 입증된 치료가 거의 없었다. 그러나 주목할 만한 약물을 발견한 뒤 이후 10년 동안 심리치료 분야에 큰 발전이 있었다. 이러한 발전은 신체질환을 치료할 때와 마찬가지로 표준적인 방식의 과학적 실험들을 적용함으로써 가능해졌다. 그 결과 우리는 이제 신체 문제를 치료할 때만큼 높은 성공률을 보이는 정신 건강에 관한 치료법을 많이 알고 있다.

영국은 사람들에게 최고의 치료를 보장하기 위해 NICE, 즉 국립보건임상연구소라는 기관을 두고 있다. 여기서는 정신 문제뿐 아니라 신체 문제를 위한 다양한 치료법의 과학적 근거를 검토한다. 이에 따라 각 분야를 광범위하게 대표하는 전문가 위원회가 있으며 국립보건서비스NHS에는 이 전문가 위원회가 권장하는 치료법을 제공할 의무가 있다.

이들은 가장 효과적인 치료법이 무엇인지 어떻게 판단하고 또 어떤 치료법을 권장할까?

**과학적 접근**

어떤 치료법이 효과가 있다고 말하려면 여러 사람이 호전되었다는 것만으로는 부족하다. 치료받은 사람과 치료받지 않은 사람을 비교해야 한다. 예를 들어 끔찍한 교통사고가 난 뒤 부상자들이 사고에서 어떤 일이 있었고 어떻게 느끼는지 구체적으로 재진술debriefing할 기회를 얻었다고 해보자. 실제로 이들 중 많은 사람이 재진술 이후 기분이 나아졌다고 말하며 재진술이 도움을 주었다고 생각했다. 그러나 재진술을 하지 않은 사람과 비교하자 하지 않은 쪽이 평균적으로 더 호전된 것으로 나타났다. 재진술이 정신적 외상 사건에 다시 주의를 기울이게 만들었기 때문인데, 이러한 경우에는 많은 사람에게 역효과를 낳는다.\* 174쪽 도표는 교통사고로 심각한 정신적 외상을 입고 옥스퍼드 병원으로 이송된 피해자를 연구한 것이다.[1] 대개는 회복했으나 재진술한 사람들은 덜 회복했다.

어떤 사람은 자연스럽게 회복한다. 정신이 스스로 치유되는 것이다. 그래서 환자가 회복한 것을 곧 치료가 도

---

\* 재진술 기법 자체는 일부 정신질환에서는 유용한 치료 기법이 될 수 있으나, 외상을 성험한 지 얼마 되지 않았거나 외상의 수준이 지나치게 강렬했던 경우 부정적 효과가 빈번하게 일어나기도 한다(감수자 주).

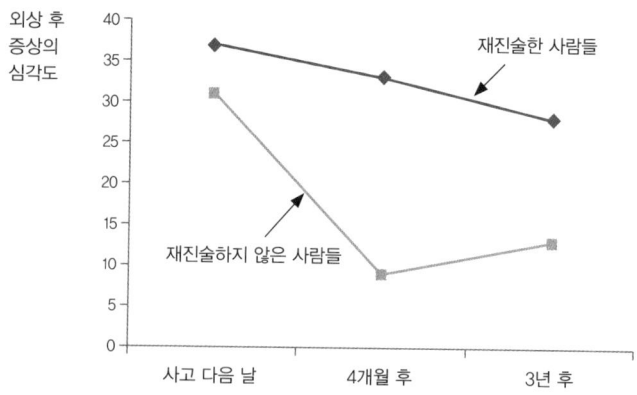

움이 되었다는 의미로 해석할 수는 없다. 이는 환자 자신이 도움을 받았다고 느끼더라도 마찬가지다. 환자는 자연스럽게 회복했을 수 있다. 당연히 모든 전문가는 자신들의 성과에 자부심을 느낀다. 그러나 실제로 차이를 냈다고 확신하려면 비교 과정을 거쳐야 한다. 치료자는 실제로 도움을 주고 있지 않을 때도 도움을 준다고 생각하기 쉽다. 지난 2000년 동안 의사들은 감염 환자에게서 수 리터의 피를 뽑으며 도움을 준다고 생각했다. 실은 환자 상태를 악화시키고 있었다. 조지 워싱턴도 그래서 사망했을지 모른다.[2] 언뜻 그럴듯해 보인 치료법이 나중에 제대로 비교했

을 때, 실은 전혀 도움을 주지 않았거나 심지어 해를 끼친 것으로 밝혀진 사례는 셀 수 없이 많다.[3]

비교를 위한 최상의 기준은 무작위 통제 시험randomised controlled trial(RCT)이다. 이 경우 단일 환자군(또는 내담자)을 두 집단 중 하나에 무작위로 배정한다. 이때 한 집단은 치료를 받고 다른 집단, 즉 통제군은 치료를 기다리라고 요청받거나(대기 명단), 위약placebo을 받거나, '통상적 치료'를 받는다. 그런 다음 치료 집단과 통제 집단의 결과를 비교한다. 이 실험의 이상적 형태는 결과를 측정하는 사람도 누가 치료받고 누가 치료받지 않았는지 모르고, 치료받는 본인도 특정한 치료를 받았는지 알 수 없는 이중맹검double-blind이다. 모든 무작위 통제 시험을 이중맹검으로 진행할 수는 없지만 다른 어떤 형태의 실험보다 바람직하다.[4]

만약 두 집단을 무작위 통제 시험 이외의 방식으로 선택한다면 비교 대상이 되는 두 집단의 차이를 알 수 있어야 한다. 그러나 측정이 불가능한 상태에서 결과에 영향을 미칠 수 있는 차이를 용인해서는 과학적 평가가 불가능해진다. 가령 폐경 후 여성들을 대상으로 호르몬 대체요법 hormone replacement therapy(HRT)을 도입했을 때, 이 치료를 받은 사람은 심장병에 걸릴 확률이 낮다는 사실을 발견했다.

하지만 이들은 '자발적 표본'*에 해당하므로 호르몬 대체요법이 실제로 심혈관질환을 줄이는지 확인하려면 사람들을 호르몬 대체요법 집단과 비호르몬 대체요법 집단에 무작위로 배정해야 한다. 실제로 그런 다음에야 호르몬 대체요법이 심혈관질환을 줄이기보다 늘어나게 한다는 사실을 알게 됐다.[5] 이처럼 타당한 시험은 치료가 실제로 만들어내는 차이를 밝히는 데 매우 중요하다.

1950년대까지 정신질환 치료법은 적절한 시험이 이뤄지지 않았고, 1950년 이전의 치료법 중 효과를 입증한 것은 거의 없었다.[6] 그렇지만 1950년대 이후 약물치료와 심리치료 모두에서 강력하고 새로운 치료법이 등장했다.

### 약물

1952년 항히스타민제 클로르프로마진이 조현병에 도

---

* 스스로 특정 표본이나 처지에 자원하는 사람들은 그렇지 않은 사람들과 비교할 때 애초에 치료 동기 수준이나 교육 수준, 치료 시설에 대한 접근성, 증상으로 인한 불편감 등에 차이가 있을 수 있다. 따라서 '자발적 표본' 집단은 편향 표본biased sample의 일종으로 여겨지며, 결과의 일반화를 어렵게 만드는 요인 중 하나다(감수자 주).

움을 준다는 사실이 밝혀졌다. 그 후 추가로 다양한 발견을 하면서 조현병 환자는 대부분 병원을 나와 보다 견딜만한 삶을 살 수 있었다. 1950년대엔 리튬이 양극성 장애에 효과가 있다는 사실이 발견되어 양극성 장애가 있는 사람들이 도움을 받았고, 극심한 조증이나 우울증 상태를 완화시켜주었다. 정신질환 당사자를 위한 이들 새로운 약물은 견디기 힘든 인간의 고통을 줄여주는 현대 과학의 주요 방법에 속한다.

앞서 말한 것처럼 이 책은 주로 단극성 우울증과 불안 장애로 고통받는 사람에게 초점을 맞추고 있다. 최초의 효과적인 항우울제는 1950년대에 발견한 삼환계 항우울제 이미프라민이다. 비록 뒤이어 등장한 2세대 항우울제가 부작용을 줄이는 데 성공하긴 했으나 치료에 기반한 회복률에는 거의 진전이 없었다. 항우울제는 주로 중등도에서 고도 사이에 속하는 우울증에 사용한다. 약물치료 4개월 후 효과를 보인 사람은 그 비율이 약 50%인데 이는 위약을 복용한 30%와 비교가 된다.[7]

우울증의 가장 큰 문제는 재발 위험이다. 항우울제를 사용해 회복한 이후의 재발률은 자발적 회복 후 재발률과 거의 같거나 더 나쁘다. 즉, 지속적 효과가 있다는 증거가 없다. 물론 항우울제를 계속 복용하면 재발률은 낮아질 수 있다. 이에 따라 국립보건임상연구소는 모든 중증 우울증 환자에게 우울증 기간뿐 아니라 그 이후에도 항우울제를 투여할 것을 권고한다. 반면 경도와 중등도 우울증 환자에게는 항우울제 처방을 권장하지 않는다. 이러한 경도 우울증 환자에게는 오직 심리치료만이 추천되고 있다. 약 복용이 증상 차이를 보여준다는 근거가 없어서다. 유럽에서 성인의 약 8%가 항우울제를 복용하고 있다는 점[8]은 매우 우려스러운 일이다. 약 복용자가 대부분 경도나 중등도 우울증에 해당하기 때문이다.

불안장애가 있는 환자가 복용한 최초의 주요 약물은 벤조디아제핀 계열의 신경안정제(수면제도 대부분 여기에 포함된다) 중 하나인 발륨이다. 발륨은 치료가 아니라 지속적인 도움을 주는 장치로 '엄마의 작은 친구'라고 불렸다. 문제는 중독성에 있다. 오늘날 불안장애의 주요 치료제로 사용하는 약물은 항우울제다. 항우울제는 국립보건임상연구소가 권장하는 약물이다. 그러나 불안장애에는 통상 심리치료가 더 효과적이며 특히 장기적 재발 방지에 효과가 좋다.

모든 심리치료의 궁극적 목표는 같다. 환자가 스스로

힘을 내, 자기 삶을 통제하고 자립하도록 돕는 것이다. 그 모든 치료법 중에서 인지행동치료는 효과성이 가장 잘 입증되어 있다. 물론 이것은 유일한 치료법이 아니며 앞으로 더 많은 치료법이 등장하리라 본다. 다만 현재는 국립보건임상연구소가 모든 유형의 우울증과 불안장애에 권장하는 유일한 치료법이다. 따라서 이 장에서는 인지행동치료에 집중하고 이후 장에서 전체 치료법을 다루고자 한다.

### 인지행동치료

인지행동치료에서 첫 번째 가정은 '생각이 감정에 영향을 미친다'는 것이다. 이것은 아론 벡이 필라델피아에 있을 때 환자들을 관찰하면서 알아낸 사실이다. 환자들은 머릿속에서 끊임없이 '자동적 사고'를 반추했다.[9] 이러한 생각은 간혹 부정적 방향으로 편향되어 있었으며, 사람들이 자신과 세상에 대해 가지고 있는 핵심 신념을 반영하고 있었다. 바로 그 신념들이 우울과 불안을 초래했다. 벡은 사람들이 자동적 사고를 조금 더 상세하게 표현하게 함으로써 그들의 핵심 신념을 점검하고 검증하도록 유도할 수 있었다. 이 시도로 사람들의 상태가 나아지곤 했다.

벡은 자신의 치료를 인지치료라고 불렀는데, 이는 사람들의 생각(또는 인지)과 그것이 그들의 감정에 영향을 미치는 방식을 중심에 두었기 때문이다. 물론 감정도 생각에 영향을 미칠 수 있다. 그러나 벡의 경험상 생각과 감정의 악순환의 고리를 끊는 최선의 방법은 '생각'을 바꾸려고 노력하는 것이었다.

이것은 오랜 세월 전해오는 지혜와 상당히 일치한다. 스토아학파가 지적한 것처럼 우리를 괴롭게 하는 것은 우리에게 일어난 일이 아니라 그 일에 보이는 우리의 반응이다.[10] 부처도 매우 비슷한 말을 했다. 목표는 자기 생각을 통제하는 것이고 그런 방식으로 삶 전체를 통제하는 데 있다. 그렇다면 인지치료의 새로운 점은 뭘까? 두 가지를 들 수 있다.

첫 번째는 치료의 **체계적 구조**다. 이것은 일련의 개념일 뿐 아니라 각 개인이 겪는 핵심 문제에 직접 초점을 맞추는 구조화된 행위다. 먼저 치료자와 환자는 서로 협력 관계(혹은 치료적 동맹)여야 한다. 이러한 관계가 아니면 어떤 변화도 일어나지 않는다. 협력 관계를 형성하고 나면 치료 회기(보통 14회에서 20회를 넘지 않는다) 내에 검증된 순서대로 문제를 제기하며 회기와 회기 사이에 과제를 제공한다. 전체 치료 과정은 치료자에게 다양한 선택지를 제공하는 매뉴얼에 따라 진행하고, 치료자가 실시한 내용은 정기적으로 감독을 받는다.

두 번째는 최선의 접근이 무엇인지 정확히 확인하기 위한 **측정과 실험 방법의 사용**이다. 벡은 우울증을 측정하는 최초이자 가장 유명한 척도 중 하나인 벡 우울 척도Beck Depression Inventory를 개발했다. 또한 우울증을 위한 심리치료의 무작위 대조 시험 중 하나를 처음으로 시행했다. 이 시험에서 벡은 인지행동치료가 치료 종료 시점과 1년 후 모두에서 이미프라민보다 더 우수한 결과를 보인다는 것을 입증했다.[11] 이어지는 많은 시험에서도 인지행동치료가 적어도 회복률이 약 50%인 항우울제만큼 효과를 보이는 것으로 나타났다. 특히 도표에서 볼 수 있듯 인지행동치료는 재발 없이 훨씬 더 오랜 기간 유지하게 해준다.[12] 따라서 인지행동치료가 그저 임시방편에 불과하다는 비난은 완전히 틀린 주장이다. 혜택을 본 사람들은 그토록 원하던 삶을 통제하는 능력을 되찾는다.

**뇌 연구**는 인지행동치료의 작동 방식과 관련해 다음과 같은 흥미로운 사실을 밝혀냈다.[13] 가장 우울한 사람들은 두 가지 방식에서 다른 사람과 차이가 있다. 첫째, 편

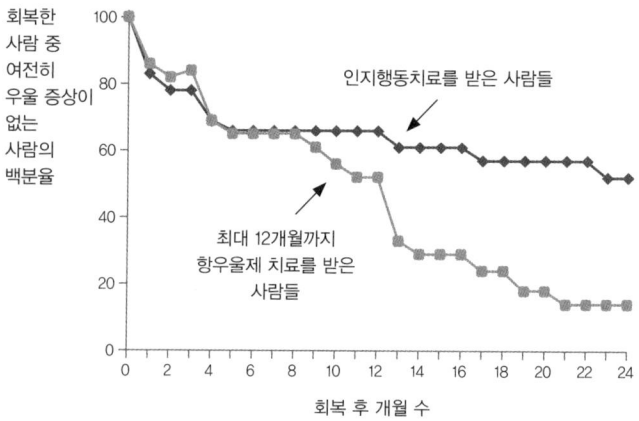

도체가 과민한 상태다(편도체는 뇌의 깊숙한 곳에 있는 영역으로 예컨대 '투쟁-도피' 반응을 촉발한다). 둘째, 전전두엽 활동이 저조한 상태다(전전두엽은 감정과 반응을 정상적으로 조절하는 부분으로 원래는 '더 각성한 상태에 있다'). 그런데 우울한 사람이 인지행동치료를 받고 난 뒤에는 편도체가 덜 과민해지는 것으로 드러났다. 이는 183쪽 도표에서 확인할 수 있다. 맨 위에 있는 선은 우울증 환자가 자신에 관해 나쁜 이야기를 들었을 때 반응하는 방식을 나타낸다. 그다음 선은 같은 환자가 치료 후에 반응하는 방식을 보여준다. 이는 세 번째 선인 정상 대조군과 상당히 흡사하다. 분석 결

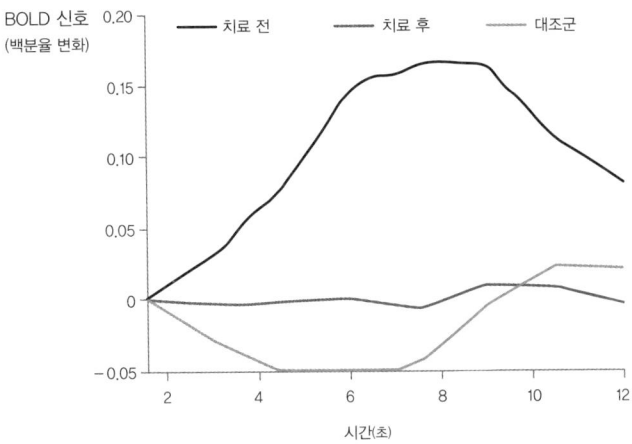

과 인지행동치료는 전전두엽 활동을 증가시키는 데도 강력한 효과를 냈다.

흥미로운 것은 항우울제도 편도체에 같은 영향을 주지만 전전두엽에 미치는 영향은 훨씬 작다는 점이다. 이것은 왜 약을 복용하는 동안 항우울제 효과가 좋은지 설명해준다. 항우울제는 '감정의 중심'인 편도체에 직접 영향을 미친다. 그러나 복용을 중단하면 효과가 없다. 반면 인지행동치료는 전전두엽이 편도체를 통제하는 능력을 회복하도록 돕는 까닭에 치료가 끝난 뒤에도 효과가 이어진다.

이와 관련된 신경과학은 아직 걸음마 단계지만 그 결과는 시사하는 바가 크다.

물론 우울증만 흔한 정신질환은 아니다. 불안장애 역시 흔하다. 하지만 현대 심리학이 불안장애에 접근하는 방식은 상당히 다르며 행동 기술을 더 많이 사용한다. 벡의 연구가 있기 전, 조셉 월피와 그의 동료들은 공포증 환자를 공포 상황에 점진적으로 노출함으로써 치료할 수 있다는 사실을 발견했다. 수십 년에 걸쳐 인지와 행동 요소는 자연스럽게 서로 결합했는데, 우울증 치료에는 더 단순하게 행동 요소를 가미했다. '행동 활성화behavioural activation' 기법에서 우울증 환자는 운동하기, 누군가와 이야기하기, 좋아하는 일 하기처럼 하루에 3가지 일을 하도록 요청받는다. 불안장애 치료에서는 '안전 행동'을 인식하고, 그 안전 행동을 따르지 않았을 때 어떤 일이 벌어질지 질문하는 것처럼 인지 요소를 좀 더 포함한다.

동시에 대인관계 치료, 부부(커플) 치료, 단기 역동 치료, 상담치료 같은 다른 치료법도 등장했고 유사한 기준의 검증을 받았다. 타당한 근거가 나오면 국립보건임상연구소는 이들 치료법도 권장한다. 다른 치료법은 전체적으로 10장에서 논의하며 다음 장에서는 인지행동치료를 좀 더 구체적으로 다루고자 한다.

## 현장에서 효율적으로 적용 가능한가

일단 모든 치료법에 적용하는 2가지 이슈를 먼저 다뤄보고자 한다. 하나는 임상 시험 환경에서 개발한 치료법이 정말로 현장에 적용 가능하고 매주, 매년 성공적으로 실행되는가 하는 문제다. 임상 시험은 간혹 일반 수준보다 더 실력이 좋은 치료자들이 비전형적 환자군을 대상으로 진행한다는 지적을 듣는다. 실은 현장에서 임상 실무를 이용해 진행한 연구가 많이 있고, 그 연구의 결과도 같은 치료법을 사용한 임상 시험 결과와 비슷한 수준으로 나타났다.[14]

사실 환자 또는 내담자의 배제 기준 문제는 크게 과장되었다. 물론 임상 시험은 가끔 다룰 특정 문제에 초점을 두기 위해 배제 기준을 사용한다. 하지만 강박장애를 위한 인지행동치료의 한 핵심 시험은 여러 가지 이유로 이전 시험에서 제외한 환자를 대상으로 진행했다. 그 환자들을 치료한 결과는 이전에 더 제한적 범위의 환자를 대상으로 한 시험 결과만큼 좋았다.[15]

치료자들이 제대로 훈련받지 못했을까 봐 걱정하는 것은 당연하다. 그러나 치료자들이 대규모로 훈련받는 것은 가능한 일이다. 12장에서 영국의 심리치료 접근성 향상 서비스 프로그램이 임상 시험에서 얻은 결과에 근접한 성과를 어떻게 달성했는지 보여줄 것이다.

### 중요한 건 치료법인가, 치료자인가

다른 하나는 치료의 종류가 얼마나 중요한가 하는 문제다. 많은 사람이 핵심은 치료가 아니라 치료자라며, "좋은 치료자가 치료법을 굳게 믿고 치료하면 어떤 치료법을 사용해도 성과를 낼 것"이라고 주장한다. 그들은 이 주장을 뒷받침하는 근거도 제시한다. 예를 들어 정기적인 임상 서비스 감사에서 임상의가 제공했다고 말한 치료 유형과 환자들이 얻은 결과 사이에 거의 연관성이 없다는 사실을 발견했다고 한다.[16]

이런 유형의 근거에는 심각한 오류가 있다. 첫 번째, 그러한 감사에서 치료자는 오직 그들이 보는 환자의 일부 정보만 제출한다. 따라서 자료가 대표성을 띤다고 보기 어렵다. 더구나 결과를 측정할 때 보통 체계적 상향 편향이 존재하는데, 이는 치료자 대다수가 회기별 모니터링을 하지 않아서다. 우리는 심리치료 접근성 향상 서비스(12장에서 설명한다) 경험으로 이러한 편향을 알고 있다. 첫해에 이 프로그램은 우울증과 불안장애(각각 PHQ-9과 GAD-7) 평가의 회기별 데이터뿐 아니라 치료 전후에 실시한 설문으로 더 구체적인 CORE-OM* 데이터도 수집했다. 그런데 많은 환자가 치료 후에 실시한 두 번째 설문을 완성하지 않았다. 결과는 질문지를 모두 완성한 환자가 그렇지 않은 환자보다 증상이 2배 더 호전된 것으로 나타났다.[17] 이것은 부분 응답이 상향 편향을 초래할 수 있음을 보여주는 주목할 만한 근거다. 이런 이유로 일상 연구는 성과를 과장하는 결과를 낳는다.

두 번째, 치료자들을 무작위로 배정하는 것이 현실적으로 불가능해 치료자마다 보는 환자의 유형이 다르다.

세 번째, 치료를 제대로 한다고 보장할 수 없다. 최근 잉글랜드에서 일상적으로 제공하는 심리치료를 감사한 결과 일부 비인지행동치료의 경우, 치료자의 30% 이상이

---

* Clinical Outcomes in Routine Evaluation-Outcome Measure. 심리치료 효과를 평가하는 데 사용하는 표준화된 자기 보고식 설문(옮긴이 주).

자신이 제공하는 치료를 훈련받지 않았다고 응답한 것으로 나타났다.[18]

치료자의 훈련 수준이 다르면 결과에 엄청나게 큰 차이가 난다. 반면 모든 치료자가 똑같이 잘 훈련받으면 얻는 결과의 차이는 매우 작다.[19] 치료자 개인의 특성은 놀라울 만큼 별다른 영향을 미치지 못한다.

결국 동일한 치료자라 하더라도 효과적인 치료법을 훈련받으면 훨씬 나은 치료를 할 수 있다. 관련된 사례를 하나 살펴보자. 런던 동쪽의 에식스에 치료 회복률이 겨우 22%에 불과하던 공황장애 치료자 집단이 있었다.[20] 이들은 인지행동치료를 훈련받길 원했고 3일간 집중 교육을 받은 뒤 이어진 9개월 동안 감독을 받았다. 이후 이들이 도달한 치료 회복률은 68%에 달했는데 이는 표준 임상 시험 결과에 근접한 수준이다.

이렇듯 치료자의 특성은 생각보다 결정적이지 않다. 그러면 치료법은 어떨까? 어떤 사람들은 치료자가 자신이 제공하는 치료를 굳게 믿는다면 치료법의 종류는 중요하지 않다고 주장한다.[21] 한 상상력 넘치는 실험이 이 문제를 직접 다뤘다. 독일에서 사회 공포증을 치료할 때 프랑크푸르트에서는 인지행동치료를 선호하지만, 프라이부르크에

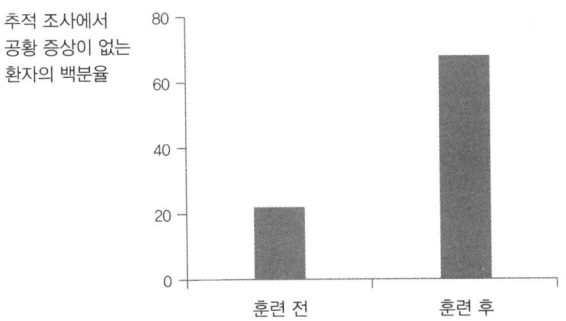

**인지행동치료에서 치료자 훈련은 환자의 회복률을 높일 수 있다**

서는 대인관계치료를 선호한다. 그래서 두 센터 치료자들의 동의 아래 각 치료자 집단이 다른 환자 집단에게 각각의 치료법을 사용하는 네 가지 조건으로 구성된 실험을 진행했다.[22] 190쪽 도표는 그 결과를 명확히 보여준다. 대인관계치료에 초점을 두는 심리치료사조차 인지행동치료에서 더 좋은 결과를 얻었다. 즉, 똑같은 사람이 같은 공감 능력을 발휘하며 다른 치료를 제공했을 때 결과가 달랐다. 이것은 치료법이 중요하다는 사실을 시사한다.

그러면 치료법 개발 방식과 작동 원리는 어떨까? 다음 장에서는 인지행동치료에 초점을 둘 것이며, 그 다음 장에서 근거기반 치료법을 전체적으로 살펴보고자 한다.

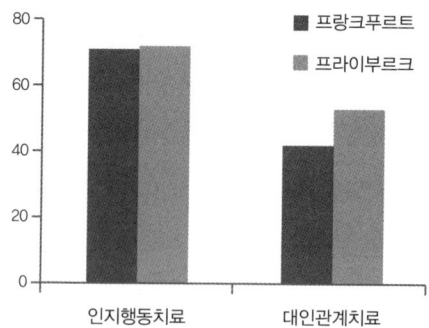

사회 공포증은 어떤 집단이 치료하든 인지행동치료가 대인관계치료보다 더 효과적이다

## 9장

# 치료법은 어떻게 개발됐는가

인간을 힘들게 하는 것은
어떤 대상이 아니라
그것을 바라보는 인간의 관점이다.

– 에픽테토스

시작은 프로이트다. 프로이트는 대화 치료법, 특히 경청 요법listening therapies의 창시자다. 그는 누구보다 치료자에게 경청의 중요성을 가르쳤다. 무의식을 다룬 프로이트의 저서는 사람들의 상상력을 사로잡았고, 이것이 20세기 초 문학과 예술에 영감을 불어넣으며 새로운 아이디어가 넘쳐나는 데 큰 자극을 주었다. 이른바 '대화 치료' 개념이

탄생한 것이다.

그러나 프로이트가 주창한 치료법인 정신분석학은 치료 효과를 내지 못했다. 프로이트는 여러 정신 건강 문제가 어린 시절 경험한 외상성 사건의 기억이 억눌려 있어 발생하는 것이라고 여겼다. 이를 치료하려면 사람들은 자신의 억눌린 기억과 현재 감정 사이의 연결 고리를 통찰하는 시각을 갖춰야 했다. 그래서 대개는 몇 년 넘게 이어지는 긴 치료 기간을, 회복을 위한 필수 과정으로 여겨졌다.

많은 사람이 이 치료의 덕을 봤다고 얘기한다. 그렇지만 치료 기간이 너무 길어 자연 회복 속도와 다를 바 없는 듯했고, 정신분석이 자연 회복보다 더 효과적이라는 근거를 보여주는 무작위 대조 실험도 없었다.[1] 게다가 오랜 치료에 비용이 너무 많이 들다 보니 도움이 필요한 대다수가 치료받을 수 없었다. 이런 이유로 프로이트 추종자들은 짧은 형태의 '정신 역동' 치료를 개발하고 평가했는데 이 치료법은 국립보건임상연구소의 권장 리스트에 올라 있다.

### 행동주의 혁명

과학적으로 효과를 인정받은 최초의 치료는 1950년

대 후반에 등장했다. 그것은 남아프리카의 심리학자 조셉 월피가 개발한 체계적 둔감화systematic desensitization다. 프로이트와 마찬가지로 월피는 공포증(다른 여러 정신질환도)의 근원이 정신적 외상 사건 때문일 거라고 봤다. 하지만 월피는 사람들이 회복하기 위해 자기 문제의 근원을 통찰해야 한다고 생각하지 않았다. 대신 문제를 유지하도록 만드는 현재의 행동 방식에 초점을 두고 그 행동을 바꾸는 데 주력했다.

사실 월피는 동물들의 학습을 연구한 파블로프의 영향을 받았다. 이미 너무도 유명한 실험에서 파블로프는 개의 발바닥에 약한 전기 충격을 가해 겁을 주었다. 이때 그 자극 직전에 벨 소리나 불빛 같은 '중립' 자극을 제시했다. 중립 자극과 전기 충격의 쌍을 제시하는 실험을 진행하자 개는 앞서 중립 자극을 가할 때마다 정서 반응(얼어붙는)을 보였다. 파블로프는 중립 자극이 정서 반응을 끌어내는 자극으로 바뀌는 이 과정을 설명하기 위해 '조건화conditioning'라는 용어를 사용했다. 또한 파블로프는 획득한 정서 반응을 없애는 방식도 실험했다. 즉, 뒤이은 전기 충격 없이 소리나 빛을 반복해서 제시하면 정서 반응이 사라진다는 사실을 확인했다.

월피는 공포증이 있는 사람이 조건화로 특정 대상(높은 장소, 작은 동물, 낯선 사람 등)을 향해 과도한 공포를 키웠을 것으로 보고, 사람들을 트라우마 사건 없이 공포를 느끼는 대상에 계속 노출하면 증상을 치료할 수 있을 것이라는 가설을 세웠다.[2] 월피는 이러한 행동치료가 사람들에게 과도한 스트레스를 줄 것을 염려해 소거 절차를 수정했다. 사람들은 먼저 긴장을 덜어내는 방법을 연습한 뒤 공포를 유발하는 자극을 우선 상상해보도록 지도받았다. 상상 속 대상을 향한 공포가 줄어든 이후 실제 대상을 대면하도록 치료 과정이 설계된 것이다.

1960년대에 고든 L. 폴은 체계적 둔감화의 효과를 확인하고자 심리치료 최초로 무작위 통제 시험을 시행했다.[3] 폴은 5주 동안 발표 공포증이 있는 사람들을 각각 체계적 둔감화 치료, 프로이트 개념에 기반한 통찰 지향 치료 그리고 무치료 집단에 무작위로 배정했다. 그 결과 체계적 둔감화 치료를 받은 사람은 통찰 지향 치료나 치료를 전혀 받지 않은 사람보다 상태가 훨씬 좋아졌다. 이어진 많은 연구도 월피의 치료가 공포증에 효과가 있음을 확인해주었다. 덕분에 조건화 이론의 원리에 따라 행동을 바꿈으로써 정서 문제를 극복할 수 있다는 개념은, 강박장애는 물론 다른 다양한 불안 문제에도 성공적으로 적용됐다. 그 과정에서 치료에 임하는 월피의 태도가 지나치게 조심스러웠다는 사실이 밝혀졌다. 이는 환자를 본인이 두려워하는 상황에 노출시키기 전에 긴장을 풀어주는 훈련이 필요치 않다는 것이 입증됐기 때문이다. 나아가 일반적으로 상상보다 실제 상황에 노출하는 편이 가장 효과적이라는 사실도 발견했다.

### 벡과 인지치료

일부 불안장애를 치료하는 데 성공하자 행동주의자는 관심을 우울증으로 돌렸다. 이들은 환자가 즐거움을 줄 잠재성이 있는 활동에 체계적으로 참여하도록 독려했다. 그러나 안타깝게도 이 접근법은 그다지 성공적이지 않았다. 다행히 아론 벡이 그 대안 전략을 개발하는 중이었고 성공 가능성이 훨씬 커 보였다. 앞서 말했듯 벡은 원래 정신분석가 훈련을 받았으나 치료 방식이 너무 느려 좌절하고 있었다. 그는 우울증 환자의 꿈 내용을 분석하면서 프로이트가 분류한 무의식적 갈등을 확인하길 바랐다. 그러나 벡이 발견한 것은 우울 증상을 보이는 사람들의 꿈이, 깨어 있을 때 그들이 하는 생각 뒤에 감춰진 주제와 놀라우리만큼 비슷하다는 사실이었다. 특히 벡은 우울한 사람들의 생각이 자신에 관한 부정적 시각('나는 실패자다'), 세상에 관한 부정적 시각('사람들은 나 따위는 신경 쓰지 않는다') 그리고 미래에 관한 부정적 시각('내게는 늘 나쁜 일이 생긴다')이라는 세 가지 특징적 양상을 보인다는 점을 발견했다.

벡은 이 발상에 기반해 '인지치료'라고 불리는 독특한 형태의 치료법을 개발했다. 인지치료에서 치료자는 적당한 시점에 환자가 자신의 부정적 사고에 의문을 제기하고, 그 부정적 사고를 더 현실적 사고로 대체하도록 돕는다.[4] 우울증을 다루는 인지치료의 상당 부분은 '대화 치료'라고 할 수 있지만, 벡은 사람들이 자신의 신념을 바꾸도록 돕기 위해 행동 변화를 유도하는 것도 중요하다고 강조했다. 가령 계속해서 자신을 실패자라고 믿는 사람에게는 그들이 피하던 활동에 다시 참여하도록 독려할 수 있다. 이는 단계적 방식으로 이뤄지며 다시 성공을 경험하면서 자신감을 회복하도록 유도한다.

1977년 벡과 그의 동료들은 최초로 우울증을 위한 인지치료의 무작위 배정 시험 결과를 발표했다.[5] 그 결과는 정신의학계를 충격에 빠트렸다. 인지치료는 주요 항우울제보다 치료 효과가 훨씬 더 컸다. 많은 후속 시험이 이어지면서 인지치료와 약물치료는 명확히 비교됐다. 그 결과는 대체로 인지치료와 항우울제가 단기적으로 동일한 효과를 낸다는 점을 보여준다. 다만 인지치료를 받은 환자는 재발할 확률이 더 낮았다.[6] 우울증은 재발하는 경향이 있어서 재발률 감소는 매우 중요하다. 인지치료를 진행하는 동안 사람들은 자신의 부정적 기분을 다루는 기술을 배우는데, 이는 앞으로 살아가면서 좋지 않은 일이 생겼을 때 우울감에 빠질 가능성을 줄여준다. 반면 항우울제는 일단 복용을 중단하면 미래에 우울증의 재발 위험을 줄일 수 없다.

### 인지치료와 행동치료의 성공적 조합

벡이 이룩한 인지치료와 행동치료의 성공적 조합은 엄청난 파장을 몰고 왔다. 1980년 이래 벡의 연구에 영감을 받은 수십 명의 연구자가 왜곡된 사고와 행동 변화가 결합해 문제를 유지하는 방식을 강조하는 다양한 정신 건강 상태에 관한 이론 모델을 개발했다. 그 사고와 행동을 모두 바꾸는 데 치료 초점을 맞추기에 보통 '인지행동치료'라고 부른다.[7]

인지행동치료가 성공한 이유는 기초 심리학 연구의 탄탄한 토대에서 비롯되었기 때문이다. 연구자들은 인지행동치료를 적용하는 조건마다 "무엇이 문제를 지속하게 하는가?(유지 요인)"라는 질문을 던졌다. 이 질문에 답하면서 식별한 심리 과정은 이후 치료의 주요 목표가 되었다. 이것은 치료 초점을 정신 건강 문제의 근원을 파악하는 데 둬야 한다는 프로이트의 시각과 현격한 차이를 보인다. '유지 요인' 연구가 더 나은 치료법으로 이어진 사례는 공황장애의 경우에서 잘 드러난다. 이전까지 공황장애는 정신과 질환 중 특히 치료가 어려운 질환으로 알려져 있었다.

**공황장애와 인지행동치료**

공황 발작은 겨우 몇 분 지속될 뿐이지만 극심한 고통을 초래한다. 마치 불안에 습격을 당하는 것과 같다. 공황 발작이 일어나면 갑자기 숨이 차고 심장이 빨리 뛰며 어지러움을 포함해 다른 여러 감각을 경험한다. 곧 죽을 것 같거나 심장마비, 기절, 통제력 상실 혹은 미쳐버릴 듯한 기분을 느끼는 것이 전형적 증상이다. 많은 사람이 공황 발작을 겪는다. 특히 공황장애는 발작을 반복해서 경험하기 때문에 나중에 일어날 발작과 그로 인해 볼 수 있는 피해에 극도의 공포를 느낀다. 첫 공황 발작을 경험하는 장소는 대개 사람들로 붐비는 곳이나 대중 교통시설이다. 따라서 그런 장소와 상황을 피하는 경향이 있으며 일부는 집에만 틀어박혀 지낸다. 공황장애를 경험하는 사람의 5분의 1은 자살을 시도한다.[8]

소설가 시바 나이폴은 옥스퍼드대학교 학부생일 때 처음 공황장애를 경험했다. 그는 자서전에서 그 경험을 생생하게 묘사하고 있다.[9]

"당시 나는 세인트 자일스 대로를 산책하고 있었는데, 행복한 상태는 아니었지만 그렇다고 딱히 슬프지도 않았다. 작은 배 한 척을 구해 강에서 한두 시간 보내면 꽤 즐거울 거라고 생각했던 것 같다. 브로드가에 다다랐을 때 갑자기 뭔가 이상한 느낌이 들었다. 황당하게도 느닷없이 심장이 마구 뛰기 시작했고 손바닥은 땀으로 축축해졌으며 정신을 차릴 수 없었다. 나는 완전히 겁에 질렸다. 대체 뭐에 겁을 먹었단 말인가? 청명하고 포근한 오후에 두려움을 느낄 일이 뭐가 있었을까? 아찔함이 느껴졌고 몸의 균형을 잡을 수도, 숨을 쉴 수도 없어 베일리얼 칼리지 건물 벽에 기대 웅크리고 앉았다. 그토록 온화하던 여름 하늘이 미친 듯이 빙빙 돌며 허공 속에서 무시무시한 소용돌이를 일으켰다. 생생한 공포가 파도처럼 나를 덮쳤다. 머릿속에 죽은 내 모습이 떠올랐다. 길거리에서 이름 없는 시체로 뒹구는 나를 사람들이 발견하는 모습. 그것은 마치 태어나면서부터 가둬둔 온갖 비밀스러운 공포가 쇠사슬을 끊고 복수라도 하듯 내게 홍수처럼 달려드는 것 같았다. 그 벽에 얼마나 기대 있었는지 기억나지 않는다. 기껏해야 1, 2분을 넘지 않았을 것이다. 최악의 공포는 물러갔다. 대신 극심한 피로가 밀려왔다. 기력을 완전히 소진한 탓에 팔을 들어 올려 땀에 젖은 이마를 닦을 힘조차 없었다. 그저 아무것도 할 수 없는 상태였다."

나이폴의 설명은 예상치 않게 닥치는 공황 발작의 속성을 잘 보여준다. 공황 발작은 대개 갑작스럽게 찾아온다. 그런 특징으로 인해 정신과 전문의들은 처음에 공황장애를 생물학적 이상 증세로 판단하고 약물치료를 지지했다. 시간이 지나면서 이것은 심리학적으로 간단히 설명할 수 있었고 심리치료 반응이 꽤 성공적인 것으로 드러났다.

'공황장애의 인지 모델'이라는 심리학적 설명[10]에 따르면 공황 발작을 반복 경험하는 사람은 정상적인 신체 감각을 오해석하는 경향이 있어서 자기 몸('심장마비가 올 것이다')이나 정신('미쳐버릴 것이다')에 뭔가 심각한 문제가 생겼다고 여긴다. 그 오해석은 그들을 더 공포에 떨게 만들고 신체가 그런 공포에 반응하면서 더 많은 감각(빠르게 뛰는 심장, 어지러움 등)을 생성한다. 이로써 당사자는 곧 끔찍한 일이 생길 거라고 더욱 강하게 확신한다. 아래 그림이 그 과정을 보여준다.

**공포가 공황 발작으로 발전하는 과정**

촉발 자극

스트레스, 화, 흥분, 피로, 딴생각하기 → 경미한 감각들

'내 몸에 심각한 문제가 생긴 것 같다'

→ 불안 → 감각들이 점점 강해짐

안전 행동 ← 파국적 사고 ('나는 곧 죽을 것이다' 등)

사실 나쁜 일은 일어나지 않는다. 공황 발작으로 죽거나 미치는 사람은 없으며 증상은 몇 분이면 가라앉는다. 그러나 공황장애가 있는 많은 사람이 공황 발작을 반복해서 경험한다. 그들은 왜 자신의 반복적으로 공황 발작을 겪으면서도, 공황 발작이 별다른 해를 끼치지 않으리라는 사실을 배우지 못하는 걸까? 인지 모델은 이 질문에 답을 제시한다. 인지 모델에 따르면 사람들은 두려움을 느낄 때 그 두려운 일이 일어나지 않도록 막기 위해 뭔가를 시도한다. 이것이 '안전 행동'이다. 어쨌든 끔찍한 일은 일어나지 않겠지만 환자는 안전 추구 행동이 끔찍한 일을 막았다고 확신한다. 이렇게 해서 두려움은 계속 이어진다.

예를 들어 슈퍼마켓에서 현기증을 느낀 환자는 실신할까 봐 두려워 어지러움이 가라앉을 때까지 쇼핑카트를 꽉 쥐고, 그 행동 덕분에 실신하지 않았다고 믿는다. 이 여성은 다음에 어지러움을 느낄 때 쇼핑카트가 없으면 비슷하게 두려움을 느끼고 만다. 하지만 카트에서 멀리 떨어져 아무런 지지대 없이 혼자 서 있었다면, 현기증으로 실신하지는 않으며 별다른 문제가 아니라는 사실을 알았을 것이다.

공황 발작으로 고통받는 사람은 간혹 신체의 작은 변

화(불규칙한 심장 박동, 따끔거리는 느낌 등)를 감지하고 몸에 뭔가 심각한 문제가 있다는 의미로 받아들이는 경향이 있다. 그래서 추가로 신체를 검사하고 주치의에게 확인을 구하기도 한다. 인지 모델은 작은 변화를 지각하는 것도 설명한다. 공황으로 인한 두려움 탓에 사람들은 자기 신체에 주의를 집중하고 그 결과 다른 사람이 의식하지 못하는 작은 변화도 잘 감지한다.

독일 심리학자 앙케 엘러스가 설계한 매우 정교한 실험은 이를 잘 보여준다.[11] 엘러스는 몇몇 사람에게 방에 조용히 앉아 맥박을 짚지 않은 채 자신의 심장 박동을 세어달라고 요청했다. 모두가 과제를 어렵게 느꼈고 박동수를 잘 세지 못했다. 그런데 공황장애가 있는 사람은 실수가 훨씬 적었다. 두려움이 자기 신체에 더 주의를 기울이게 만들어 다른 사람보다 심장 박동을 더 잘 센 것이다. 안타깝게도 그렇게 강화된 주의력에는 대가가 따랐다. 몇 년 후 유달리 심장 박동을 잘 센 사람들은 공황장애로 계속 고통받고 있었고 실수가 더 많았던 사람들은 회복하는 경향을 보였다.[12]

공황의 인지 모델과 이를 시험한 연구 논문들은 그 효과가 입증된 독보적 형태의 인지행동치료를 탄생시켰다.

이는 공황장애와 관련해 가장 앞서가는 치료로 현재 국립보건임상연구소가 권장하고 있다.[13] 치료는 최근에 있었던 공황 발작을 검토하고 자기 생각과 감각 그리고 안전 추구 행동에 관한 개인 맞춤형 모델을 도출하는 것으로 시작한다.

서른두 살인 존은 지난 3년 동안 거의 매일 공황 발작을 경험했다. 존이 가장 두려워하는 증상은 자신이 심장마비라고 여기는 발작 중에 경험한 가슴 통증, 두근거림, 가쁜 호흡 등이다. 존의 안전 추구 행동은 발작 중에 앉아 쉬면서('심장 압박을 덜어내기 위해') 해열진통제 파라세타몰을 먹고(심장마비를 멈춰줄 것이라 잘못 믿고) 심장에 주의를 집중하는 것이었다. 공황장애가 생기면서 존은 생활 방식을 바꾸었다. 예전에는 규칙적으로 운동했으나 지금은 중단했다. 그리고 편안함을 느끼는 아침에만 파트너와 성행위를 했다. 그러한 생활 방식의 변화는 모두 심장을 보호해야 한다는 신념에서 기인한 것이었다.

존은 치료사의 도움으로 자기 문제를 반영한 모델을 고안했는데 이는 205쪽 그림에서 볼 수 있다. 문제는 심장이 아니라 잘못된 신념이었다. 그래서 그 신념이 불안과 신체 감각 사이에 악순환을 일으킨다는 사실을 이해하는

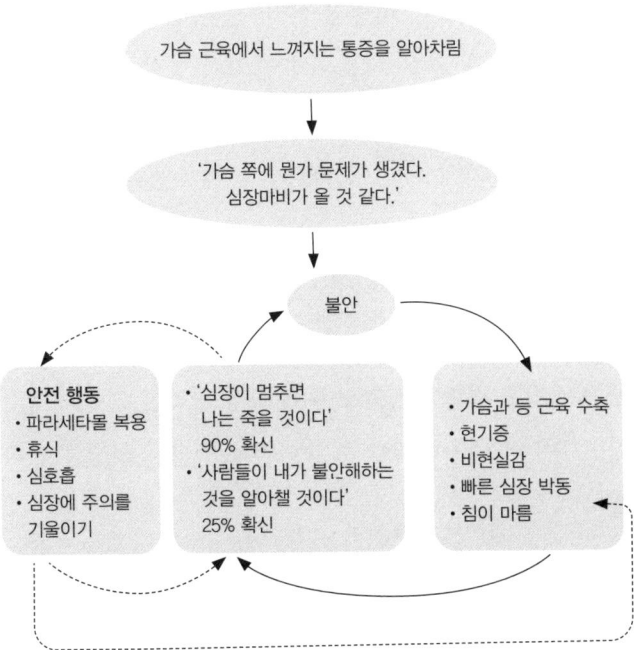

존에게 맞춘 공황 발작 모델

데 치료 초점을 맞추었다. 존은 공황 발작을 경험하는 동안 자신의 주의를 사로잡는 일(가장 좋아하는 축구팀이 우승 골을 넣는 것 같은)이 생기면 모든 감각이 사라진다는 것을 알아챘다. 또한 두려움에 집착하는 것이 발작의 촉발 요인이라는 사실을 인지하고, 생각만으로는 심장마비가 일어날 가능성이 별로 없다는 데 동의했다.

존은 치료사와 함께 일련의 운동 계획도 세웠는데, 이는 자신의 두려움이 비현실적이라는 사실을 스스로 깨닫기 위함이었다. 존은 치료사와 함께 치료실 밖을 천천히 달리다가 나중에는 심장이 빨리 뛸 정도로 전력 질주했다. 이 방식은 존이 다시 규칙적으로 운동하도록(사이클과 축구) 용기를 주었고 운동은 존의 기분을 훨씬 좋아지게 했다. 존과 파트너는 존이 가장 편하다고 느낄 때뿐 아니라 예전처럼 서로가 원할 때 성행위도 하게 되었다. 인지와 행동 개입을 결합한 치료로 존의 공황 발작은 완전히 멈추었고 1년이 지난 뒤에도 존은 여전히 괜찮은 상태를 유지했다.

존의 회복 경험은 공황장애와 관련된 무작위 배정 시험에서 인지행동치료가 보여주는 통계 결과와 상당히 일치한다. 한 연구에서는 인지행동치료를 간단한 심리 대처 기법(응용 이완법 applied relxation) 그리고 최적의 약물치료(항우울제)와 비교했다.[14] 응용 이완법과 항우울제 모두 성과를 보였으나 인지행동치료를 받은 사람(80%)보다 훨씬 적은 사람(응용이완법 25%, 항우울제 40%)이 회복했다. 207쪽 도표는 그 차이를 잘 보여준다. 더구나 인지행동치료의 효과는 우울증처럼 치료가 끝나고 한참이 지난 뒤에도 이어

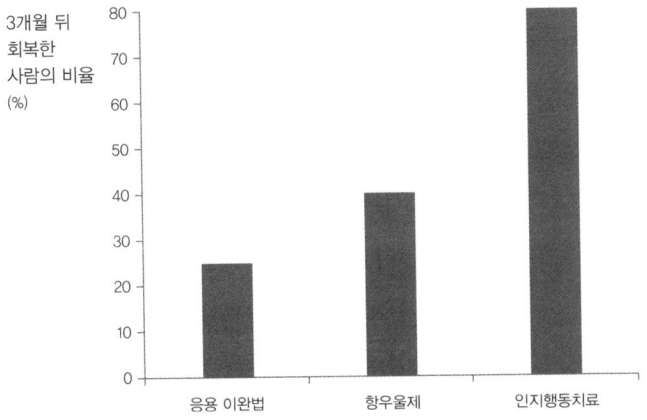

졌다. 약물치료로 회복한 사람의 40%가 재발한 반면, 인지행동치료를 받은 사람은 겨우 5%만 재발했다. 재발률 차이는 사람들이 학습한 내용 차이에서 기인했다. 특히 인지행동치료를 받은 사람들은 신체 감각을 심각한 신체 문제 징후로 해석하는 경향이 약했으며, 이것이 더 나은 결과를 낸 이유다.

### 인지행동치료의 다양한 방식

인지행동치료는 종종 한 가지 치료법에 국한되어 있

는 것처럼 논의되기도 한다. 이는 사실이 아니다. 인지행동치료에는 여러 가지가 있으며 각각은 문제의 종류에 따라 고도로 특화되어 있다. 물론 모든 인지행동치료는 공통적으로 가장 심각한 고통을 초래하는 사고를 재평가하고 행동 변화를 도와 정신적 괴로움을 완화하는 데 초점을 두고 있다. 그러나 다양한 정서 문제를 유지하는 과정은 저마다 미묘하게 다르며 가장 효과적인 치료법도 다르다.

이 점은 공황장애 치료 과정과 사회불안장애social axiety disorder 치료 과정을 비교해보면 잘 드러난다. 사회불안장애는 모든 유형의 불안장애 중 가장 흔한 장애다. 공황장애에서 두려움의 초점이 주로 몸에 벌어지는 신체 재앙이라면, 사회불안장애에서 두려움의 초점은 대인관계에서의 어려움이다.

### 사회불안장애와 인지행동치료

사회불안장애는 매년 적어도 4%의 사람에게 영향을 미치며 평생에 걸쳐 이 증상을 한 번이라도 경험하는 사람의 비율은 최대 12%에 달한다.[15] 한 연구에서 사회불안장애가 있는 사람의 22%는 자살을 기도하는 것으로 나타났다.[16] 우리는 누구나 특정 상황에서 부끄러움을 느끼지만 사회불안장애는 그 수준을 훌쩍 넘어선다. 사회불안장애가 있는 사람은 낯선 사람을 만나거나 모임 혹은 집단에서 말하는 것, 대화를 시작하는 것, 권위 있는 인물에게 말을 거는 것, 대중 앞에서 발표하는 것 그리고 누군가가 보고 있을 때 일하고 먹고 마시는 것을 매우 힘들어한다. 이들은 자신이 창피하고 부끄러운 행동이나 말을 할까 봐 끊임없이 염려한다. 예를 들면 불안해 보일까 봐, 땀을 흘리거나 얼굴이 붉어질까 봐, 따분하고 바보 같은 소리를 할까 봐 걱정한다.

사회불안장애는 생활 전반을 불편하게 만들 수 있다. 이것은 교육에서의 성취를 저해하고[17] 소득을 줄이며[18] 결혼하거나 아이를 가질 가능성을 낮춘다.[19] 또한 병원 외래 진료를 더 자주 받고[20] 일을 더 자주 쉰다.[21] 그뿐 아니라 가게에서 옷을 사는 것, 미용실에 가는 것, 누가 듣는 상황에서 전화 통화를 하는 것도 힘들게 만들 수 있다.

사회불안이 있는 사람이 대부분 학창 시절에 놀림을 받거나 괴롭힘을 당한 적 있다고 말한다. 이들은 어른이 되어 간혹 다른 사람에게 긍정적 피드백을 받아도 계속 두려움을 느낀다. 그 이유가 뭘까? 다음은 특히 중요한 3가

지 요인이다.[22]

먼저, 주의와 관련이 있다. 우리는 보통 다른 누군가를 만나면 그들에게 주의를 기울인다. 사회불안장애가 있는 사람에게는 반대의 상황이 벌어진다. 그들은 자신에게 더 초점을 맞추고 자신이 다른 사람에게 어떻게 보이는지 상상하려 애쓴다. 그 결과는 재앙에 가깝다. 사회불안장애가 있는 사람은 대화가 부드럽게 이어져도 잘 알아채지 못하며 그러한 긍정적 경험에서 이익을 얻지도 못한다. 아래 도표는 사회 공포가 있는 사람이 청중 앞에서 몇 분 동안 얘기해야 하는 상황에 놓였을 때, 자기 자신에게 얼마만큼

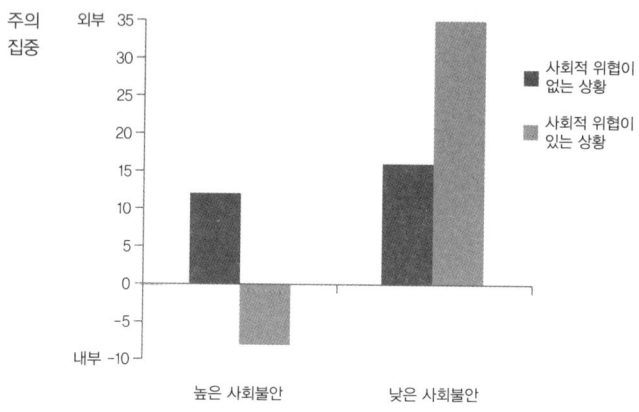

**불안한 사람은 사회적 위협이 있는 상황일 때 자신에게 초점을 둔다**

초점을 맞추는지 보여준다.

다음으로, 사람들은 자신에게 초점을 맞추는 동안 내부 정보(불안한 느낌과 심상)를 의식하며 이를 최악의 두려움에 관한 정확한 증거로 잘못 받아들이는 경향이 있다. 가장 흔하게 두려워하는 상황은 다른 사람이 불안해하는 자기 모습을 보는 것이다. 사회불안장애가 있는 사람은 자신이 생각하는 것보다 훨씬 덜 불안해 보이지만, 자신의 느낌을 '내가 불안해 보이는지 아닌지'를 판단하는 지표라고 믿는 경향이 있다. 심상 역시 두드러진 역할을 한다. 불안한 상황에 놓이면 사회불안장애가 있는 사람은 머릿속에서 관찰자 시각으로 자기 모습을 내려다보는 듯하다고 말한다. 그러나 그들이 보는 것은 객관적 사실이 아니라 최악의 두려움을 시각화한 것일 뿐일 가능성이 높다. 얼굴이 시뻘겋게 달아오를까 봐 걱정하는 사람의 얼굴은 실제로는 살짝 발그레한 정도일지도 모른다. 그러나 머릿속에는 굵은 땀방울을 뚝뚝 떨어뜨리는 홍당무 같은 모습이 떠오른다.

마지막 기제는 안전 추구 행동이다. 공황장애에서와 마찬가지로, 안전 추구 행동은 두려워하는 결과('답답해 보일 거야' 같은)를 예방하거나 막으려는 마음에서 기인한다.

가령 어떤 사람은 다른 사람이 자신을 바보 같다고 여길까 봐 다른 사람이 한 말을 전부 기억했다가 자신이 말하려는 것이 '충분히 똑똑하게' 들리도록 노력할 수 있다. 대화가 잘 풀리면 이후에도 자신의 행위를 스스로 더 꼼꼼하게 검토한 덕분이라고 생각하는 경향이 있다. 결과적으로 다른 사람이 자신을 바보 같다고 여길지 모른다는 두려움은 계속 이어진다. 이 안전 추구 행동은 사람들이 그러한 두려움이 과도하다는 사실을 깨닫지 못하게 만든다. 안전 추구 행동은 사회적 상호작용에 '악영향'을 미칠 수 있는데, 이는 사회불안이 있는 사람은 다른 사람에게 관심이 없거나 다른 사람을 싫어하는 것처럼 보이게 하기 때문이다. 이 상황은 결과적으로 타인에게서 덜 친근한 반응을 끌어낼 수 있다.

사회불안은 어떻게 치료할까? 국립보건임상연구소는 상당히 구체적인 접근 방식을 권한다.[23] 치료는 환자가 사회불안을 대하는 현재의 전략이 도움을 주지 않는다는 점을 발견하도록 돕는다. 치료 회기 중 역할극은 환자가 자신에게만 주의를 집중하고 안전 행동을 하면 더 불안해질 수 있다는 점을 보여준다. 또한 비디오 피드백은 자신의 이미지가 과도하게 부정적이지 않다는 것을 발견하게 해준다. 외부에 주의를 집중하는 훈련은 자신을 덜 의식하고 대화에 더 집중하도록 돕는다. 환자는 치료사와 함께 자신의 신념을 행동으로 시험하는 실험을 구상한다.

어떤 사람에게는 이러한 기법과 더불어 과거의 사회적 트라우마 경험을 다루는 치료를 추가할 수 있다. 그들은 과거의 경험 탓에 부정적 심상을 얻었을 수 있는데, 이때 치료 초점은 과거의 트라우마와 현재 경험 사이의 연결고리를 끊도록 돕는 일이다. 예를 들어 어린 시절에 다른 아이들 앞에서 지나치게 고압적인 어른에게 자주 비판받은 경험이 있다면 직장에서 권위 있는 인물을 상대하는 게 어려울 수 있다. 그러한 원인을 확인한 경우, 직장에서 권위 있는 인물과 어린 시절 자신을 비판한 사람 사이의 차이점에 선택적으로 집중하는 간단한 기법을 적용한다. 이 방법으로 도움받지 못하면 정서적 영향을 줄이기 위해 초기 트라우마 사건을 더 구체적으로 논의할 수 있다.

앞서 본 것처럼 월피의 체계적 둔감화 기법 효과를 확인하기 위한 고든 폴의 중요한 무작위 배정 시험은 사회불안장애에 초점을 두었고 노출을 활용한 치료가 효과적이었음을 보여주었다. 이를 지지하는 더 최근의 인지 모델과 연구는 효과적인 치료 가능성을 더 높였다. 214쪽 도표가

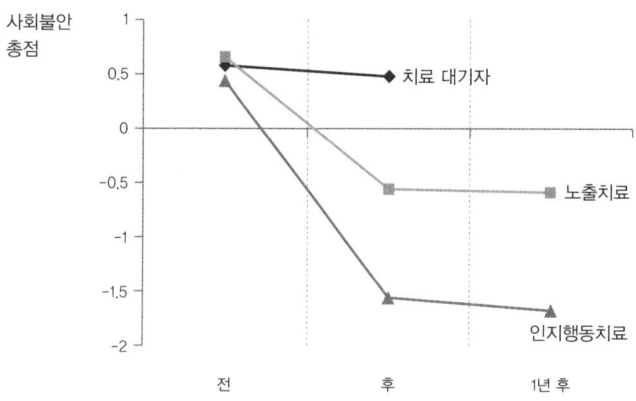

보여주듯 최신 인지치료는 이전의 행동주의자가 개발한 노출치료보다 훨씬 더 나은 결과를 냈다. 노출치료를 받은 환자의 회복률은 38%인 반면, 인지치료를 받은 환자의 회복률은 약 78%였다.[24] 다른 무작위 배정 시험은 인지행동치료가 항우울제와 다른 몇몇 대안적 심리치료(대인관계치료와 정신 역동 심리치료 같은)보다 더 우수하다는 사실을 입증했다.[25]

## 왜 어떤 치료법은 다른 치료법보다 효과적인가

치료법은 저마다 차이가 있다. 그러나 상당 부분 공통점도 있다. 치료는 무엇보다 희망을 안겨주고, 친근한 사람과 함께 자신의 문제를 논의할 수 있는 안전하고 내밀한 환경을 제공한다. 미국 심리학자 칼 로저스가 말한 이러한 특성은, 대다수 치료법이 아무것도 하지 않는 것보다 나은 이유를 설명해준다. 다만 많은 질환에서 각각의 치료를 서로 구별하는 요인도 중요하다. 이들 요인은 같은 질환을 치료할 때 왜 어떤 치료법은 다른 치료법보다 더 효과가 좋은지 보여준다.

치료가 가정하는 기제에서도 중요한 차이를 찾아볼 수 있다. 예를 들어 공황장애를 치료하는 인지행동치료가 가정하는 주요 기제는 부정적 생각과 안전 추구 행동이다. 치료 목표는 이런 것을 바꾸는 데 있다. 그러면 인지행동치료가 실제로 그 기제를 바꾸는 데 성공했다는 것과 그것이 어떻게 가능한지 경험으로 보여줄 수 있을까?

이 질문에 답하려면 매개 요인 분석*이 필요하다. 인

---

* 특정 치료가 결과에 미치는 영향을 중재하는 변인을 식별하고 이해하려는 목적의 통계 방법(옮긴이 주).

지행동치료 연구에서 매개 요인 분석은 아직 걸음마 단계다. 하지만 일찌감치 발견한 것들은 일반적으로 치료가 기반하는 이론 모형과 일치한다. 가령 앞서 공황장애의 무작위 배정 시험에서 인지치료가 약물치료와 이완 훈련보다 공황 감소에 더 큰 효과를 보인 이유는 인지치료가 환자의 부정적 믿음과 안전 추구 행동에 더 큰 영향을 미쳤기 때문으로 볼 수 있다. 비슷하게 사회불안장애의 무작위 배정 시험에서 인지행동치료가 노출치료보다 불안을 더 크게 줄인 이유는 인지치료가 부정적 신념과 과도한 자기 집중, 안전 추구 행동 등에 더 큰 영향을 미쳤기 때문으로 설명할 수 있다.[26]

이 정도면 충분하다. 우리가 지금껏 인지행동치료에 초점을 맞춘 이유는 가장 널리 연구된 치료 형태라서다. 물론 다른 많은 치료도 있다. 일부는 우울증을 포함해 다른 여러 증상에서 동등한 효과를 증명했다. 이러한 치료는 환자에게 더 많은 선택지를 제공한다. 앞으로 점점 더 많은 연구가 심리 문제를 해결하는 보다 나은 치료법으로 이어지면서 틀림없이 차츰 더 중요한 위치를 차지할 것이다.

그렇다면 현재 권장하는 근거기반 치료법에는 어떤 것이 있을까?

## 10장

# 누구에게 어떤 치료가 효과적일까

"나는 종종 다시 태어난 기분이다."

– 개러스

어떤 치료법에 효과가 있는지 살펴볼 때 영국 국립보건임상연구소는 우리의 길잡이가 되어준다. 국립보건임상연구소는 전 세계 모든 기관 중 가장 엄격하게 그 근거를 검토한다. 장애마다 모든 학파의 임상의와 연구자로 구성된 위원회가 있으며 권장하는 치료에 동의한 서비스 사용자들도 두고 있다. 위원회의 통계학자들은 표준 기법을

**국립보건임상연구소가 권장하는 우울증, 불안장애, 섭식장애의 심리치료**

| 증상 | 기타 |
| --- | --- |
| 우울증: 중등도에서 고도 | • 인지행동치료 또는 대인관계치료. 각각 항우울제와 함께 |
| 우울증: 경도에서 중등도 | • 인지행동치료(개인 또는 집단)<br>• 대인관계치료<br>• 행동 활성화<br>• 행동 커플 치료 Behavioural couples therapy(BCT)<br>• 우울증 상담치료<br>• 단기 정신 역동 치료 |
| 공황장애 | 인지행동치료 |
| 사회불안장애 | • 인지행동치료<br>• 단기 정신 역동 치료 |
| 일반화한 불안장애 | 인지행동치료 |
| 강박장애 | 인지행동치료 |
| 외상 후 스트레스 장애 | 인지행동치료, EMDR* |
| 폭식증 | • 인지행동치료<br>• 대인관계치료 |
| 거식증 | • 입원 환자를 위한 체중 증가 프로그램<br>• 인지행동치료<br>• 대인관계치료<br>• 인지분석치료 |

* EMDR=안구운동 민감소실 및 재처리 요법 Eye Movement Desensitisation Reprocessing therapy(인지행동치료의 한 형태로 보는 경우가 많다).

사용해서 얻은 근거를 요약하는데, 이때 주로 메타 분석을 이용한다. 이들은 무작위 배정 시험에 우선순위를 두며 다른 형태의 근거도 사용한다. 그 근거를 기반으로 위원회는 권장하는 치료를 결정한다. 이 장에 등장하는 표 3개는 국립보건임상연구소가 정신 건강 문제를 경험하는 성인에게 권장하는 치료다.[1] 우리는 우울증에서 시작해 불안장애와 섭식장애 순으로 치료법을 다룰 것이다.

### 우울증과 치료법들

지금까지 살펴본 것처럼 우울증은 가장 흔한 정신 건강 문제 중 하나다. 우울증을 앓는 사람은 대체로 기분이 처져 있으며 더러는 에너지가 부족하다. 또한 일상에서 무언가에 집중하기 어렵고 흥미를 상실하며 잠을 잘 이루지 못한다. 나아가 자기 비판적이고 미래를 비관하며 자살 위험도 매우 높다.

최초의 우울삽화는 간혹 불행한 사건(실직, 실연, 사랑하는 대상의 사망)이나 만성스트레스(지속되는 재정상의 어려움, 직장 내 괴롭힘)로 촉발된다. 우울삽화는 단 몇 주 안에 끝날 수도 있지만 수개월간 이어질 수도 있다. 그동안 많은 사람이 치료 없이도 회복했다. 그러나 회복한 사람 중 60%는 어느 시점에 적어도 한 번은 추가로 우울삽화를 경험하며, 여러 번 경험하거나 만성우울 상태로 악화되기도 한다.[2] 개인이 경험하는 우울삽화 수가 증가함에 따라 아무런 촉발 사건 없이 또 다른 우울삽화가 '불현듯' 닥칠 가능성이 점점 커진다. 따라서 치료 목표는 회복을 촉진하고 **동시에** 다른 우울삽화의 등장 가능성을 줄이는 데 있다.

### 치료 촉진하기

우울삽화 치료는 심각도에 따라 다르다. 국립보건임상연구소는 모든 수준의 심각도에 2가지 심리치료, 즉 인지행동치료나 대인관계치료를 권장한다. 고도 우울증의 경우 이러한 심리치료와 함께 항우울제 복용을 권장한다. 경도에서 중등도 우울증은 심리치료만 단독으로 권장하며 약물치료는 권장하지 않는다.

우울증을 위한 **인지행동치료**는 우울증을 지속시키는 핵심적 2가지 요인, 그러니까 부정적 사고와 행동 방식에 초점을 둔다. 사람들은 치료자의 도움으로 왜곡된 사고('나는 실패자야', '다 망했어' 같은)를 발견하고 그 사고에서 빠져나오는 법을 배운다. 회피 행동을 식별하고 바꾸는 법도 배운다. 우울한 사람은 의기소침하고 불안하거나 절망적이기 때문에 이전에 즐겁고 의미 있다고 여기던 다양한 활동을 꺼리는 경향을 보인다. 이는 곧 그들의 기분을 좋아지게 하는 일이 거의 일어나지 않는다는 의미이기도 하다. 따라서 치료는 사람들이 더 활동적(행동 활성화 behavioural activation)으로 움직이도록 격려하고 문제를 해결하기 쉽게 작은 단위로 나누는 것을 돕는다. 치료할 때는 주로 현재에 초점을 맞추지만 고통스러운 과거 기억이 문제에 영향을 미치면 이를 함께 다룬다. 이 치료는 매우 실용적이고 분명하게 명시한 목표를 향해 나아가며 그 과정에서 사람들은 치료의 회기와 회기 사이에 '과제'를 부여받는다. 경도에서 중등도 우울증의 경우 집단 인지행동치료를 선택지 중 하나로 권장하지만 (놀랍게도) 개인 치료와 집단 치료를 비교한 임상 시험은 없었다.

우울증을 위한 **대인관계치료**는 우울증이 간혹 다른 사람과의 대인관계에서 생기는 어려움 탓에 발생한다는 생각에 기반한다. 반대로 우울증이 인간관계에 영향을 미칠 수도 있다. 치료는 인지행동치료와 마찬가지로 사람들에게 우울증 증상이 어떤 양상을 띠는지, 얼마나 흔한 질환인지, 진행 과정은 어떠한지 등 우울증에 관한 정보를 제공하면서 시작한다. 이어 관계의 종류(직장, 취미생활, 연인 관계, 가정생활)를 살펴보고 다른 사람과의 접촉이 그들의 기분과 어떻게 연결되어 있는지 이해하도록 돕는다. 현재 경험하는 관계의 어려움에서 다른 사람과의 갈등, 자신과 타인을 향한 느낌에 영향을 주는 삶의 변화, 비탄과 상실, 관계를 시작하고 유지하는 데서 겪는 어려움 등 다양한 유형을 발견할 수 있다. 사람들은 치료자와 함께 그들이 느끼는 관계의 어려움을 해결해줄 새로운 방법을 배우고 실제로 시도해볼 수 있다.

국립보건임상연구소는 고도를 제외한 경도와 중등도 우울증 치료를 위해 행동 활성화, 행동 커플 치료, 상담치료, 단기 역동 치료, 이렇게 4가지 치료를 추가로 권장하며 그 권장의 정도는 각각 다르다.

**행동 활성화**는 인지행동치료와 비슷한 점이 많지만 도움을 주지 않는 행동을 교정하고 더 활발하게 행동하도록 돕는 데 초점을 맞춘다.

우울증을 위한 **행동 커플 치료**는 우울한 사람에게 반려자가 있고 그 관계가 우울증에 영향을 준다고 느껴지는 경우 가능한 치료로 제안한다. 이 치료에서는 두 사람이 모두 함께 노력하길 원해야 한다. 만약 한 반려자가 우울증을 앓고 있다면 커플이 서로에게 미치는 영향을 이해하도록 돕는 데 초점을 둔다. 이때 서로를 더 지지하고 서로에게 만족하도록 소통하고 행동하는 방식을 바꾸는 실험을 함께 진행한다.

**상담치료**는 심리치료에서 오랜 전통을 자랑하며 다양한 접근법을 아우른다. 연구 결과에 따르면 치료자가 내담자에게 지시를 하기보다 치료방법을 협력해 탐색해나갈 때 가장 효과적인 상담이 이루어진다고 한다. 이때 치료자는 사람들이 여러 문제를 어떻게 느끼고 생각하는지 탐색하기 위해 그들과 따뜻하면서도 지지하는 관계를 맺으며 주로 현재 문제에 초점을 맞춘다. 칼 로저스와 다른 학자들이 주장한 것처럼 치료자는 사람들이 특정 상황에서 어떤 행동을 해야 하는지 지시하지 않도록 노력해야 한다. 동시에 그들이 자기 경험을 이해하고 자신과 자신을 둘러싼 세계를 바라보는 새로운 방식을 탐색하도록 돕는 것을 목표로 삼아야 한다.

**단기 역동 치료**는 프로이트와 다른 학자들이 개발한 정신 역동 이론에 기초하며 더 짧고 더 구조화된 다른 치료의 영향도 받았다. 사람들이 고통을 느끼는 감정과 생각을 다루는 데 초점을 둔다는 점에서 다른 치료와 비슷한 면이 있지만, 현재 문제가 이전의 관계나 다른 어려움과 어떻게 연결되어 있는지 이해하도록 돕는 것을 훨씬 더 강조한다. 이는 고통스러운 주제를 피하려는 이전 시도가 자신을 괴롭히는 것이 무엇인지 온전히 인식하지 못하게 할 수 있다고 가정하기 때문이다. 단기 역동 치료는 인지행동치료보다 덜 지시적이다. 사람들은 현재와 과거 사건에 관한 감정을 탐색하고 고통의 근본 이유가 무엇인지 더 의식하도록 독려받는다. 치료자는 현재와 과거 사건 사이의 뚜렷한 관계성을 언급함으로써 사람들이 되새김질하는 부정적인 생각과 자기파괴적 행위를 인식하고 이를 바꾸도록 동기를 부여한다. 한 사람의 인생에 발생한 일부 갈등은 치료자와의 관계에도 반영되며 이는 변화를 위한 매개물로 사용할 수 있다. 치료자는 가능한 한 자신의 정보를 드러내지 않고 중립적 자세를 취하려 노력한다. 이는 한 사람의 과거와 현재에 중요한 관계가 내담자와 치료자 사이의 관계에도 효과적으로 반영될 가능성을 높이기 위한 것이다. 정서를 다루는 특정 기법(사고 기록지 작성, 문제 해결 등)과 문제 해결 학습은 인지행동치료에 비해 훨씬 덜 강조하는 편이다.

### 우울증 재발 위험 감소

2가지 심리치료가 우울삽화의 재발 위험을 줄이는 것으로 나타났다. 국립보건임상연구소가 권장하는 심리치료로, 인지행동치료와 마음챙김 기반 인지치료Mindfulness-based cognitive therapy가 그것이다.

우리가 8장에서 살펴본 것처럼 급성 우울삽화로 인지행동치료를 받은 사람은 항우울제 치료를 받은 사람보다 향후 2년 동안 새로운 삽화를 경험할 가능성이 50% 더 적다. 인지행동치료가 장기적으로 더 효과적인 이유는 무엇일까? 밴더빌트대학교 심리학자 스티븐 홀론은 인지행동치료가 사람들에게 자기 자신과 고통스러운 생활 사건의 의미를 다르게 바라보는 방법을 가르쳐주기 때문이라는 점을 밝혀냈다.[3] 특히 인지행동치료는 우울한 사람이 삶의 좌절을 자기 잘못과 성격 문제로 보는 경향을 줄여주는 데 명상보다 더 효과적이다. 급성 우울증에 권장하는 일부 다른 심리치료도 비슷하게 장기적인 효과가 있을지 모르지만, 아직 근거가 빈약하다.

인지행동치료는 간혹 항우울제로 우울증에서 막 회복한 환자에게 (재발 방지를 위한) 예방 차원에서 실시되기도 한다. 226쪽 도표에 나타난 것처럼 그 결과는 주목할 만하

며 예방 효과는 꽤 오래 지속되는 것으로 보인다.[4]

**마음챙김 기반 인지치료**는 약물로 우울증을 치료받은 사람들의 재발 위험을 줄이는 데 적용할 수 있는 또 하나의 흥미로운 발전이다. 이 치료는 이전에 세 번 이상 우울삽화를 경험한 사람들에게 권장한다. 우울 증상이 없는 상태에서 마음챙김 기반 집단 인지치료 과정에 참여하면 정서적 어려움을 다루는 기법을 익히고, 새로운 우울삽화 가능성을 절반 가까이 줄일 수 있다. 사람들은 마음챙김 기반 인지치료를 통해 기분 저하와 관련된 신체 감각, 생각, 느

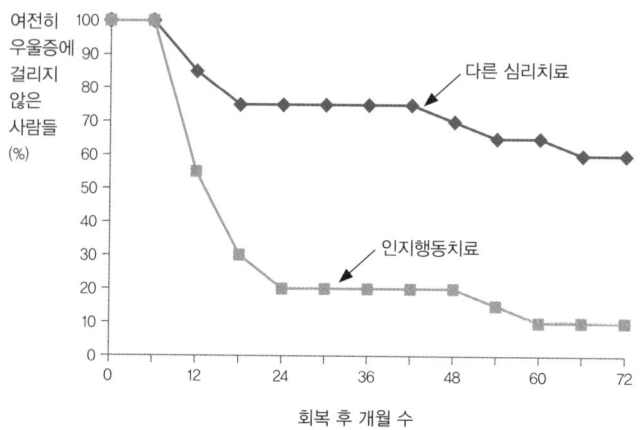

**집단 인지행동치료를 받으면
우울증에서 회복한 환자의 재발 가능성이 낮아진다**

낌 등을 더 잘 알아차리는 법을 알게 된다. 또한 그 생각과 감정을 수용하되 덜 감정적으로, 더 건강하게 반응하는 방법을 익힌다. 예를 들면 '생각이 곧 사실은 아니다'라는 점과 어려움에 압도당하지 않고 그것을 받아들일 수 있음을 배운다. 마음챙김 기반 명상을 매일 수행하는 것은 강력한 권장 사항이다.[5]

### 불안장애의 치료

인지행동치료는 모든 유형의 불안장애에 효과적이라 국립보건임상연구소가 강력히 권장한다. 대다수 불안장애에서 인지행동치료는, 치료자와의 접촉 횟수도 비슷하고 언뜻 그럴듯해 보이는 다른 심리치료보다 훨씬 효과적인 것으로 나타났다.[6] 따라서 우리는 일부 효과가 '따뜻하고 지지하며 격려하는 치료자'처럼 심리치료의 포괄적 특징보다 각 인지행동치료의 구체적 절차 덕분이라고 확신한다. 앞 장에서 살펴보았듯 인지행동치료는 모든 불안장애에서 사람들이 두려워하는 것이 무엇인지 식별하고 부정적 신념을 행동으로 시험하도록 돕는다. 행동 실험은 치료에서 매우 중요한 부분이다. 이처럼 인지행동치료는 모든 불안장애에 효과적이지만, 치료 자체가 이미 상당히 전문화되어 특정 불안장애에 사용하는 기법을 다른 불안장애를 치료할 때는 사용하지 않는다.

**공황장애**는 반복적이고 예상할 수 없는 공황 발작과 미래에 있을지도 모르는 발작에 따른 끊임없는 두려움이라는 특징을 보인다. 앞서 치료에 임하는 인지행동식 접근을 개략적으로 언급했다. 그리고 60~80%의 사람이 공황 발작에서 벗어났음을 보여주는 무작위 배정 시험으로 인지행동치료가 단기간에 효과를 낸다는 근거도 보여주었다.[7] 치료 효과는 통상 1년 정도 지난 뒤 추적 관찰했을 때도 계속 이어졌다. 우울증과 마찬가지로 인지행동치료를 받은 사람은 약물치료를 받은 사람에 비해 재발 우려가 상당히 낮았다.[8] 이처럼 다른 심리치료에 비해 그 효과가 월등하게 오래 유지되는 이유는, 치료로 사고를 보다 근본적인 차원에서 변화시키는 것과 관련이 있다.[9]

**사회불안장애**의 증상에는 사회적 상호작용이나 연설처럼 다른 사람 앞에서 수행하는 일에 보이는 현저한 두려움이 포함되어 있다. 이런 증상이 있는 사람은 자신을 수치스럽거나 부끄럽게 만들 말과 행동을 할까 봐 두려워한다. 우리는 앞 장에서 이 상태를 치료하기 위한 인지행동식 접근을 설명했다. 최근까지 사회불안장애가 있는 사람은 주로 집단 인지행동치료를 받았다. 집단 치료는 비슷한 문제를 겪는 다른 사람이 많이 존재하고 있음을 알게 된다는 이점이 있지만, 최신 연구는 개인 인지행동치료가 더 효과적이라는 근거를 보여준다. 이에 따라 국립보건임상연구소는 개인 인지행동치료를 가장 강력하게 권장한다.[10] 통제된 시험들은 이것이 여러 대안적 심리치료(대인관계치료, 노출치료, 정신 역동 심리치료 등)보다 효과가 우수하다는 점을 보여주었다.[11] 60~80%의 사람이 회복했으며 추적 결과 치료 효과는 최대 5년 뒤에도 잘 유지하는 것으로 나타났다.[12] 비록 인지행동치료보다 덜 효과적이지만 단기 정신 역동 심리치료도 도움을 준다는 일부 근거가 있다.[13] 국립보건임상연구소는 인지행동치료에서 반응이 좋지 않은 환자와 약물치료를 꺼리는 사람들에게 고려해볼 대안으로 단기 정신 역동 심리치료를 권장한다.

**특정 공포증**은 특정한 대상이나 상황(가령 높은 곳, 비행, 동물, 주사 맞기, 혈액을 보는 것)에 보이는 현저한 공포와 관련이 있다. 이 경우 인지행동치료는 두려움이나 공포를 느끼게 하는 자신의 신념을 식별하고 시험하면서, 두려운 상황에 반복 노출되는 과정을 핵심으로 포함한다. 혈액-부상 공포증의 경우 '응용 긴장applied tension' 기법이 가장 효과적이다. 이 기법은 혈액이나 부상당한 모습에 노출되는 것과 특정 공포증에만 독특하게 나타나는 혈압 강하를 방지하는 대처 기술 훈련을 결합한 형태다.[14]

**강박장애**는 사람들이 '바로잡거나' 무효화하려 애쓰는 고통스러운 사고 혹은 심상과 관련이 있다. 어떤 사람은 자신이 만지는 대상이 오염되었을지도 모른다는 생각에 반복해서 청소하거나 몸을 씻는다. 또 어떤 사람은 자신이 어떤 행동(가스를 잠그거나 전깃불을 끄는 것)을 하지 않았거나 실수로 해를 끼쳤을까 봐(누군가를 차로 치는 것 같은) 걱정하며 그런 일이 벌어지지 않았는지 반복해서 확인한다. 어떤 것(악마)을 생각한 뒤 이를 다른 생각(신을 떠올리기)으로 무효화해야 한다고 느끼는 사람도 있다. 인지행동식 접근의 핵심 요소는 사람들에게 고통스러운 침습적 사고를 유발하는 것('오염된' 손잡이 만지기 같은)과 접촉하도록 격려하면서 '바로잡는 행동'을 하지 않도록 만드는 것을 포함한다. 연습하다 보면 고통이 현저히 줄어드는데, 특히 자신이 두려워하는 생각을 재검토하는 다른 방법과 결합할 때 효과가 좋다.

**범불안장애**는 과도한 걱정이 특징이다. 이 증상을 경험하는 사람은 삶의 여러 요소(재정, 인간관계, 일, 건강 등)를 걱정하며, 그 걱정을 통제할 수 없다고 느낀다. 인지행동치료는 사람들이 걱정을 통제하고 걱정이 삶 속에 파고드는 것을 막도록 돕는 데 초점을 두고 다양한 기법을 사용한다. 치료 과정에서는 걱정을 조장하는 문제의 신념('내가 걱정하면 그 일은 일어나지 않을 것이다')을 확인하고 해결하며 걱정의 기저에 있는 근본적인 두려움을 논의한다. 하루 중 정해진 시간에만 걱정하도록 제한하는 기법을 배우기도 한다.

범불안장애가 있는 사람은 기존의 통상적 서비스로 상담치료를 받은 경우가 종종 있다. 이는 국립보건임상연구소가 권장하는 접근 방식이 아니다. 임상 현장을 감사한 결과, 일반적인 상담치료보다 인지행동치료를 받는 사람들의 회복률이 더 높은 것으로 밝혀졌다.[15]

**외상 후 스트레스 장애**는 흔히 교통사고, 신체 폭행과 성폭행, 끔찍한 사건 목격 같은 심각한 정신적 외상 사건이 초래한다. 이 장애가 있는 사람은 정신적 외상 사건의 기억에 사로잡혀 이를 상기하는 것을 피하려 애쓰면서 각성 수준이 높아진다. 수면 장애도 자주 겪는다. 이러한 증상은 대개 어떤 치료를 하지 않아도 정신적 외상 사건 이후 첫 몇 달 안에 줄어든다. 그러나 어떤 사람은 회복하지 못한다. 누군가의 회복을 가장 잘 예측하는 인자는 기억과 신념, 행동인데 이런 것은 바꿀 수 있다.[16] 트라우마에 초점을 맞춘 인지행동치료는 이 과정을 목표로 하며 매우 효과적이라 약 70%가 회복한다. 그리고 1년 정도 지난 뒤에도 회복 상태를 유지한다.

치료의 주요 목표는 사람들이 정신적 외상 사건의 기억을 잘 처리하도록 도와 정서적으로 안정되고 침습적 사고를 덜 경험하게 하는 데 있다. 이는 트라우마를 서술적으로 기록하거나 안전한 환경에서 상상으로 트라우마 사건의 특정 측면을 완화함으로써 일부 달성할 수 있다. 또한 치료는 사람들이 자신에 관해 스스로 키웠을 수 있는 도움이 안 되는 신념('다 내 탓이다')이나 증상('기억을 통제할 수 없으니 나는 미치고 말 것이다')에 초점을 두기도 한다. 트라우마를 겪은 사람은 종종 삶이 멈춘다. 따라서 치료는 사람들이 의미와 목적이 있는 것에 다시 관심을 기울이고 '삶을 되찾도록' 돕는 역할도 한다.

앞서 확인했듯 과거에는 정신적 외상 사건 후 하루나 이틀 만에 심리적 재진술을 받는 것이 흔했다. 그러나 관련 연구들은 그처럼 이른 개입이 자연 회복을 늦출 수 있어 도움이 안 된다는 점을 보여준다.[17] 이에 따라 국립보건임상연구소는 이를 권장하지 않는다. 대신 주의 깊은 관찰을 권장하며 트라우마 사건 이후 증상이 두세 달 지속되는 사람에게만 정식 치료를 권한다.

### 섭식장애의 치료

섭식장애는 삶을 무너뜨릴 수 있다. 이 장애는 건강과 삶의 질을 떨어뜨리는 식사 방식으로 인한 심각한 장애를 수반한다. 폭식증이 있는 사람은 과도한 양을 먹는(폭식) 행동과 이를 보상하기 위한 노력(구토, 설사제를 이용한 배설, 과도한 운동 등)을 번갈아 가며 한다. 이들은 자신의 가치를 외형과 몸무게에 두고 이를 지나치게 인식한다. 거식증을 앓는 사람은 음식 섭취를 극단적으로 제한하며 생명이 위험할 정도로 심각한 저체중을 보인다. 이들은 체중 증가에 맹렬한 공포를 드러내면서 자신의 신체나 신체의 일부가 실제보다 더 살쪘다고 생각하는 경향이 있다.

**폭식증**의 경우 국립보건임상연구소는 전문화한 인지행동치료를 최우선으로 권장한다.[18] 실제로 인지행동치료는 무작위 배정 시험을 통해, 그럴듯해 보이는 다른 몇몇 심리치료보다 우수한 것으로 나타났으며 효과도 구체적이었다.[19] 치료받은 사람 중 약 50%가 완전히 회복했고 그 외의 다른 많은 사람도 상당한 개선을 보였는데, 이 개선은 1년 정도의 추적 조사 결과 대체로 유지되는 것으로 나타났다. 치료는 사람들이 더 규칙적인 식습관을 형성하고 음식, 체중, 신체 이미지, 자기 가치에 관한 역기능적 신념을 바꾸도록 돕는 데 초점을 둔다. 폭식증 환자 중 인지행동치료에 잘 반응하지 않는 사람이나 대안치료를 원하는 사람에게는 대인관계치료를 권장하지만, 내담자는 치료 성과를 보기까지 더 오래(8~12개월) 걸린다는 안내를 받는다. 이는 인지행동치료의 2배에 달하는 기간이다.[20]

현재 **거식증**을 위한 최적의 심리치료는 명확하지 않다. 개인의 몸무게가 위험할 정도로 저체중이면 도움을 받기 위해 병원에 가야 한다. 국립보건임상연구소는 다양한 심리치료를 단독으로 제공하거나 입원 중 체중 증가 프로그램과 함께 제안할 것을 권장한다. 그러나 현재 거식증의 치료 성과는 폭식증만큼 확실하지 않다.

### 심리치료와 약물치료 병행하기

여러 불안장애와 우울증, 폭식증에 약물치료(주로 항우울제)가 도움을 준다는 타당한 근거가 있다. 그러면 심리치료와 약물치료를 병행하면 어떨까? 함께 훨씬 더 좋은 효과를 낼까? 아니면 서로 방해할까? 그 답은 간단하지 않다.

중등도에서 고도 우울증의 경우, 인지행동치료와 항우울제 조합이 회복률을 높이는 듯하다. 우울증 재발률을 떨어뜨리는 인지행동치료 효과도 줄어들지 않는다. 반면 일부 불안장애에서는 약물치료를 동시에 진행하는 것이 심리치료의 장기적인 효과를 경감할 수 있다. 보스턴대학교 데이비드 발로는 공황장애 치료에 성공한 사람들을 치료 완료 시점부터 2년간 추적 조사했다.[21] 그 결과 인지행동치료로 회복한 사람은 항우울제로 회복한 사람에 비해 재발률이 매우 낮았다.

안타깝게도 위약이 아닌 이상 인지행동치료와 약물치료를 결합해서 치료받은 사람은 약물치료만 받은 사람과 차이가 없었다. 항우울제의 활성 화학 성분이 어떤 방식으로든 장기적인 임상 개선 안정성을 방해하는 것 같다. 폭식증에서도 약물치료와의 조합은 인지행동치료를 단독으

로 시행할 때보다 더 나은 결과를 내지 않았다.[22]

### 치료를 제공하는 새로운 방식

**전통적인 심리치료**는 우울증과 불안장애를 치료하기 위한 전통적인 심리치료는 매주 1시간 정도 회기로 진행하며 그 과정은 몇 달간 이어진다. 이처럼 수고롭게 상당한 시간을 투자해야 하는 까닭에 일을 병행하기 어려울 수 있으며 회복 기간 역시 몇 달이 걸린다. 최근 연구자들은 빠른 회복 기간과 개인이 참석하는 치료 횟수를 줄이는 것 중 둘 다 충족하거나 적어도 하나를 충족하는 치료 방식을 연구하고 있다.

한 가지 흥미로운 개발 사례는 앙케 엘러스와 동료들이 개발한 것으로 외상 후 스트레스 장애에 진행한 인지행동치료다. 외상 후 스트레스 장애를 위한 전통적인 인지행동치료는 매주 1회 14주에 걸쳐 진행되기 때문에 3~4개월 이상이 걸리는 것이 보통이었다. 엘러스는 그 치료를 매일 진행하되 몰아서 단 한 주 동안 진행했을 때도 똑같이 효과적이라는 사실을 발견했다.[23] 결국 전통적인 방식의 치료법보다 훨씬 짧은 시간에 회복할 수 있다는 의미다.

또 다른 중요한 발전은 자율적 학습 방식의 과학적 향상이다. 사람들은 심리치료를 받는 동안 정서와 생각, 행동을 다루는 방식을 많이 배운다. 그렇지만 우리는 삶의 영역에서 보통 대화보다 독서로 배운다. 여기에서 착안해 몇몇 자율적 학습용 인지행동치료를 개발했다. 사람들은 치료 회기와 회기 사이에 읽도록 자율적 학습용 자료를 받는다. 공황장애와 사회불안장애 모두 자율적 학습 모듈로 치료 시간당 개선 효과를 2배로 만들 수 있다.[24] 이로써 치료사를 방문해야 하는 횟수는 줄어든다.

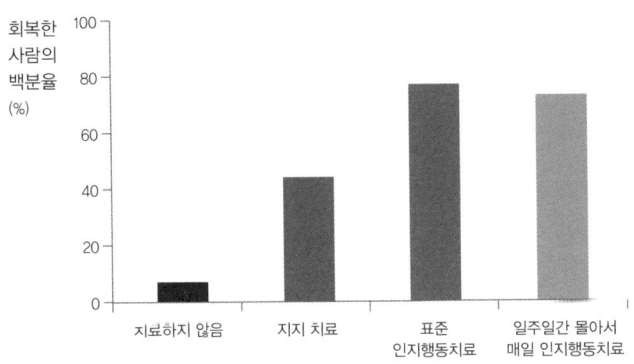

### 저강도 치료와 단계적 관리

자율적 학습 자료를 읽고 회복을 위한 치료 회기 횟수를 극적으로 줄일 수 있다면 어떤 사람은 온전히 자율적 학습에 기반한 치료만으로도 효과를 볼 수 있을지 모른다. 최근 무수한 무작위 배정 시험은 그것이 가능하다는 것을 보여주고 있다. 치료 내용을 대부분 책이나 컴퓨터 프로그램으로 전달하는 자가치료self-help형 인지행동치료는 경도에서 중등도의 우울증과 폭식증 그리고 다는 아니지만 많은 불안장애에서 상당한 이점을 제공하는 것으로 나타났다.[25] 일부는 순전히 자가치료만으로도 효과를 얻었으나 대개는 '안내받은 자가치료'에서 치료 성공률이 더 높았다. 보건 전문가는 통상 규칙적으로 짧게 안내를 제공하는데 직접 대면하는 대신 전화하거나 이메일 또는 문자를 보낼 수 있고, 이메일과 문자를 모두 활용할 수도 있다.

안내를 제공하는 자가치료는 경도에서 중등도의 우울증과 폭식증 그리고 일부 불안장애(사회불안장애와 외상 후 스트레스 장애를 제외한) 치료를 위한 첫 단계다. 국립보건임상연구소는 이들을 위해 '단계적 관리' 체계를 권장하며 사람들은 239쪽 표에 제시한 저강도 치료를 제공받는다. 몇 주 후 반응이 없는 경우에 한해 고강도 치료로 전환한다.

이 접근법은 한정된 자원으로 성공적 심리치료를 극대화하는 방법으로 밝혀졌다.[26] 다만 적절하게 사용해야 한다. 특히 저강도 개입에 효과가 없는 사람에게 제공해서는 안 된다. 저강도 치료에서 회복에 실패하면 신속히 고

**국립보건임상연구소가 권장하는 우울증, 불안장애, 섭식장애를 위한 저강도 심리치료**

| 증상 | 치료 |
| --- | --- |
| 우울증 | 인지행동치료에 기반해 안내를 제공하는 자가치료, 구조화된 신체 활동. |
| 공황장애 | 인지행동치료에 기반해 안내를 제공하는 자가치료. |
| 사회 공포증 | • 인지행동치료에 기반해 안내를 제공하는 자가치료를 우선적으로 권장하지 않는다.<br>• 환자가 대면 인지행동치료는 거부해도 심리치료를 시도하는 것에는 여전히 관심이 있을 때만 고려할 것. |
| 범불안장애 | 인지행동치료에 기반한 자가치료, 심리 교육 집단. |
| 강박장애 | 인지행동치료에 기반한 안내를 제공하는 자가치료. |
| 외상 후 스트레스 장애 | 권장하는 저강도 치료 없음 – 관찰 대기만 권장. |
| 폭식증 | 인지행동치료에 기반한 자가치료. |

강도 치료로 전환하도록 체계적으로 관리해야 한다. 그렇게 하지 않으면 심리치료 서비스의 성과는 대체로 저조할 것이다.[27]

우울증과 불안장애, 섭식장애 치료는 충분히 논의했으므로 이제 다른 3가지 정신질환을 다뤄보고자 한다.

### 조현병의 치료

조현병은 인구의 0.5~1%가 영향을 받는 상대적으로 드문 질환이지만 삶에 파괴적 영향을 미칠 수 있다. 이 병을 진단받은 사람은 다양한 증상을 경험하는 까닭에 단일 질병으로 봐야 하는지, 질병의 조합으로 보는 것이 나은지에 관해 여전히 논쟁이 있다. 증상은 전통적으로 양성 증상(환각과 망상적 믿음 같은)과 음성 증상(무감각, 와해한 사고 패턴, 감퇴한 정서 표현 등)으로 나뉜다. 조현병을 앓는 사람은 대부분 항정신증 약물을 제공받으며 이는 증상을 줄이는 데 도움을 준다. 그러나 많은 사람이 약물 부작용을 견디기 힘들어하며 꾸준히 복용하지 않아 드물지 않게 증상이 재발한다. 관련 연구는 조현병 치료를 위해 특별히 개발한 인지행동치료가 증상의 급성 발작 기간에 양성 증상

과 음성 증상 모두를 다루는 데 유익한 영향을 줄 수 있음을 보여준다.[28]

급성 발작 삽화를 제외하면 많은 조현병 환자가 도움을 받아 정상적인 삶을 이어갈 수 있다. 영국 심리학자 조지 브라운은 개개인의 가정환경이 스트레스를 대면한 상황에서 재발 여부에 큰 영향을 미친다는 사실을 발견했다. 비판적 언사를 일삼거나 과도하게 감정적인(전문 용어로 고도의 '표출 감정expressed emotion(EE)' 혹은 고도의 EE) 사람들과 함께 사는 사람은 덜 비판적이거나 덜 감정적인 가정('낮은 EE')에서 사는 사람보다 재발 가능성이 더 크다.[29] 줄리언 레프와 그 동료들의 기념비적 연구는 과도하게 감정적인 가족이 덜 감정적으로 바뀌도록 교육하는 것이 가능하며 이로써 조현병 재발 가능성을 낮출 수 있음을 보여주었다.[30]

심리치료가 조현병에 미치는 영향은 우울증이나 불안장애에 미치는 것에 비해 상대적으로 작다. 하지만 여전히 가치 있는 결과를 내기 때문에 국립보건임상연구소는 조현병을 앓는 모든 사람에게 근거기반 심리치료를 제공하라고 권고한다. 한편 조현병 관련 심리치료 연구는 매우 활발하게 이뤄지고 있으며 계속 발전할 것으로 기대한다.

### 국립보건임상연구소가 권장하는 다른 증상을 위한 심리치료

| 증상 | | 치료 |
|---|---|---|
| 조현병 | | • 인지행동치료<br>• 가족치료 |
| 성격<br>장애 | 경계선 | • 심리 도식 치료Schema-focussed cognitive therapy*<br>• 정신화Mentalisation*<br>• 변증법적 행동치료Dialectical behaviour therapy* |
| | 반사회적 | 집단 기반 인지행동치료 |
| 알코올의존 | | • 동기 부여 면담<br>• 행동 커플 치료<br>• 인지행동치료 |
| 약물의존 | | • 동기 부여 면담<br>• 유관성 관리Contingency management<br>• 행동 커플 치료<br>• 기타 문제를 위한 근거기반 심리치료 |

* 적어도 한 번의 무작위 배정 시험에서 표준 치료나 다른 개입보다 우수한 것으로 나타났지만, 아직 국립보건임상연구소가 특별히 권장하지는 않는 치료.

특히 전망이 좋은 접근 방법은 개인 증상(환각이나 망상)과 그 밑에 깔린 심리 기제에 초점을 맞춘다.

**성격장애도 치료가 가능할까**

'성격장애'라는 용어는 논란이 많다. 가끔 멸시하는 느낌으로 사용하는데 이는 잘못된 것이다. 정확한 정의는 아동기까지 거슬러 올라갈 만큼 오래 이어진 지속적인 사고와 행동 방식이며, 자신과 다른 사람에게 상당한 고통을 유발하는 성격 특성이다. 2가지 성격장애, 즉 경계선 성격장애와 반사회적 성격장애가 심리치료 연구 측면에서 관심을 가장 많이 받고 있으며 현재 어느 정도 도움을 줄 수 있는 치료가 존재한다.

**경계선 성격장애**는 불안정한 대인관계, 기분, 자신에 관한 감정이라는 특징을 보이며 충동적 행동을 강하게 드러낸다. 자해 같은 자기파괴적 행동도 일부 포함한다. 현재 국립보건임상연구소는 구체적으로 하나의 치료법을 권장하지 않고 있는데, 이는 특정 접근법을 선택할 만큼 충분한 무작위 배정 시험이 이뤄지지 않은 탓이다. 치료로 효과를 보려면 꽤 장기적인(최소 1년 이상) 접근이 필요하며 치료자는 환자와 강한 지지 관계를 형성해 버림받을지도 모른다는 환자의 두려움을 강화하지 않도록 행동해야 한다. 적은 수의 무작위 대조 시험에서 효과가 있다고 밝혀진 치료는 3가지다. 앞으로 더 많은 연구를 축적하면 점점 더 강하게 권장이 이뤄질 것으로 기대한다. **심리 도식 치료**는 인지행동치료의 여러 기법에 재양육과 초기 트라우마 기억을 다루는 것을 추가로 포함한다. 한 연구에서는 심리 도식 치료와 마찬가지로 타당해 보이는 정신 역동 치료를 비교했다.[31] 두 치료 모두 3년 이상 진행했는데 심리 도식 치료를 받은 사람은 46%가, 정신 역동 치료를 받은 사람은 24%가 회복했다. **정신화**는 자신과 다른 사람의 정신 상태를 이해하는 능력을 개선하는 것이 목표인 정신 역동 치료의 한 형태로, 관계와 정서를 보다 안정적으로 만들고자 한다. 이는 병원 입원, 자해, 자살 시도 등을 줄이는 측면에서 표준 임상치료보다 우수한 것으로 나타났다.[32] **변증법적 행동치료**는 또 다른 유형의 인지행동치료로, 고통을 참아내는 인내심을 기르는 것뿐 아니라 대인관계와 정서 조절 기술을 개선하도록 돕는 데 초점을 둔다. 이 치료는 자살 시도와 자해를 줄이는 데 효과가 있는 것으로 나타났다.[33]

**반사회적 성격장애**는 대체로 다른 사람의 권리를 무시하고 침해하는 행동 양식이 주요 특징이다. 반사회적 성격장애를 치료하는 연구는 훨씬 적으며 대부분 범죄를 저지르고 교도소에 있는 사람에게 초점을 두고 있다. 집단 기반 인지행동치료는 재범률을 줄이는 데 효과적이라는 것이 밝혀졌으며 국립보건임상연구소는 이를 권장하고 있다.

## 알코올과 약물 중독의 치료

### 알코올의존

알코올에 심하게 의존하는 사람을 치료할 때는 금주 기간을 정하도록 돕는 것을 가장 우선시한다. 그러나 그들이 금주 기간을 유지하면서 관련 문제에 대처하려면 꽤 이른 시점부터 심리치료(주로 인지행동치료에 기반한)를 병행할 필요가 있다.

금주에 따른 금단 증상을 견디기 위해서는 가장 심한 경우 입원 치료해야 한다. 물론 이런 경우는 소수이고 대개는 공동체 안에서 치료받는다. 가장 이상적인 목표는 완전한 금주이며 이를 위해 벤조디아제핀(금단 증상을 줄이기 위해)과 아캄프로세이트 또는 날트렉손(재발 위험을 줄이기 위해)을 사용한다. 그런데 이 처치를 받는 사람의 겨우 3분의 1만 1년 뒤에도 금주 상태를 유지한다.[34] 추가로 30%는 상태를 약간 개선한다. 이는 치료에서 알코올 금단 프로그램과 심리치료를 병행하는 것이 매우 중요하다는 점을 시사한다. 국립보건임상연구소는 3가지 접근법을 권장한다.[35] 그중 하나가 동기 부여 면담인데 이것은 개인이 자기 삶에 변화를 일으키도록 동기를 높이는 개입이다. 그다음은 행동 커플 치료로 한 개인의 알코올의존증을 극복하기 위해 커플이 함께 노력하는 방법이다. 마지막은 음주 자체와 그 밑에 깔린 심리 문제 모두에 초점을 두는 인지행동치료다.

이들 치료법과 전혀 다르게 접근하는 방법으로 '익명의 알코올중독자 모임 Alcoholics Anonymous(AA)'이 있다. 이 모임은 집단 내 다른 구성원의 도움에 의지하는 방식을 택한다(상호 원조). 매주 만나는 모임에서 구성원은 자신을 소개하며 자신이 알코올 통제력이 없는 알코올의존증 환자임을 받아들인다. 새 구성원은 12단계로 이뤄진 프로그램에 참여하면서 자신과 다른 사람에게 끼칠 수 있는 해로움과 완전한 금주의 필요성을 인식한다. 그리고 자신이 통제력을 상실했음을 인정하고 그 역할을 '능력자 higher power'*에 넘긴다. 이 프로그램은 엄격한 임상 시험을 거치

---

*  종교와 관련이 없으며 사람마다 자신이 믿는 신 혹은 믿을만한 권위자일 수 있다(옮긴이 주).

지 않았으나 프로그램은 놀라울 정도의 성공률을 보이고 있다.

### 약물의존

약물의존 치료는 알코올의존 치료와 비슷하다. 첫 단계는 사생활에 질서를 만드는 일이다. 헤로인 같은 약물은 매우 비싸서 의존성이 생기면 자금을 구하기 위해 절도까지 할 수 있다. 헤로인 중독자를 안정시키는 첫 단계는 그들이 요구하는 쾌감을 무료로 제공하는 것이다. 스위스와 독일은 상태가 최악인 길거리 중독자를 위해 심리-사회적 지원과 연계된 광범위한 치료소를 운영한다. 이 치료소에서는 필요에 따라 초기에 무료 헤로인 주사를 제공하고 이후 메타돈이나 부프레노르핀을 제공한다.[36] 영국은 무료 헤로인을 시범 운영하고 있는데,[37] 국립보건임상연구소가 권장하는 표준 치료는 메타돈이나 부프레노르핀이다.

궁극적 목표는 마약을 완전히 끊는 것이며 이를 돕는 것이 (약물 갈망을 줄여주는) 날트렉손이다. 성과가 가장 좋은 거주형 치료소는 1년 후 성공률이 40%에 이른다. 그러나 다시 강조하지만 일단 약을 통제하고 나면 치료의 표준 구성 요소는 심리치료여야 한다. 심리치료는 3가지 형태로 이뤄진다. 유관성 관리contingency management*는 마약 복용을 줄이고 서비스에 참여하는 것을 장려하고자 사용한다. 약물 사용자에게 약물을 사용하지 않는 파트너가 있을 경우, 행동 커플 치료는 커플이 함께 마약 문제를 극복하도록 힘을 보태는 방식으로 도움을 줄 수 있다. 우울증, 불안장애 그리고 다른 상태는 물론 기저에 깔린 정신 건강 문제를 발견하면 각 증상에 맞는 적절한 근거기반 심리치료도 제공한다.[38]

안타깝게도 마약중독자는 치료 시기가 매우 늦은 경우가 많다. 여기에는 마약 사용이 불법인 것도 한몫한다. 이러한 현실은 마약 중독을 적절히 치료하는 것을 불가능하게 만든다. 도움을 구하는 것 자체가 범죄를 인정하는 꼴이라 사람들이 도움을 구하길 꺼리는 탓이다. 더구나 체포되면 범죄 기록이 남는데 이는 정신 건강을 향한 핵심 단계인 구직 활동을 훨씬 더 어렵게 만든다.[39]

그러므로 약물 사용을 기소 대상에서 제외하는 것은

---

* 유관성이란 행동과 그 행동을 했을 때 따르는 결과 사이의 관계를 의미한다. 유관성 관리란 적응적인 행동을 했을 때 구체적인 보상을 해줌으로써 그 행동을 촉진시키고, 문제 행동을 일으켰을 때 보상을 제공하지 않거나 제거함으로써 그 행동을 줄이는 것이다(옮긴이 주).

매우 중요하다. 2001년 포르투갈은 이런 정책을 시행했다. 그 나라에서는 마약 단속에 걸릴 경우, 중독자를 민사재판소로 보내고 그곳에서 치료를 의뢰한다.[40] 그 결과 헤로인을 맞는 사람이 절반으로 줄었고 이웃 나라인 스페인에 비해 약물 사용이 전반적으로 증가하지 않았다. 다른 나라들도 포르투갈과, 역시 약물 사용을 비범죄화한 체코 사례에서 참고할 만한 점이 있지 않을까 싶다. 물론 위험한 약물 판매를 합법화하자는 말이 아니다. 다만 적절한 제품 표기와 정보 제공, 제품 테스트에 기반해 덜 위험한 약물인 대마초와 엑스터시를 제한적으로 공급하는 것은 합리적인 일이라고 본다. 이 정책은 덜 위험한 약물을 유통하는 시장을 헤로인이나 코카인과 분리하고, 약의 쾌감을 찾는 사람들이 가능한 한 가장 위험하지 않은 방법으로 이를 얻도록 독려할 것이다.[41]

**단 하나의 치료법은 없다**

비록 효과적인 심리치료 개발에는 큰 발전이 있었지만, 현재 모든 사람의 다양한 정신 건강 상태에 효과가 있는 단 하나의 치료법은 없다. 이 점을 고려할 때 특정 치료법으로 효과를 볼 가능성이 있는 사람을 구별하는 것은 매우 중요하다. 지금까지 연구한 결과에서 가장 일관성 있게 나타난 사실은 환자가 그 치료법을 신뢰하고 개선에 희망을 보일 때 더 효과적이라는 점이다.[42] 이 발견은 환자가 치료를 확신하도록 치료자가 명확한 근거를 제공하려 노력해야 한다는 것을 시사한다. 또한 몇 가지 다양한 치료가 평균적으로 비슷한 효과를 내는 것으로 알려졌을 경우, 환자가 가장 신뢰하는 치료를 선택하게 하는 것이 더 나은 결과로 이어진다는 점을 보여준다.

최근 연구는 이러한 생각을 뒷받침하는 몇 가지 근거를 제공한다. 만성우울증 치료와 관련된 무작위 배정 시험에서 12주 치료가 끝난 뒤, 인지행동치료와 항우울제의 치료 효과는 거의 비슷하게 나타났다. 그러나 처음에 인지행동치료를 선호한다고 밝힌 사람은 약물치료보다 인지행동치료를 받았을 때 치료 반응이 더 좋았다. 약물치료를 선호한 사람은 약물치료를 받았을 때 더 좋은 반응을 보였다. 251쪽 도표는 그 주목할 만한 결과를 보여준다.[43]

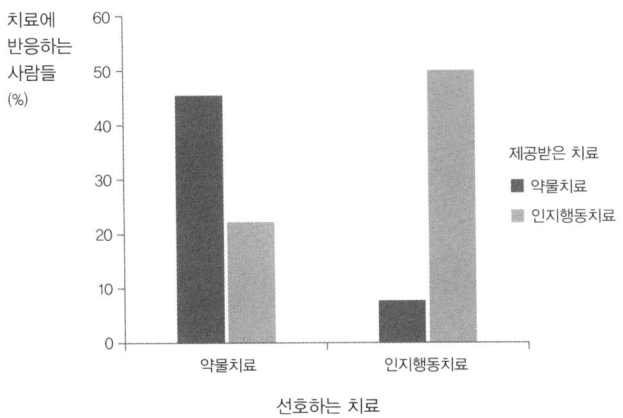

환자는 자신이 선호하는 치료에서 더 좋은 결과를 얻는다

## 치료자의 역량이 중요한 이유

심리치료는 복잡하다. 치료에 효과가 있으려면 제대로 전달해야 한다. 만약 치료자가 주의 깊게 훈련받지 않으면 치료를 일관성 있게 잘 진행하는지 확신할 수 없다. 한 연구는 환자가 치료로 상태를 개선하는 정도의 차이 중 거의 절반이 치료자의 역량 차이로 발생한다는 점을 보여 준다.[44] 안타깝게도 많은 의료 시스템이 아직 이 점을 받아들이지 않고 있다. 예를 들어 잉글랜드는 심리치료에 관한 최근 국가 설문 조사에서 특정 치료를 맡은 치료사 중

30% 이상이 해당 치료와 관련된 훈련을 받지 않았다는 사실을 발견했다. 분명 이 상황은 바뀌어야 한다.

지금껏 다양한 정신 건강 상태에 적합한 효과적인 심리치료를 대략 설명했다. 우리에게는 어떤 증상(우울증, 불안장애, 외상 후 스트레스 장애, 폭식증)을 치료받은 사람의 절반 이상이 회복 상태를 유지하게 하는 치료법과 시간을 투자할 만큼 개선을 이룬 치료법이 있다. 가장 효과를 보이는 치료는 근본적인 원인을 밝혀내는 것보다는 회복 상태를 지속하기 위해 심리 과정에 초점을 둔 치료법이다. 다른 증상(조현병, 성격장애, 알코올의존, 약물의존)에 가장 효과적인 치료도 상당히 가치가 있다.

앞으로 심리치료 연구가 계속 발전하면서 더 다양하고 효과적인 치료법이 등장하리라고 본다. 아직 그 효과가 밝혀지지 않은 몇몇 치료법이 향후 몇 년 안에 그 가치를 증명할 것이다. 이미 수백만 명에게 혜택을 줄 수 있는 치료법이 그 효과를 증명해왔다. 그렇다면 우리에게는 그러한 치료법을 제공할 힘이 있을까?

___ **11장** ___

# 더 많은 치료를 감당할 힘이 있을까

상식만큼 사람들을 놀라게 하는 것은 없다.

– 랠프 월도 에머슨, 《에머슨의 에세이 1》 중 〈Art〉

우울증과 불안장애는 효과적으로 치료할 수 있지만 치료받는 사람은 당사자의 3분의 1에 미치지 못한다. 이 상황은 분명 잘못됐다. 관련 당사자 수가 어마어마하기 때문이다. 그러면 치료가 필요한 그 모든 사람을 돕는 데 드는 비용을 감당할 수 있을까?

소리 높여 대답하건대 "그렇다." 첫째, 우리는 당뇨·폐질환·심장질환·관절염에는 그런 질문조차 하지 않는다. 이 만성적 증상은 선진국 전체 성인의 3분의 1을 차지하며 대다수가 도움을 받는다. 간혹 더 심각한 장애를 일으키는 우울증과 불안장애를 앓는 사람들에게도 이런 기준을 똑같이 적용해야 한다. 둘째, 놀랄만한 경제적 사실이 존재한다. 간단히 말하자면 재정 지출의 순증가 없이도 이들 모두를 도울 수 있다. 재정 전반에 걸친 비용 절약 효과가 치료 비용을 충당하고도 남을 만큼 크기 때문이다. 이 장에서는 이 부분을 설명하고자 한다.

### 성공적 치료는 복지 비용을 절감한다

우선 정신질환은 신체질환과 달리 주로 경제 활동 참여가 활발한 연령대의 사람들에게 발생한다. 수많은 사람이 정신질환으로 일을 하지 못하면 수십억 파운드의 사회 복지 비용과 세수 손실을 초래한다. 반대로 정신질환을 성공적으로 치료할 경우, 재정을 크게 절약하면서 치료 비용을 완전히 보전할 수 있다.

그 기제는 단순하다. 치료가 가능하면 고통받던 사람이 계속 일하도록 독려할 수 있다. 그들이 일을 그만둔 상태라면 노동 시장에 뛰어들도록 심리적 힘과 자신감을 줌으로써 일에 복귀하는 것을 도울 수 있다. 실제로 실업자를 위한 집단 인지행동치료 과정은 취업자 수를 2배로 늘리는 것으로 나타났다.[1]

우리는 영국 데이터를 이용해 절감액의 구체적 수치까지 제시할 수 있다. 전형적인 우울증과 불안장애를 보이는 사람 100명을 치료한다고 가정해보자(일부에게는 직장이 있고 또 일부에게는 직장이 없다). 치료가 없었으면 일하지 못했을 사람 100명 중 적어도 4명은 치료를 통해 향후 25개월 동안 일하게 할 수 있다는 것을 근거를 기반으로 확언할 수 있다. 이것은 총 100개월 이상의 추가 근로와 복지수당 중단을 의미한다(4명×25개월). 치료받은 100명을 기준으로 평균을 구하면 이는 한 사람당 최소 한 달 동안 복지수당을 지급하지 않는 것과 같다.

우리는 복지수당 감소와 세수 증가가 정부에 얼마나 많은 절감 효과를 불러오는지 안다. 공식 통계에 따르면 누군가가 장애수당을 받지 않을 경우 매달 650파운드(약 100만 원)를 절감하는 효과가 있다.[2] 이것을 치료 비용과 비교하면 어떻게 될까? 가령 고강도와 저강도 치료 비용의 평균을 내면 한 사람당 650파운드의 비용이 든다.[3] 즉 한 사람이 치료받음으로써 절감한 복지수당은 그 사람이 치료를 받기 위해 치러야 할 비용과 같다. 납세자가 추가로 치러야 할 비용은 없다.

몇 년 전 우리는 영국 정부에 위와 같은 주장을 제기했고 다음 장에서 설명할 정부 정책의 큰 변화를 이끌어낼 수 있었다.[4] 어느 나라든 이와 비슷한 주장으로 모든 정부가 관심을 기울이게 만들 수 있다.

그렇다면 치료 효과가 고용에 미치는 영향을 가정한 4%(100명 중 4명)는 얼마나 근거 있는 수치일까?[5] 가장 엄밀한 근거는 미국에서 찾을 수 있다. 한 무작위 배정 시험 연구에서 인지치료를 받은 우울증 환자를 2년 동안 추적 조사했다.[6] 그 기간이 끝날 때쯤 확인하니 18% 더 많은 사람이 일하고 있었다. 반면 같은 2년 동안 항우울제를 처방받은 환자는 고용률이 의미 있게 증가하지 않았고 이는 위약을 받은 환자도 마찬가지였다. 이것은 굉장히 커다란 차이다. 우울증 측면에서 '개선된 정신 건강 치료' 효과를 살펴본 또 다른 무작위 배정 시험에서는 12개월 동안의 효과가 5%포인트였다. 이는 우리가 계산에서 가정한 것보다 더 큰 수치를 보여주는 결과다.[7]

마찬가지로 일반적인 불안장애나 공황 발작 증상이

있는 집단에 '협력적 정신 건강 관리'를 제공하자 12개월 후 고용률이 보통의 치료에 비해 최대 16%포인트 증가했다. 이들의 결근율도 1년에 31일에 해당하는 기간만큼 감소했다. 이 2가지 결과는 우리가 예상한 것보다 훨씬 큰 심리치료의 영향력을 보여준다.[8]

앞서 말한 연구는 고용 효과와 관련해 영국에서 진행된 유일한 무작위 배정 시험 연구다. 이는 300명의 장기 실업자를 포함한 연구로, 한 집단은 매주 1회 3시간의 인지행동치료를 7주간 받았다. 다른 집단은 동일한 횟수의 일반적인 사회복지 지원을 받았다. 4개월 뒤, 인지행동치료 집단의 정규직 고용 비율은 34%로 다른 집단의 13%에 비해 2배 이상 높았다.[9]

치료가 고용에 미치는 영향을 알 수 있는 또 다른 방법이 있다. 이는 2단계로 이뤄진다. 우선 치료가 회복에 미치는 효과를 확인한 다음, 회복이 고용에 미치는 효과를 본다. 이 방식은 치료의 전반적인 고용 효과에 비해 훨씬 더 고무적인 추정치를 보여준다.[10]

아쉽게도 영국의 새로운 심리치료 접근성 향상 서비스 프로그램으로 치료받은 환자는 4% 가정을 확인할 만큼 충분히 오래 추적 조사하지 않았다. 그래도 단기간 치료를 받고 복지수당을 받지 않는 것으로 나타난 사람들의 숫자는 대단히 고무적이다.[11] 이는 정부의 복지수당과 세금 손실 감소가 심리치료의 접근성을 확장하는 데 드는 전체 비용을 충당할 수 있다고 가정할 만한 충분한 근거다. 의료와 장애 수당을 동시에 지원하는 정부라면 재정 지출의 절감 폭이 더 클 것임은 두 말할 나위가 없다.

더욱이 시민 입장에서 중요한 것은 정부의 재정 부담만이 아니다. 사회 전체의 관점에서 이익이 되는지도 따져 보아야 한다. 이는 사회적 비용-편익을 분석할 때 보편적으로 따라붙는 질문이다.

이 경우 비용은 앞서 말한 것, 즉 '영국에서 한 사람당 650파운드'라는 데서 힌트를 얻을 수 있다. 이것이 실제 들어가는 비용인데 이는 그 결과로 나타나는 경제 혜택과 비교해야 한다. 국가가 복지 수당 지급을 줄이고 세금을 더 거둘 수 있어 재정에 도움이 되는 것은 사실이지만, 이는 수급자 또는 납세자의 손실로 상쇄되기 때문에 그 자체로는 경제 전체에 순이익이 된다고 볼 수 없다. 실질적인 의미의 경제적 이익은 더 많은 사람이 일함으로써 산출되는 추가 생산이다. 이는 한 사람당 한 달을 더 일할 때 생산되는 평균적인 양을 말한다. 영국 근로자의 월 평균 생산량은 4,000파운드(약 640만 원)가 넘는다. 시간제 근무를 고려해 그 금액을 반으로 줄이고, 다시 반으로 줄여도 우리는 여전히 1,000파운드를 얻을 수 있다. 이것은 치료로 얻는 생산량의 증가가 치료 비용을 초과한다는 것을 의미한다.

**신체적 의료 비용도 줄어든다**

이 모든 이익은 치료가 고용에 미친 효과 덕분이다. 여기에는 두 번째로 중요한 경제적 혜택도 있다. 지금까지 살펴본 것처럼 우울하거나 불안한 사람은 병원에 더 자주 가고 신체적 증상에 따른 치료도 더 많이 받는다. 그들의 정신 건강을 개선할 경우, 신체적 의료 서비스 비용은 줄어든다. 만약 사람들이 심리치료를 받으면 신체적 의료 서비스 비용은 어떻게 달라질까?

가장 큰 효과는 만성 신체질환을 함께 앓는 환자에게 심리치료를 제공할 때 나타난다. 260쪽 표에서 볼 수 있듯 정신질환과 '오랫동안 이어진 신체적 불편감'은 서로 겹치는 부분이 크다. 만성 신체질환이 있는 사람의 의료비 지출은 영국 전체 의료비 지출의 70%를 차지한다.[12] 그리고

**성인 100명 중 신체질환, 정신질환 혹은 둘 다 있는 사람은 각각 얼마나 될까**
(잉글랜드)

|  | 정신질환이 있는 사람 | 정신질환이 없는 사람 | 전체 |
|---|---|---|---|
| 신체질환(들)이 있는 사람 | 10 | 32 | 42 |
| 신체질환이 없는 사람 | 7.5 | 50.5 | 58 |
| 전체 | 17.5 | 82.5 | 100 |

정신질환이 있는 사람은 신체적 증상과 심각도가 같은 다른 환자보다 의료비를 60% 정도 더 필요로 한다.[13] 당연히 그들의 정신 건강 문제를 해결하면 어마어마한 돈을 절약할 수 있다.[14] 그것이 얼마인지 추산해 보여주기 전에 심리치료가 그들이 다른 치료에 들이는 비용보다 더 많은 돈을 절감해준다는 사실을 보여주는 일부 구체적 사례를 살펴보는 것이 유익하리라고 본다. 이들 사례는 호흡기 문제, 심장 문제, 당뇨병에 관한 것이다.

### 비용 절감에 관한 실제 사례들

심각한 **호흡기 문제**가 있는 환자는 공황 상태에 빠지기 쉽다. 숨이 막혀 죽을 것처럼 느끼기 때문이다. 2006년 런던 서부에 있는 힐링던 병원은 인지행동 호흡 곤란 클리닉을 개설했다. 한 집단은 즉시 치료받았고 무작위 배정한 다른 집단은 대기 리스트에 올렸다. 이 클리닉이 제공한 치료는 일주일 간격으로 2시간씩 4회 진행되는 집단 치료였다.

평가를 위해 치료받은 집단과 치료받지 않은 집단을 비교해 각 집단이 치료 전 6개월과 치료 후 6개월 동안 의료 서비스를 얼마나 이용하는지 살펴보았다. 그 결과 치료받은 사람은 치료받지 않았을 때보다 병원 응급실 방문이 50% 줄었고, 병원에서 보내는 시간도 3분의 1만큼 감소했다. 그 6개월 동안 비용을 전체적으로 1인당 1,300파운드(약 214만 원) 절감했다. 클리닉의 치료 비용이 1인당 300파운드(약 50만 원)였으니 절감한 비용은 지출 비용보다 대략 4배를 넘는다.[15]

또 다른 예로 **협심증**으로 알려진 관상동맥 심장질환을 들 수 있다. 난치성 협심증이 있는 환자는 우울증과 불안장애에 매우 취약하며, 운동을 너무 적게 하는 등 오히려 자신에게 해를 끼치는 안전 행동을 하는 경향이 크다. 1997년 영국 리버풀에 있는 국영 센터는 협심증 환자를 위한 단기 인지행동치료 프로그램을 도입했다.[16] 이 프로그램은 2명의 상담사(심장병과 통증 관리 분야)가 8주 간격으로 진행하는 2시간짜리 인터뷰 2회를 제공했으며 여기에 스트레스 관리 조언, 긴장 완화 테이프 듣기, 자가치료 매뉴얼, 단계별 운동도 추가했다. 아래 도표에서 알 수 있듯이 프로그램에 참여한 다음 해에 환자가 병원에서 지내는 날은 그 전 해에 비해 33% 줄었다. 환자당 1년간 총비용 절감액은 2,000파운드(약 360만 원)였는데 이는 치료 비용을 치르고도 남는 금액이다.[17]

이와 관련해 심장마비 치료 후 퇴원한 환자를 대상으로 한 스웨덴의 연구도 있다.[18] 한 집단의 환자는 1년 넘게

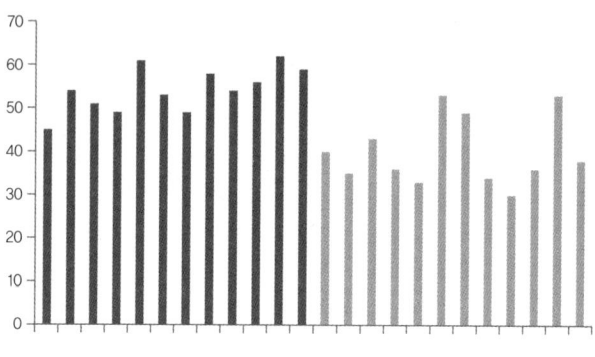

**인지행동치료 프로그램은 난치성 협심증 환자의 병원 입원을 줄였다**

인지행동치료를 20회 받았으며 다른 집단은 받지 않았다. 아래 도표는 인지행동치료의 영향을 받지 않은 집단과 비교한 내용이다. 놀라운 효과를 확인할 수 있다.[19]

이 연구는 최종 비용 절감 효과는 측정하지 않았다. 그러나 미국에서 급성 관상동맥 증후군이 있는 우울증 환자를 대상으로 일반적인 치료만 받은 집단과 여기에 추가로 우울증 치료(환자가 선택한 심리치료와 약물치료를 받은)를 받은 집단으로 무작위 배정해 진행한 한 연구는 이를 측정했다. 이후 6개월 동안 우울증을 치료받은 사람은 신체적 의

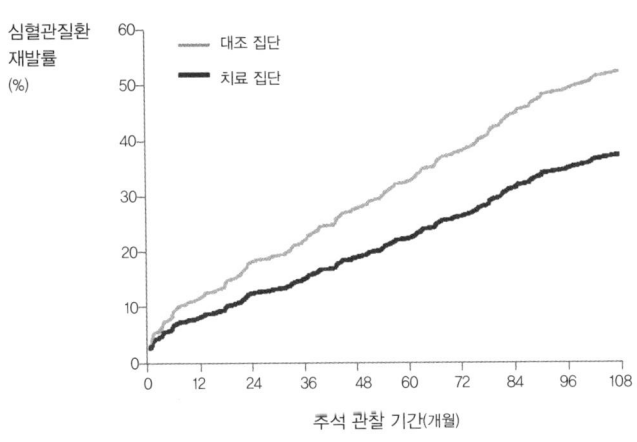

**인지행동치료는 심혈관질환 재발을 줄인다**

*참고: 모든 측정값은 초기 의료 상태를 고려해 조정했다.

료비로 1,000달러(약 129만 원)를 덜 지출했다.[20]

마지막으로 **당뇨병** 환자를 대상으로 한 연구가 있다. 이것은 미국의 대형 건강 보험사인 그룹건강협동조합Group Health Cooperative이 당뇨병과 우울증을 동시에 앓는 환자 집단을 대상으로 진행한 연구다. 무작위로 선택한 환자의 절반은 우울증을 전문가에게 치료받았고 나머지 절반은 일반적인 치료를 받았다. 실험 시작 24개월 뒤 우울증을 치료받은 사람이 지출한 전체 의료비는 1인당 1,100달러(약 140만 원) 정도 적었다. 이 사례에서도 치료에 따른 추가 비용보다 더 큰 비용을 절감했다.[21]

#### 신체질환 의료 비용 절감을 증명한 연구들

심리치료 서비스를 더 폭넓게 이용할 경우, 전체 신체질환 의료 비용은 어떻게 달라질까? 미국에는 신체질환과 정신질환을 함께 앓고 있는 사람이 정신 건강 문제와 관련해 심리치료도 받을 경우, 신체질환 의료 비용이 어떻게 달라지는지 보여주는 많은 연구가 있다. 91개 연구를 메타 분석한 결과, 심리치료는 연간 신체질환 의료 비용을 평균 20% 줄이는 것으로 나타났다.[22] 여기에 더해 28개 연구 중 2개를 제외한 모든 연구에서 신체질환 의료 비용 절감액이 심리치료 비용을 초과했다.

잉글랜드에서 정신 건강 문제를 겪는 사람들이 지출하는 신체질환 의료 비용은 연간 약 6,000파운드(약 1,000만 원)다.[23] 미국의 연구 결과를 바탕으로 그중 20%에 해당하는 금액을 계산하면 연간 1,200파운드(약 200만 원)를 줄일 수 있다.

다음 계산도 가능하다. 신체질환이 있는 사람 중 정신질환을 함께 앓고 있는 사람의 연간 의료 비용은 6,000파운드로, 신체질환만 앓고 있는 사람의 연간 의료 비용인 4,000파운드에 비해 50%가량 더 높다. 정신질환을 앓던 사람이 회복하면 신체질환 의료 비용을 2,000파운드(약 320만 원)까지 절약할 수 있을 것으로 보인다. 그러나 정신질환을 치료받는 사람 중 절반만 회복한다. 결국 치료받는 1인당 절감액은 한 해에 최대 1,000파운드(약 160만 원)로, 앞 문단에서 제시한 수치와 유사하다.

정신질환을 앓는 사람의 약 60%는 신체질환도 앓고 있다. 그러므로 심리치료를 받는 모든 환자를 기준으로 평균을 계산하면 1인당 한 해 절감액은 1,000파운드의 60%, 다시 말해 600파운드(약 97만 원)가량 될 것으로 추산된다. 이는 의료 비용의 절감액으로만 따져도 2년 안에 심리치료에 드는 비용 650파운드(약 105만 원)를 쉽게 회수할 수 있음을 뜻한다.

영국에서 체계적으로 연구된 어느 사례를 보면, 1년 이내에도 의료 비용 절감액으로 심리치료 비용을 충분히 충당할 수 있음을 알 수 있다. 잉글랜드의 한 선도적인 일반 진료소가 다음 장에서 설명할 심리치료 접근성 향상 서비스 프로그램으로 배정된 환자 203명을 추적 조사했다. 그들은 국립보건서비스 비용, 즉 국가가 지출하는 연간 의료 비용이 프로그램에 배정되기 전과 배정 후 2년이 지난 뒤에 어떻게 달라졌는지 살폈다. 환자 중 일부는 심리치료 접근성 향상 서비스 치료를 전혀 받지 않았고 일부는 부분적 치료를, 또 일부는 완전한 치료를 받았다. 치료받은 환자와 받지 않은 환자의 대응 표본을 비교해 치료가 그들의 신체질환 의료비 사용에 어떤 영향을 미쳤는지 추정할 수 있었다. 그 결과 완전한 치료를 받았을 때 1,050파운드, 부분적 치료를 받았을 때 500파운드 정도 연 지출이 감소하면서 심리치료비를 충분히 충당할 만큼 의료 비용을 절감했다.[24]

이는 현행 심리치료 접근성 향상 서비스가 이룬 성과를 그대로 보여준다. 아마 미래에 이 심리치료 서비스는 각 환자의 구체적인 질환에 특화한 서비스를 제공하는 형태로 발전해나갈 것이다. 이 경우 앞서 제시한 사례처럼 전체적으로 순 절감이 가능해진다.

이는 어떤 의료 체계를 상정하더라도 관계자들을 깜짝 놀라게 하고 솔깃하게 만들 주장이다. 그런데도 영국 의료 위원회는 물론 미국과 다른 곳의 보험회사나 보험공단들은 심리치료 예산을 삭감해도 별 문제가 없는 항목으로 취급한다. 그렇게 할 때마다 비용을 절감하는 게 아니라 오히려 지출이 늘어난다는 사실을 알아야 한다.

### 치료는 삶의 질을 향상시킨다

이 놀라운 경제적 효과는 다른 의학적 치료와 비교했을 때 거의 찾아볼 수 없을 정도이며, 그 자체만으로 심리치료가 환자들에게 보편적으로 제공되어야 함을 알려주는 강력한 사례다. 그러나 이보다 더 소중한 것은 정신질환으로 고통받는 사람들이 누리게 될 삶의 질 향상이다. 그들은 "인생을 되찾았다"고까지 말한다.

이러한 삶의 질 향상은 어떻게 측정할 수 있을까? 다양한 의료 체계에는 삶의 질을 측정하는 여러 방법이 있으며 세계보건기구가 해온 방식도 있다.[25] 영국 국립보건임상연구소는 질 보정 수명 Quality Adjusted Life Years (QALYs)으로 알려진 개념을 사용한다. 만약 어떤 치료가 삶의 질을 높이거나 수명을 연장하거나 혹은 둘 다 가능하게 한다면 좋은 치료다. 삶의 질은 환자가 경험하는 5가지 차원, 즉 신체 이동성, 자기 돌봄, 사회 기능, 신체적 고통, 정신적 고통으로 측정한다. 각 차원별 효과를 합산하기 위해서는 설문조사를 통해 사람들이 부여하는 상대적 가치로 결정되는 가중치를 활용한다.

이 접근에는 명백한 한계가 일부 존재한다. 만약 사람들이 실제로 경험하는 삶의 질을 측정하는 게 목표라면, 건강할 때 아프면 어떨 것 같은지 묻기보다 아플 때 어떻게 느끼는지 직접 묻고 측정하는 것이 더 낫지 않겠는가. 우리가 살펴본 것처럼 이것은 분명 가능한 방법이다. 그렇게 측정했을 때 정신적 고통은 건강한 사람들이 판단하는 것보다 행복에 훨씬 더 중요한 요소로, 신체 이동성은 훨씬 덜 중요한 요소로 나타난다.[26]

그다음으로 더 포괄적인 문제는 '질 보정 수명'이 오직 환자가 얻는 이익만 측정하고 우리가 앞서 논의한 사회가 얻는 더 포괄적 이익은 무시한다는 점이다. 그러나 그것은 크게 중요하지 않다. 아무것도 하지 않는 것보다 질 보정 수명의 효과만이라도 있는 게 나을 뿐 아니라, 다양한 심리치료 점수가 편익 단위당(혹은 질 보정 수명 개선 1년당) 비용 측면에서 어떤 점수를 받는지 확인하는 것은 분명 흥미로운 일이다.

국립보건임상연구소는 질 보정 수명당 30,000파운드(약 5,400만 원) 미만의 치료를 선호한다. 그렇다면 심리치료는 비용 면에서 얼마나 효율적일까? 아래 표는 국립보건임상연구소에서 실시한 일부 추정치다. 이 표는 심리치료가 통상적인 대안에 비해 비용 면에서 얼마나 효율적인지, 국립보건임상연구소가 사용하는 임계치보다 추가 비용이 얼마나 낮은지 보여준다. 이러한 결과는 심리치료의

**심리치료는 비용 면에서 효율적이다**

|  | 치료 | 질 보정 수명 1년 상승을 위한 비용 |
|---|---|---|
| 우울증 | 인지행동치료 vs. 위약 | 6,700파운드(약 1,200만 원) |
| 사회불안장애 | 인지행동치료 vs. 일반적인 치료 | 9,600파운드(약 1,700만 원) |
| 산후 우울증 | 대인관계치료 vs. 일반적인 치료 | 4,500파운드(약 800만 원) |
| 강박장애 | 인지행동치료 vs. 일반적인 치료 | 21,000파운드(약 3,800만 원) |

성공률이 대단히 높기 때문에 가능한 것이다.[27]

이런 이유 때문에 2004년부터 국립보건임상연구소는 우울증과 불안장애를 앓는 모든 환자에게 심리치료를 권장해왔다. 그러나 2007년이 되어서도 해당 환자 중 3% 이하만 치료받았다(국립보건임상연구소가 일반적으로 권장하는 치료를 받은 것도 아니었다).[28] 당시 국립보건임상연구소 소장이던 마이클 롤린스Michael Rawlins는 이를 수치스럽게 여겼는데, 이는 국립보건임상연구소의 지침 중 가장 무시당한 사례였다. 이것은 경제적으로도 말이 안 되는 상황이었다. 이제 그런 부당함을 폭로하고 급진적이면서도 새로운 계획을 주장할 때가 무르익었다.

## 12장

# 심리치료 접근성 향상 서비스(IAPT)의 모든 것

우리는 영국에 획기적인 심리치료 서비스를 구축할 것입니다.

— 2008년 보건부 장관, 앨런 존슨

심리치료에 관한 모든 근거에도 불구하고 대다수 국가의 우울증과 불안장애 당사자는 대개 치료받지 않는다. 설령 치료받을지라도 약을 처방받는 정도다. 하지만 이들의 3분의 2는 심리치료를 선호한다.[1] 어떻게 해야 심리치료를 제공할 수 있을까?

한 가지 가능한 답은 영국이 개발한 급진적이고 새로

운 서비스에서 찾을 수 있다. 심리치료 접근성 향상 서비스 Improving Access to Psychological Therapies(이하 IAPT)라 부르는 이 프로그램은 국립보건서비스 안에 근거기반 심리치료를 체계적으로 전달하고자 설계되었다. 이 서비스의 목표는 전문가의 감독 아래 잘 훈련받은 치료사로 구성한 팀을 모든 지역에 제공하는 것이다. 각 환자의 치료 경과는 회기마다 측정하며, 이는 치료사와 환자 모두가 개선을 이루도록 돕는다. 가장 결정적인 특징은 프로그램을 지원하는 관계 기관이 재정 지원을 정당화할 만큼의 효과를 내고 있는지 확인할 수 있도록 설계되어 있다는 점이다. 사실 이 체계에서 가장 중요한 것은 (환자의 개인 정보를 제외한) 투명성이다.[2] 관심이 있으면 누구나 해당 서비스의 성과와 그 운영에 관련된 모든 문서에 접근할 수 있다. 이것은 각 치료사에게 필요한 기술, 훈련 교육 과정, 감독관을 위한 지침 그리고 평가 위원들에게 제공하는 지침 등을 포함한다.

IAPT는 치료 서비스계의 신동 같은 존재로 2008년 후반에 시작됐다. 2013년을 기준으로 보면 연간 40만 명을 치료했고 치료가 끝날 때쯤 치료받은 사람의 거의 절반이 건강을 회복했다. 투명하고 효과가 뛰어난 이 모델은 다른 나라로부터 엄청난 관심을 받고 있다. 적어도 7개 국가가 관심을 보였고 노르웨이와 스웨덴은 이미 자국의 상황에 맞도록 손을 본 프로그램을 도입하기 시작했다.

영국의 IAPT는 도움이 필요한 모든 사람에게 서비스를 제공하는 것이 목표지만, 아직 그 절반밖에 이루지 못했다. 하지만 지금까지의 성취도 이미 놀라운 것이라고 할 수 있다. 이제 프로그램의 시작은 어떠했는지, 지금까지의 성과는 어떠한지, 프로그램은 세부적으로 어떻게 구성되어 있는지 살펴보자.

### IAPT 탄생 스토리

영국에는 새로운 공공정책을 도입할 기회가 마련되는 두 번의 중요한 순간이 있는데, 한 번은 총선 전이고 다른 한 번은 주기적인 '지출 심사' 전이다.

2005년 당시 노동당 정부는 총선을 앞두고 선거 공약을 작성하고 있었다. 그때가 심리치료에 관한 관심을 끌어올릴 적기였다. 우리는 토니 블레어의 정책단을 위한 '정신 건강: 영국의 가장 큰 사회 문제Mental Health: Britain's biggest social problem?'라는 보고서를 작성했다.[3]

이 보고서에서 우리는 국립보건임상연구소의 지침

을 이행하려면 적어도 매년 진단 가능한 인구의 15%를 치료할 수 있어야 하는데, 이를 위해 잉글랜드에 치료사 약 8,000명이 필요하고 이 인력은 대부분 훈련을 통해 새롭게 양성되어야 한다고 강조했다.

보고서에는 3가지 주장이 담겼다. 첫째, 고통받는 사람의 수가 얼마나 많은지와 국립보건임상연구소도 권장하고 사람들도 선호하는 심리치료가 충분히 제공되고 있지 못한 현실의 부당함을 지적했다. 둘째, 가장 중요한 점으로 정부 재정에 수십억 파운드의 비용 부담을 안겨주는 정신질환을 치료하는 데 사실상 추가적 비용이 필요하지 않다는 경제적 논증을 제시했다. 셋째, 정례적 결과 측정을 통해 시스템이 무엇을 성취하고 있는지 보여줄 수 있다는 점이었다. 초기 제안은 성인에게 초점을 맞췄다(그저 성인에 관한 근거가 더 많았기 때문이다).

블레어의 정책단은 다우닝가의 수상 관저에서 세미나를 통해 보다 많은 관계자에게 우리의 주장을 선보일 기회를 주었다. 많은 참석자들이 심리치료가 그토록 과학적으로 타당한 근거를 갖추고 있는지 몰랐다며 놀라움을 금치 못했다. 영향력은 상당했다. 몇 달 뒤 노동당의 선거 공약에는 '정신 건강 문제가 있는 사람들을 위해 1차와 2차 단

계에서 행동치료와 약물치료를 포함한 서비스를 개선할 것'이라는 내용이 들어 있었다.[4]

노동당은 선거에서 승리했고 IAPT를 위한 프로그램을 만들었다. 그렇지만 당시에는 프로그램을 어떻게 구성할 것인지에 명확한 관점이 없었다. 한 분파는 상담을 좀 더 추가하는 것을 선호했고, 본래 안내에 기반한 자가치료 같은 저강도 치료에 초점을 둔 시범 지역(동커스터)만 선정할 예정이었다. 압박을 받은 그들은 고강도 치료에 더 무게를 둔 두 번째 지역(런던 동부의 뉴엄)을 선정했다. 이는 옳은 방향으로 한 걸음 나아간 것이었다. 두 번째 지역을 선정한 것은 보건부가 이 프로그램에 조언할 전문가 집단을 조직할 때였는데, 그들 역시 더 광범위한 접근을 촉구했다.

동시에 우리는 런던정치경제대학교에 '정신건강정책집단'을 만들어 당시 상황을 개선하기 위해 필요한 핵심조치를 6년에 걸쳐 고안했다.[5] 새로운 서비스를 위해서는 독자적 기준과 작업 방식을 구축해야 했다. 가장 중요한 것은 서비스의 품질이었고, 지역별로 진행 속도를 달리하는 한이 있더라도 새롭게 구축되는 지역별 센터가 동일한 품질 기준을 만족시킬 수 있어야 한다는 점이었다. 새롭게 훈련을 통해 배출되는 치료사에게 각 지역의 센터가 만족할 만한 일자리를 제공할 수 있어야 한다는 점 또한 놓칠 수 없었다.

다음 질문은 이것이었다. 이 프로그램을 위한 예산을 증액할 수 있는가? 위에서 내려온 답은 "아니오"였다. 어쨌든 기존의 예산 항목 가운데 일부를 희생해 근거기반 심리치료에 투입해야만 이 프로그램이 계획대로 목표를 향해 나아갈 수 있다는 점은 분명했다. 결국 정신 건강을 담당한 대담한 공무원은 그 접근 방식을 승인했다.

그러나 2007년 10월 지출 심사가 다가오면서 상황은 좋지 않아 보였다. 재무부 관계자 위원회는 그 계획의 근거가 빈약할 뿐 아니라 비용이 너무 많이 든다는 취지로 보고했다. 다행히 이후 상황은 달라졌다. 고든 브라운이 총리가 되었고 그의 다우닝가 참모진은 프로그램을 지원하기로 결정했다. 동시에 탁월한 정치인 앨런 존슨이 보건부 장관으로 임명됐다. 2007년 10월 10일, 그러니까 세계 정신 건강의 날에 존슨은 이렇게 연설했다.

"우리는 영국에 획기적인 심리치료 서비스를 구축할 계획입니다. 2010년에서 2011년까지 1억 7,000만 파운드(약 2,960억 원)를 새로 투자함으로써 향후 3년간 우울증과 불안장애를 겪는 당사자 90만 명을 치료할 겁니다. 이 중 절반 정도가 완전히 나을 것이며 정신 건강 문제로 병가수당과 복지수당에 의존해야 하는 사람이 많이 줄어들 것입니다."[6] 존슨은 요청받은 돈을 전부 마련해줬다.

국립보건임상연구소가 이미 권장하고 있는 근거기반 심리치료를 토대로 만든 새로운 서비스를, 필요로 하는 모든 이에게 제공하도록 하자는 것이 우리의 계획이었다. 이는 6년이 걸릴 일이었으나 세부적인 공약은 우선 지출 심사 기간인 첫 3년을 대상으로 했다. 2015년까지 잉글랜드에서 약 8,000명의 치료사(인구 25만 명당 대략 40명)를 고용하는 것이 목표였다. 그중 6,000명 정도는 새로 양성해야 했다. 이는 IAPT가 근거기반 심리치료를 제공하는 대규모 전문가 집단을 새로이 구축하게 된다는 의미였다. 특히 인지행동치료 치료사 부족과 인지행동치료의 입증된 효율성을 고려해 초기의 치료사 양성은 대부분 인지행동치료를 교육하는 데 초점을 두었다. 물론 이후에는 다른 치료도 포함할 예정이었다. 서비스를 점점 더 많은 지역으로 꾸준히 확대하면서 6년 안에 전국적인 서비스가 가능하게 하는 것이 목표였다.

발표가 있고 난 다음 해부터 활동이 활발하게 이뤄졌

다.[7] 우선 국립보건임상연구소가 권장하는 방식으로 각 장애를 치료하기 위한 역량을 명시적으로 문서화해야 했다.[8] 이를 바탕으로 대학에서는 주 2일, 지도 실습 3일을 포함한 1년 과정의 국가 훈련 교육 과정을 개발했다.[9] 교육 과정은 불안장애나 우울증의 특정 유형에 효과를 보인 구체적인 근거기반 심리치료에 초점을 두었다. 그러자 각 대학은 여기에 참가하기 위해 경쟁했다. 동시에 국가보건서비스의 지역 센터들은 가장 먼저 새로운 서비스에 참여하고자 경쟁했다. 그들은 해당 증상이 있는 환자를 치료하도록 훈련받은 훈련생과 역량 있는 감독자를 제공할 수 있음을 보여줘야 했다.[10] 뛰어난 관리자 한 명이 있는 보건부의 작은 팀이 이 분야의 전문가 최소 30명과 긴밀히 협력하며 이러한 전체 활동을 조정했다.

2008년 9월, 약 35개 센터에서 서비스를 시작했는데 이는 잉글랜드의 약 4분의 1에 해당했고 1,000명 정도의 훈련생이 훈련받기 시작했다. 그때부터 매년 서비스를 추가로 확대해 2013년에는 2015년으로 계획한 서비스 생산 능력의 3분의 2에 도달했다. 첫 5년간 5,000명의 치료사가 훈련받았다.

이 모든 성취는 2010년 치른 또 다른 선거와 지출 심사에도 불구하고 달성한 것이었다. 당시 선거에서는 사상 처음 모든 주요 정당에서 심리치료를 공약에 포함시켰다.[11] 선거 후, 새 연립정부의 지출 심사 결과는 IAPT를 강력히 지지할 뿐 아니라 이를 확대해 어린이와 신체질환을 동반하는 환자, 고도 정신질환자를 서비스 대상으로 확대해나가겠다는 것이었다. 예산은 매년 노동당 집권 때와 같은 속도로 늘려간다는 방침이었고, 프로그램 6년 차에는 연간 3억 4,000만 파운드를 배정하기로 했다.

어려움도 있었다. 3년차부터 지역 센터에 배정되는 예산은 IAPT 사업 예산을 포함하고 있었지만 각 센터의 재량에 따라 구체적인 액수를 조정할 수 있게 되었다. 또 당초 계획되었던 예산보다 더 많은 예산을 받는 지역도 있었지만 그렇지 못한 지역도 생겨났다. 그럼에도 2012년까지 전체적인 IAPT 예산은 계획대로 집행되었다. 하지만 2012년부터 시작된 국립보건서비스의 행정 구조 개편은 IAPT에도 큰 충격을 주었다. 능력 있는 관리자들이 다수 IAPT를 떠났고 계획대로 전국적인 서비스로 확대될 수 있을지 불투명한 상황이 이어졌다. 프로그램의 확장과 발전에 일시적 위기가 있었던 것이다. 결과적으로는 국립보건서비스의 행정구조 개편은 완성되었고 모든 정당은 IAPT

의 확대를 강력히 지지하고 있으며 서비스는 계속 확대되어 나가고 있다.

### 회복한 사람들

지금까지 이룬 성과는 어느 정도일까? 벌써 아주 많은 사람이 치료받았다. 281쪽 표는 일부 기본적인 수치를 보여준다(잉글랜드의 인구가 대략 5,300만 명이라는 사실을 기억하라). 첫 줄은 한 번이라도 서비스를 받아본 사람의 숫자다. IAPT는 진단 서비스와 치료 서비스로 이뤄져 있다. 상당 비율의 사람이 한 번의 진단과 조언만으로도 유익한 효과를 얻었다. 그렇지 않은 사람들은 정식으로 치료가 필요한 사람일 것이다. 진료받은 환자 수는 원래 계획한 것과 대체로 일치한다.[12] 약 40%가 치료를 1회 받았다. 나머지는 계속해서 과정을 진행하며 적어도 진료를 2회 받았다. 2012~2013년에는 거의 40만 명이 이 방식으로 치료받았다.

이들 중 약 46%가 치료 중에 회복했으며 유의미한 상태 개선을 보인 이를 포함하면 회복률은 3분의 2에 달한다.[13] 임상 시험에서 진단 가능한 사람의 50%가 회복할 것

**IAPT의 성과는 어느 정도인가**

|  | 2008/9 | 2009/10 | 2010/11 | 2011/12 | 2012/1 |
|---|---|---|---|---|---|
| 진료한 환자 수(명) | 40,000 | 180,000 | 380,000 | 530,000 | 600,000 |
| 치료받은 환자 수(명) | 10,000 | 90,000 | 250,000 | 330,000 | 380,000 |
| 회복률(%) |  | 38 | 39 | 44 | 46 |

이라는 합리적 기대를 했는데, 바로 이것이 앨런 존슨이 IAPT를 위해 세운 목표였다. 회복률은 이보다 다소 낮은 편이지만 증가 추세를 보였고, 여전히 훈련생이나 초보 치료사가 치료하는 비율이 높다는 점을 고려하면 이는 꽤 인상적이다.

 IAPT의 접근 방식은 수년, 아니 수십 년 동안 증상을 앓아온 사람들에게 도움을 준다는 상당히 좋은 결과를 냈다. 이는 환자들이 얼마나 오랫동안 우울증이나 불안장애를 앓았는지 그 자료를 수집한 동커스터와 뉴엄의 시범 사례에서 명백히 드러난다. 두 지역에서 기록한 평균 지병 기간은 3년 반이며, 3분의 2 이상은 6개월 이상 불안장애나 우울증을 겪었다. 6개월 이상 앓아온 '만성' 집단만 따질 경우, 회복률은 두 지역 모두 52%인데 이는 자연적 회복으로 기대할 수 있는 20%와 큰 차이가 있다.[14] 더구나 9개월 뒤 환자들을 추적 조사한 결과 대부분 회복을 유지했다.[15]

지금까지 IAPT가 걸어온 과정 가운데 특히 초기에 두드러지게 나타난 실패는 지역 간 심각한 성과의 편차였다.[16] 이는 접근 방식뿐 아니라 회복률도 마찬가지였다. 어떤 프로그램을 여러 지역에 걸쳐 차례로 시작할 때 접근에 약간의 변동은 예상할 수 있다. 그렇지만 회복률은 아래 도표에 나타나는 것만큼 크게 달라서는 안 된다.

그래도 도표에서 희망적인 것은 IAPT의 효과가 '어느 정도까지 좋을 수 있는가'를 알 수 있다는 점이다. 무엇이

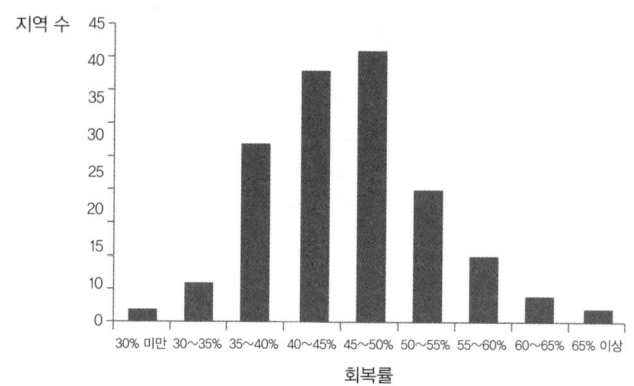

**각 지역 사이에 회복률이 상당히 다르다**
(IAPT 2012~2013)

효과가 있는지 알아내기 위해 다른 지역들의 성공률을 측정하고 그에 영향을 미치는 요인을 확인했다. 그 결과는 많은 것을 알려준다.[17] 곧 설명하게 될 IAPT 모델을 잘 따를수록 회복률은 더 높아졌다.

고도로 훈련받고 경험이 많은 치료사가 많을수록 회복률은 더 높다. 또한 환자가 더 많은 회기 동안 치료받는 지역일수록 성공률이 높다. 회복률 50%를 달성하려면 적어도 환자 한 사람당 평균 8회의 치료를 제공받아야 하며, 때론 더 많은 치료 회기를 제공받아야 하기도 한다. 회복은 저강도 치료가 실패했을 때 그다음 단계인 고강도 치료로 매끄럽게 넘어가는 비율이 높을수록 더 잘 이뤄진다.[18] 그리고 국립보건임상연구소 지침에 엄격히 따라 치료할 때 더 잘 회복한다. 이는 고강도 치료와 저강도 치료 모두에서 분명하게 나타났다. 국립보건임상연구소는 고강도 치료는 물론 경도와 중등도 우울증 모두에서 인지행동치료와 상담치료를 권장하는데, 두 치료 모두 효과가 좋다. 범불안장애의 경우 인지행동치료는 권장하지만 상담치료는 권장되지 않는다. 이는 인지행동치료의 회복률이 월등히 높아서다. 저강도 우울증 치료에서 국립보건임상연구소는 안내를 수반하는 자가치료를 권한다. 단, 반드시 안내를 병행해야 한다는 단서가 있다. 안내가 병행될 때 자가치료가 훨씬 더 효과가 좋기 때문이다. 아울러 회복률은 IAPT를 제공하는 지역 센터의 규모가 클수록 높아진다. 포괄적인 서비스를 조직적으로 제공하는 센터의 이점이 여기에서 드러난다.

IAPT는 단기간에 수십만 명의 삶을 크게 개선할 수 있다는 사실을 보여주었다. 이런 이유로 IAPT 모델은 다수의 나라에서 주목받고 있으며 참고할 만한 벤치마킹의 대상이 되고 있다.

### IAPT의 6가지 핵심 구성 요소

IAPT 모델은 정확히 뭘까? 다음 6가지 기준이 IAPT의 핵심 구성 요소다.

- 서비스는 오직 근거에 기반하고 국립보건임상연구소가 추천한 치료만 제공한다.[19] 이는 인지행동치료를 비롯해 대인관계치료, 단기 정신 역동 치료, 우울증을 위한 부부(커플)치료, 상담치료를 포함한다.
- 관련 치료법을 완벽하게 수련한 치료사를 고용한다.

- 환자의 치료 상태는 회기마다 측정하며 데이터는 최소 90% 이상 완전해야 한다.[20]
- 각 환자는 시작할 때 전문 평가를 받고 고강도나 저강도 치료에 적절히 배정받는다. 저강도 치료만 받는 환자는 약 46%, 고강도 치료만 받는 환자는 34%다. 둘 다 받는 20%는 저강도 치료가 실패했을 때 고강도 치료로 전환하는 경우다.[21]
- 각 치료사는 매주 슈퍼비전을 받으며 각 훈련생에게는 자격이 충분한 슈퍼바이저가 있다.
- 이 서비스는 환자가 1차 진료 의사를 거치지 않고 스스로 진료를 의뢰할 수 있도록 열려 있다. 이는 국립보건서비스의 일반적 절차에 어긋난다. 이 때문에 제안 당시 일부에서는 '건강을 많이 걱정하는 사람들'이 밀려들 것이라고 주장했다. 현실을 보니 자가 등록 환자도 의사의 의뢰로 오는 환자만큼 아프다는 것이 밝혀졌다. 이들은 더 오랜 기간 아팠으나 회복이 잘 이뤄졌다(간혹 치료 횟수가 적은 경우에도 그랬다. 이는 동기부여가 강했기 때문이다). 또한 자가 추천 환자 중에는 의사가 의뢰한 사례보다 흑인 혹은 소수민족 집단에 속한 경우가 많았다. 이것은 IAPT를 이용하는 환자들이 전체 인구와 더 유사한 인종 구성을 갖추게 해준다.[22]

IAPT는 하나의 조직으로, 그 안에는 사람들의 여러 가지 문제를 다룰 수 있는 다양한 기술을 지닌 사람들이 있다. 이는 대학병원 개념과는 다르다. 가능하면 동네 병원이나 자원봉사단체, 지역 정신 건강 센터처럼 서비스 이용자가 가장 편안하게 느끼는 집 근처에서 모두를 치료하는 것이 목표다.

사실 이것은 허브앤스포크hub-and-spoke 모델*이라 할 수 있다. 임상관리자와 주임관리자가 근무하는 허브 센터에서는 슈퍼비전, 훈련, 환자 기록 보관, 안내를 수반하는 자가치료 전화 지원 등이 이뤄진다. 대면 치료는 대부분 담당 의사와 쉽게 소통할 수 있으며 환자가 사는 지역과 가까운 곳에서 서비스를 제공한다. 모든 치료사는 치료하는 장소와 상관없이 IAPT에서 임명하고 감독하는 IAPT 팀의 일원이다.

왜 1차 병원에서 직접 치료사를 고용하지 않는 걸까? 그것은 치료 품질 관리 때문이다. 치료사는 상급 치료사에게 감독을 받아야 한다. 치료사가 전문가로 발전하려면 고

---

* 중심지와 그 주변을 연결하는 여러 지점인 스포크로 구성한 구조(옮긴이 주).

유의 정체성이 필요하다. 이를 위해서는 수행 능력을 적절히 판단할 수 있는 고용주와 향후 경력을 쌓아나갈 수 있다는 적절한 전망이 있어야 한다.

이런 질문도 가능하다. 왜 IAPT는 입원 서비스와 지역사회 정신 건강 서비스를 운영하는 기존의 '2차' 전문 정신 건강 서비스의 일부가 아닌가? 예산 부족 탓에 그런 서비스가 정신증 환자와 과거 정신증을 보인 사람에게 주로 집중해야 해서다. 이는 모든 국가에서 더 흔한 우울증과 불안장애를 앓는 사람을 심각할 정도로 방치한 이유 중 하나이기도 하다.

그래도 IAPT 계약은 2차 진료 기관과 이뤄진 경우가 많다. 물론 IAPT는 독립적인 조직으로, 자체 관리자와 수석 심리치료사가 존재한다. 그것이 분리된 독립 기관으로서 속도감 있게 서비스를 발전시켜 올 수 있었던 이유다.

물론 어떤 환자의 문제는 너무 복합적이라 IAPT만으로는 다루기 어렵다. 이 경우 간혹 정신과 전문의가 있는 2차 진료 서비스로 보낸다. 그러면 이런 질문도 가능하다. IAPT는 오직 심리치료사만 고용하고 정신과 전문의는 고용하지 않는가? 충분히 가능한 질문이다. 앞으로 IAPT가 정신 증상뿐 아니라 신체 증상을 보이는 환자를 점점 더 많이 다루면, 정신과 전문의나 만성 신체질환 전문가와 보다 복합적 관계로 발전하리라고 본다. 어쨌거나 분명한 것이 하나 있다. IAPT가 자율 운영으로 고유의 기풍과 기준을 발전시키지 않았다면 이토록 성공하지 못했을 것이라는 점이다. 아래 도표가 보여주듯 IAPT는 1, 2차 의료 서비스의 일부가 아니라 그 중간에 놓여 있다. 이것이 필수 조건이다. 그리고 주치의에게 진료받지 않고도 스스로 서비스를 선택할 수 있다.

마지막으로 IAPT가 제공되기까지의 제도적 절차를 살펴보겠다. 지역 단위로 어느 기관이 IAPT를 제공할지

**IAPT를 제공하는 곳**

```
           2차 정신 건강 서비스
            ↑           ↑
            |           |
         IAPT ← ---- 1차 진료 의사
            ↑           ↑
            |           |
                  환자
```

는 국립보건서비스의 자금을 받아 운용하는 지역 위원회의 위촉으로 정해진다.[23] 통상 위촉은 3년에 한 번 공개 입찰로 이뤄지며 입찰한 제공자는 2차 정신 건강 신탁(가장 보편적인)일 수도, 자발적 조직이나 민간 부문 제공자일 수도 있다. 자격을 갖추기 위해 제공자는 우리가 앞서 설명한 기준을 충족해야 한다. 이어 서비스와 관련해 정기적으로 외부 평가를 받아야 하고, 서비스가 훈련생 양성에 참여하는 경우 더 자세한 평가가 이뤄진다. 무엇보다 치료받은 모든 환자의 (익명) 자료를 제공하는 것이 중요하다. 이 자료로 서비스 접근이 어떻게 이뤄지며 또 환자가 얼마나 성공적으로 치료받는지, 또 실제로 회복했는지 알 수 있기 때문이다. 아마도 이 성과 측정은 IAPT에서 매우 중요한 특징 중 하나일 것이다. 그것은 궁극적으로 서비스의 질을 보증한다. 정신 건강 서비스를 위임받은 사람은 비용을 절약하려고 서비스의 질을 떨어뜨리는 경향이 있다. 그렇지만 자세한 평가가 이뤄지면 그들은 성과를 보여주는 수치를 공개 발표한다는 사실을 인식한다. 사실 성과 정보 공개야말로 영국 정신 건강 분야의 미래가 달린 핵심이다.

### IAPT를 향한 다양한 비판들

인간이 하는 일이 다 그렇듯 IAPT도 비판을 받는다. 물론 일부 지적은 정당하다. 현장에서 일어나는 일이 본래 의도한 바와 완벽하게 일치하는 것은 아니기 때문이다. 예를 들어 개인이 최초에 받을 수 있는 치료를 6회 이하로 제한한 위원회가 있었다. 이건 말도 안 되는 처사다. 이것은 마치 외과의사에게 "한 시간짜리 수술비를 낼 테니 60분이 지나면 그냥 봉합하시오. 나중에 치료를 계속할지 고민해보겠소"라고 말하는 것과 같다. 이는 IAPT가 아니라 위원회의 잘못이다. 이처럼 외적 영향으로 가끔 방향이 빗나갈 때도 있지만 그래도 많은 성과를 이뤘다. 어찌 보면 이토록 많은 성과를 이룬 것은 기적이다.

일부는 왜곡된 비판이다. 가령 어떤 사람들은 IAPT가 오직 인지행동치료만 제공한다고 말하지만, 실은 국립보건임상연구소가 권장하는 치료를 제공한다. 현재 IAPT에서 고강도 치료를 제공하는 치료사의 30% 정도가 자신을 비인지행동 치료사 또는 상담사라고 소개한다.[24] IAPT가 제공하는 치료는 국립보건임상연구소가 권장하는 치료로 제한하며 이는 불만의 가장 큰 원인이다.

하지만 역사적으로 볼 때, 국립보건임상연구소가 없

었다면 심리치료 확대는 불가능했을지도 모른다. 오늘날 정책 입안자들은 납세자의 돈을 쓰기 전에 근거를 요구하는데, 지출 영역이 자신들에게 낯선 경우 특히 그렇다. 그런 그들을 움직이게 만든 것은 바로 국립보건임상연구소가 제공한 근거다. 그렇다고 국립보건임상연구소에 최종 결정 권한이 있다는 뜻은 아니다. 제대로 진행한 시험으로 효과를 증명할 다른 좋은 치료법이 있을 수 있고, 우리는 이것이 재정적으로 가능한지 확인해야 한다.

IAPT가 국립보건서비스의 다른 심리치료 부문을 위축시켰다는 비판은 어떨까? 가끔 그럴 때도 있지만 그게 일반적인 것은 아니다. 292쪽 도표에서 볼 수 있듯 IAPT를 제외한 국립보건서비스의 심리치료(대개 2차 정신 건강 분야를 담당)를 위한 지출은 줄지 않았다. 오히려 국립보건서비스의 정신 건강 지출에서 심리치료 지출이 차지하는 비율을 보면 2배로 늘어 상당한 성과를 이뤘다고 볼 수 있다.

또 다른 비판은 IAPT의 동기와 관련이 있다. 이 서비스는 본래 사람들이 일하도록 만드는 것이 궁극적 목표일까? 전혀 그렇지 않다. 이 프로그램은 인도주의에 입각한 프로젝트로 다른 주요 건강 프로그램과 다르지 않다. 물론 더 많은 환자가 일할 수 있으면 결국 국가에 이익이겠지만

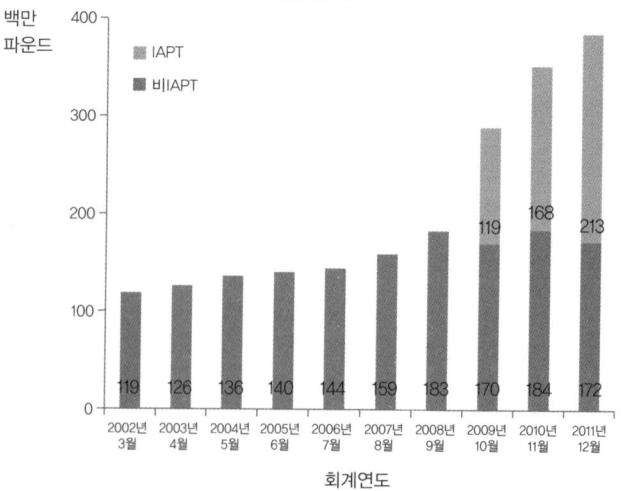

그것이 프로그램의 핵심 목표는 아니다. 앞서 논의했듯 이는 환자의 극히 일부(4%라고 이야기했다)에 해당한다. 이 프로그램은 일과 상관없이 고통받는 모두를 위한 것이다.

마지막으로 IAPT가 회복률을 지나치게 과장한다는 일부 비판이 있다.[25] 회복률은 치료 첫 회기와 마지막 회기 때 측정한 점수를 비교해서 얻는다. 이 계산은 적어도 2회 이상 치료받은 사람에게만 적용한다. 비판하는 사람들은 2가지를 주장한다. 먼저 그들은 한 번도 진료를 받지 않았거나 한 번만 진료를 받은 사람까지 모두 분모에 포함하여 IAPT의 치료 성공률을 계산해야 한다고 말한다. 이 주장은 마치 수술받지 않은 환자를 포함해 외과의사에게 의뢰한 모든 환자를 평가한 다음, 원래 의뢰한 환자 중 몇 명이 수술에 성공했는지 그 비율을 보겠다는 것이나 마찬가지다. 이는 황당한 접근 방식이지만 유감스럽게도 이처럼 잘못된 전제에 바탕을 둔 분석 결과를 발표하는 이들이 있다.

이보다 합리적인 비판은 서비스가 무작위 배정 임상시험에서 한 것만큼 환자 상태를 꾸준히 추적하지 않았다는 점이다. 위원회는 후속 조치 비용을 지원하는 데 미온적 태도를 보여왔다. 앞으로 변화하기를 바란다. 뉴엄과 동커스터 사례로 개선 상태를 지속한다는 사실을 확인했으나 그 결과가 모든 서비스에서 나타나는지 확인해야 한다. 이상적인 방법은 IAPT가 제공하는 치료를 마친 환자가 나중에 1차 의료기관에서 진료받을 때 측정을 마무리하는 것이다.

**IAPT의 미래**

IAPTI는 목표의 절반도 이루지 못했다. 우리는 IAPT

개발을 제안하면서 6년 동안 합리적으로 시도할 수 있는 것이 무엇일지 생각했다. 치료 서비스의 질을 기준에 맞추어 유지한다는 것을 전제로 6년 안에 매년 잉글랜드에서 우울증과 불안장애로 고통받는 600만 명 중 약 15%를 돌보는 서비스를 목표로 삼을 수 있다고 판단했다. 그러려면 치료사 8,000명이 필요하고 그중 6,000명은 훈련을 통해 새로 양성돼야 했다. 이는 가능한 목표로 밝혀졌다.

하지만 심리치료가 필요한 사람과 심리치료를 원하는 사람 모두가 치료받으려면 훨씬 더 많은 인력이 필요하다는 사실이 점점 더 분명해졌다.[26] 그 가장 명백한 증거는 치료받은 사람이 빠르게 증가하고 있는데도 **치료 대기 시간** 역시 늘고 있다는 사실이다. 2013년까지 새로운 환자의 20%는 진료 신청 뒤 4주 안에 진료를 받았으나, 다수의 지역에서는 1년 이상 대기해야 했다. 또한 아직까지 햄프셔주 베이싱스토크 같은 주요 중심 도시(인구 약 20만 명)에 IAPT가 없어서 우울증이나 불안장애를 위한 심리치료를 받지 못하는 경우도 있다.

두 번째 문제는 정신질환을 함께 앓는 **만성 신체질환**(폐질환, 심장질환, 관절염, 당뇨) 환자가 많다는 점이다. 우리는 IAPT가 정신질환을 함께 앓는 신체질환자 400만 명 중 추가로 더 많은 사람을 도와야 한다는 사실을 깨달았다. 살펴본 것처럼 이를 가능하게 하는 효과적인 치료법이 있지만 그 방법들은 가장 단순한 형태의 인지행동치료 이상을 요구한다. 신체질환과 그 질환으로 공포와 좌절이 커질 수 있다는 사실을 인지하는 치료사도 필요하다. IAPT는 이들을 다룰 새로운 형태의 훈련을 개발해야 한다. 나아가 심리치료사와 병원 그리고 주치의가 서로 더 긴밀하게 협력해야 한다.

세 번째 문제는 **조현병이나 정신증과 유사한 문제**를 지닌 사람들을 치료하는 일이다. 국립보건임상연구소의 지침에는 이들에게 심리치료를 제공해야 한다고 나와 있다. 현실을 보면 대부분 그렇게 하지 못하고 있다. 2011년 새로운 연립정부는 정신 건강 정책을 발표하면서[27] IAPT의 소관을 신체질환을 동반한 사람과 조현병 혹은 정신증과 유사한 문제를 지닌 환자, 노인을 포함하는 것으로 확대했다.[28] 그런데 예비 연구 비용을 제외하면 추가 지원금은 없었다.

IAPT의 첫 단계를 완료하는 2015년에는 **추가로 큰 확장**이 있을 것으로 본다. 치료가 필요한 사람 중 서비스를 받는 비율인 15%는 2020년까지 25%로 증대하고, 회복 목표는 똑같이 50%를 유지해야 한다. 또한 최소 80% 환자가 28일 이내에 치료를 시작하는 신체질환 전문 치료와 같아지도록 심리치료 대기 시간 목표를 설정해야 한다. 이것이 가능하려면 매년 최소 치료사 1,000명을 훈련해야 한다.

해결해야 할 또 다른 큰 문제도 있다. 바로 **고용**이다. 대다수에게 일은 치료 효과가 크다. 일은 삶의 의미와 목적을 제시하며 그것은 우리가 매일 세상과 관계를 맺는 이유다. 그러나 치료사는 환자가 직장을 구하거나 직장이 있는 경우 직장 생활을 지속하도록 돕는 전문가가 아니다. 따라서 치료사는 언제든 환자에게 필요할 때 고용과 복지를 조언해줄 수 있는 사람들과 협력해서 일해야 한다. 이런 이유로 IAPT 지침에는 언제나 각 팀에 치료사 8명마다 한 명의 고용 전문가를 포함해야 한다는 내용이 담겨 있다.

참으로 안타깝게도 몇몇 지역 외엔 이를 실현하지 못하고 있다. 그 이유는 다소 정치적 이해관계 때문이다. 본래 보건부가 제안한 IAPT 예산은 고용 지원을 위한 자금을 포함하고 있었다. 그런데 이것을 노동연금부가 지급하겠다고 나서면서 그 돈은 보건 예산에서 제외됐다. 노동연금부는 그 돈을 스스로 마련하지 못했다. 이는 모든 프로그램에서 가능한 한 자금 조달과 관리 책임의 주체를 일원

화해야 하는 이유를 보여주는 완벽한 사례다.

환자의 이익과 정부의 재정 향상, 이 2가지를 위해 고용 문제를 직접 다루는 일은 매우 절박하다. 현재 어떤 형태로든 치료받는 사람은 장애수당을 받는 전체 정신질환자의 절반에 불과하다.[29] 이건 말도 안 된다. 납세자는 치료가 가능한 상태인 사람들을 지원하고 있지만 그중 절반은 치료받지 않는다. 이들은 IAPT에 자동으로 등록되어야 한다.[30] 하지만 이는 IAPT팀에 충분한 고용 전문 상담사가 포함된 경우에만 가능할 것이다.

마지막 문제는 **연구**다. IAPT는 전례 없이 어마어마한 정보에 기반하기 때문에 자체 연구로 향상할 수 있는 엄청난 잠재력을 지니고 있다. 지금까지 살펴봤듯 회복률은 서비스마다 그 차이가 매우 크다. 우리는 그 자료를 널리 공개하고 연구 결과를 제공함으로써 부족한 서비스를 강화할 수 있다. 이는 비슷한 서비스를 제공하려는 다른 국가의 상황과도 밀접한 관련이 있을 것이다.

IAPT는 완벽하지 않다. 다른 어떤 조직과 마찬가지로 의도하지 않은 부작용이 있다. 그러나 짧은 시간 안에, 저명한 정신과 의사 사이먼 웨슬리가 "50년 만에 영국이 정신 건강에 일어난 가장 위대한 혁명"이라 부른 변화를 만들어냈다. 대다수 국가에서 우울증과 불안장애가 있는 성인은 부당한 대우를 받고 있으며 IAPT는 그들을 도울 수 있는 한 가지 방법이다.

그런데 아이들에게도 효과적일까?

___ **13장** ___

# 아이들에게는 어떤 치료가 효과적일까

제게 사랑하는 엄마, 아빠가 생기게 해주세요.
제 끔찍한 삶을 다시 시작하게 해주고,
삶이 너무 슬프지 않게 해주세요.

– 어느 여덟 살 소녀[1]

영국의 10대 중 약 7%는 자살이나 자해를 시도한 적이 있다.[2] 사람들은 아이들을 걱정하며 정부는 아이들에게 특별한 책임이 있다. 2010년 영국의 새로운 연립정부가 위험에 처한 아이들을 위한 조기 개입을 우선순위로 정했을 때 모두가 환영했다.[3] 그런데 2년이 지난 뒤 아이들을 위한 국가의 정신 건강 서비스는 절반으로 줄었다.[4]

아동의 정신 건강을 대하는 태도만큼 겉으로 내세우는 말과 행동에 차이가 큰 것도 없다. 영국 의료 품질 위원회Care Quality Commission 회장은 이를 두고 이렇게 언급했다.

"내가 기억하는 한 아이들을 위한 서비스는 국립보건서비스의 최우선 순위로 언급했고, 이어 신데렐라 서비스로 묘사했다. 그러나 그 신데렐라는 무도회 근처에도 가보지 못했다."[5]

이런 상황은 대다수 국가가 비슷하다. 그저 문제의 규모를 인정하지 않을 뿐이다. 선진국은 대부분 5~16세 아이들 10명 중 한 명이 심각한 정신적 문제를 안고 있는 것으로 진단받는다.[6] 충격적인 것은 그 아이들 4명 중 단 한 명만 전문 정신 건강 서비스를 받고 있다는 사실이다.[7] 이것이 영국의 현실이며 다른 나라는 대체로 상황이 더 나쁘다고 할 수 있다.

이는 믿을 수 없을 만큼 근시안적 상황이다. 우리가 살펴본 것처럼 정신 건강에 어려움을 겪었던 아이는 대개 성인이 되었을 때 정신질환을 앓는다.[8] 당연히 비참한 생활이나 파괴적 행동으로 수년을 허비할 때까지 기다리기보다 처음 증상이 나타났을 때 치료하는 것이 더 낫다. 인도적 관점에서든 임상적 관점에서든 대부분 상태가 너무 나

빠지기 전에 해결하는 편이 더 쉽다.⁹

 피해의 흐름을 가능한 한 일찍 끊어내는 조기 개입이 경제적으로도 도움을 준다는 강력한 근거가 있다. 영국에서 아동기에 품행장애가 있는 사람은 사회에 대략 15만 파운드(대략 2억 원)의 추가 비용(2014년 기준)을 지불하게 하는데, 이는 주로 사법 시스템과 관련이 있다.¹⁰ 비교할 만한 미국 수치는 더 잦은 수감 탓에 아마 더 높을 것이다.¹¹ 어쨌든 수치를 15만 파운드로 가정해보자. 그 함의는 간단하다. 만약 5,000파운드로 치료가 가능하다면, 30명 중 한 명의 아이만 구해도 비용이 들지 않는 셈이다. 추가로 인도주의적 가치까지 실현한다.

 그러면 우리에게 효과적인 치료법이 있을까? 대체로 그렇다.¹² 아동 관련 연구는 성인에 비해 많지 않지만 우리는 이미 국립보건임상연구소가 권장하는 효과적인 치료를 알고 있다.¹³

**아이들을 위한 불안장애와 우울증 치료**

 어른을 위한 불안장애 치료법과 우울증 치료법은 서로 비슷하다. 인지행동치료는 여덟 살 이상 아이들에게도 개인과 집단 치료 모두에서 성공적인 결과를 보인다. 인지행동치료에서 불안장애 회복률은 무작위 배당 임상 시험에서 50~60%로 나타났다.[14] 우울증은 인지행동치료나 대인관계치료 혹은 약물치료(신중하게 선택한 사례에서) 모두 좋은 회복률을 보였다. 정신 분석 치료나 상담치료는 연구에서 일관성 있게 성공한 기록이 없는 까닭에[15] 국립보건임상연구소는 두 치료를 권장하지 않는다.

### 파괴적 행동

아동기에 나타나는 단일 정신 건강 질환 중 가장 큰 문제는 전체 아이의 5%가 어느 시점에든 겪는 품행장애다. 여기에 해당하는 증상은 짜증, 불복종, 심술, 비난, 절도, (더 심각하게는) 파괴적 행동, 폭력, 무기 사용, 신체적 잔인성, 가출이다.

물론 효과적인 치료법이 존재한다. 심각도가 고도인 경우를 제외하면 어린아이를 위한 표준 치료법은 대부분 '부모 훈련'이며, 캐롤린 웹스터-스트래튼Carolyn Webster-Stratton이 개발한 '놀라운 시기를 위한 프로그램Incredible Years Programme'을 가장 흔히 사용한다. 이 치료를 위해 부모는 매

주 2시간씩 진행하는 집단 회기에 12주 동안 참석한다.[16] 첫 3주에는 아이를 주의 깊게 살피는 법을 배운다. 아이가 놀이를 주도하는 가운데 아이에게 잔소리나 비난하는 말을 하지 않으면서 함께 어울리는 법을 배운다. 그다음 단계에는 아이들이 바람직한 행동을 할 때마다 칭찬하는 법을 배운다. 그런 다음 규칙을 세운다. 이는 필요한 상황에서 눈을 마주치고 권위적이면서도 단호하게 분명한 지시를 내리는 방법이다. 지시 내용은 가능한 한 구체적이어야 하며 즉각 행동을 끌어낼 수 있어야 한다. 보상을 약속할 수는 있지만 막연한 가능성보다 "네가 이걸 할 때"라는 명확한 단서를 달아야 한다. 마지막으로 '벌'을 다룬다. 벌은 가능한 한 단순하고 자포자기하지 않을 만큼 약해야 한다. 사소하게 관심을 끌려는 장난은 무시하되 크게 잘못했을 때는 타임아웃(최대 5~10분)을 시행한다.

많은 나라에서 이 프로그램을 널리 시험하고 사용해 왔다. 규모가 가장 큰 시험은 잉글랜드에서 이뤄졌다. 이 프로그램으로 치료받은 아이는 치료받지 않은 아이에 비해 7년 뒤 적대적 반항장애(2장의 브라이언처럼)를 보일 위험이 80% 줄었다. 부모들의 보고에 따르면 치료받지 않은 아동에 비해 행동도 크게 개선됐다.[17]

그러나 정도가 심한 아이는 부모를 훈련하는 것 이상이 필요하다. 아이는 혼자든 부모와 함께든 진료받아야 한다. 상대적으로 어린아이는 부모와 함께 방문하며 부모와 자녀가 건설적으로 노는 방법을 배우는 부모-자녀 게임으로 치료받는다. 나이가 더 든 아이는 부모와 함께 치료받는 것만큼이나 혼자 치료받는 것으로 더 많은 유익함을 얻는다. 예를 들어 '분노 조절'을 치료받는 아이는 자신의 감정을 살피고 관리하는 법, 다른 사람의 행동에 반응하기 전에 생각하는 법, 다른 사람의 입장을 받아들이는 법 등을 배운다.[18]

정말 다루기 힘든 아이들을 위한 다중체계치료 multi-systemic therapy라는 것도 있다. 이 치료는 최소 12회 가정 방문으로 인지행동치료, 부모 훈련 그리고 커플 치료와 다른 구조화한 접근법을 혼합해 가족 전체가 협력하는 방식으로 진행한다. 이는 문제가 심각한 아이들에게서도 좋은 결과를 보였다. 개인 치료만 받은 아이는 범죄로 체포되는 비율이 71%인 반면, 다중체계치료를 받은 아이의 체포율은 22%였다.[19]

일부 아이에게는 ADHD 같은 매우 구체적인 문제가 있다. 이러한 아이는 통상 3가지 어려움을 조합한 증상을 보인다. 첫째, 무언가에 집중하는 능력인 주의력이 부족하다. 둘째, 가만히 앉아 있지 못하고 늘 움직이는 과잉 행동을 보인다. 셋째, 모든 일을 갑작스럽게 시작하고 억제하지 못하며 불쑥 대답하는 등 충동성을 보인다. 이 장애는 품행장애에서 관찰할 수 있는 반사회적 행동과는 다르다. 이 문제는 유전자와 생물학적 요인이 강력하게 작용하는데, 이 때문에 보통 약물치료 반응이 좋다고 알려져 있다. 도파민 수치를 높이는 자극제인 메틸페니데이트(리탈린)라는 암페타민류를 사용했을 때 아이들의 75%가 증상이 사라졌다.[20] 그렇지만 심리치료를 함께할 때 효과가 더 좋을 수 있으며, 약물치료는 심각한 경우에만 제한적으로 사용해야 한다.[21]

종합하면 아동기에 흔한 정신질환에는 대부분 치료할 수 있는 효과적인 치료법이 존재한다. 그러나 심리치료와 관련해 4가지 핵심 사항이 있다. 첫째, 치료사 훈련의 중요성이다. 반사회적 행동을 치료하기 위한 부모 훈련 연구 하나를 예로 들 수 있다. 연구 시작 전 치료사들의 기술에 관해 평가를 진행했다. 그 평가에서 상위 3분의 1에 해당하는 치료사는 아이들의 사회적 행동을 1 표준 편차 이상 향상하는 것으로 나타났다. 306쪽 도표에서 볼 수 있듯 숙

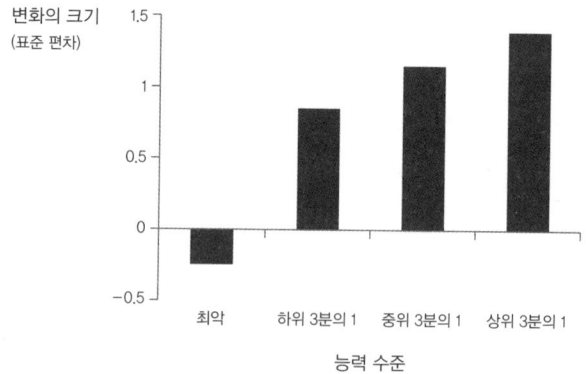

**아이들의 반사회적 행동에 영향을 미치는 치료사의 역량**

련도가 낮은 치료사는 사실상 좋지 않은 치료가 늘 그렇듯 실제로 부정적 효과를 냈다. 이는 전문적으로 훈련받은 인력이 얼마나 중요한지 보여준다.

치료 효과는 문제가 클수록(압도적이지만 않으면) 더 크다. 이 속성은 진단과 제대로 진행한 평가의 중요성을 강조한다. 모든 치료가 그렇듯 효과가 다소 감소하는 현상도 있다. (이 경우) 주요 치료가 끝난 후 간격을 두고 아이들을 다시 만나 추가 치료를 하는 '치과 치료' 모델을 강력하게 권장한다. 마지막으로, 매우 그럴듯해 보이는 방법이 별다른 효과를 내지 않는 경우가 많다. 예를 들어 품행이 바르지 않은 아이를 비슷한 아이들이 있는 여름 캠프에 보내는 것은 범죄 행위를 줄이지 못한다. 혹독한 극기 훈련소 같은 곳에 보내는 것도 마찬가지다.[22] 두 경우 모두 인간 본성에 관한 잘못된 이해에 기초하고 있다. 우리가 살펴본 것처럼 더 나은 인간 본성 모델에 기초한 다른 치료법도 충분히 체계화시키지 않으면 실패할 수 있다.

### 아이들을 위한 IAPT

2010년 영국 정부는 아이들이 효과와 관련해 확실한 근거가 있는 치료를 받도록 했다. 이것은 아이들을 대상으로 한 정신 건강 서비스의 근본적인 개혁을 포함한다. 아이들은 사실상 많은 지역에서 우울증과 불안장애 치료가 전혀 없는 어른의 상황과는 달랐다. 이미 전 지역에 1만 명 가까운 인원을 고용한 아이들을 위한 심리 기반 서비스가 존재했다. 다만 이 서비스는 아이가 극단적 문제를 보이지 않는 이상 쉽게 이용할 수 없었다. 설문 조사 결과 제공하는 치료는 대부분 근거 있는 효과에 기반하고 있지도 않았다. 2008년 조사에서는 국립보건임상연구소의 지침을 이행한다고 답한 서비스 기관이 절반도 되지 않았다. 또 다른 조사에서는 치료사의 절반이 인지행동치료를 적용하는 사례가 전체의 5분의 1도 안 된다고 답했고, 3분의 2는 아이에게 초점을 둔 인지행동치료 훈련이 더 필요하다고 말했다.[23]

이에 따라 정부는 서비스 향상을 위한 4년짜리 프로그램을 시작했다. 이 '아동과 청소년을 위한 IAPT Children and Young People's IAPT' 프로그램에는 성인과 마찬가지로 훈련 프로그램(인지행동치료에 초점을 둔 부모 훈련, 체계적 가족치료, 대인관계치료)과 더 나은 서비스를 위한 개별 프로그램, 2개 부문이 존재한다. 프로그램에 있는 모든 서비스는 회기마다 아이들의 경과를 검토하는데, 이것은 치료사에게 아이의 상태가 어떤지 정확한 지식을 제공한다. 동시에 슈퍼바이저가 더 성공적인 결과를 얻을 방법에 초점을 두도록 해준다.

아직 갈 길이 멀다. 특히 정부가 지역 당국에 주는 재정 지원이 줄어들어 이 장의 시작 부분에서 말한 것처럼 아동 정신 건강 서비스에 엄청난 삭감이 이뤄진 경우가 그렇다.[24] 이런 상황에도 불구하고 새로운 프로그램에 영감을 받은 서비스 기관에 새로 엄청난 힘이 실리고 있다. 10년 후쯤이면 영국은 어려움을 겪는 더 많은 아이에게 국립보건임상연구소가 권장하는 최고 수준의 치료를 제공할 것이다. 이로써 아이들이 더 행복하고 건강하며 생산적인 삶을 살 가능성이 크게 확대되리라고 본다.

하지만 접근성과 관련해 또 하나의 큰 문제가 있다. 대다수 국가와 마찬가지로 영국에서는 지금 당장 아이가 전문가에게 치료받으려면 상태가 매우 심각해야 한다. 학습과 교우 관계에 부정적 영향을 줄 수 있는 경도에서 중등도의 문제가 있는 아이가 진료받는 경우는 아주 드물다. 이런 상황은 바뀌어야 한다. 각 학교에는 학교 안에서 아이들을 볼 수 있는 전담 시간제 심리치료사가 있어야 한다. 이는 2020년까지 적어도 4분의 1까지 서비스를 대폭 확대해야 한다는 것을 의미한다.

고통받는 아이들에게는 다른 지원도 필요하다. 이들에게는 부모 다음으로 아이의 고통을 가장 잘 발견하고 이해할 수 있는 교사가 필요하다. 상황이 매우 나쁘면 사회복지사나 경찰, 법원의 도움이 필요할 때도 있다. 이들은 모두 서로 긴밀히 협력해야 하며 여기에는 반드시 치료를 포함해야 한다.

전 세계에서 정신 건강 문제로 고통받는 수많은 아이가 도움을 받지 못하는 현실은 부당하다. 아이들이 스스로 목소리를 내기는 어려우며 부모들은 부끄러움 때문에 나서지 못하는 경우가 많다. 어려움을 겪고 있는 아이를 돕기 위해 우리는 우선순위를 완전히 새롭게 정해야 한다. 과연 어떻게 해야 할까?

## 14장

# 정신질환은 예방할 수 있을까

나는 내 운명의 주인
나는 내 영혼의 지도자

— 윌리엄 어니스트 헨리, 〈인빅터스 Invictus〉

1977년 데이비드 올즈는 뉴욕주 애팔래치아 지역에서 '간호사-가족 파트너십 Nurse-Family Partnerships'이라는 그의 첫 연구를 시작했다. 연구의 목표는 가난하고 경험이 없는 10대 엄마의 양육 방식을 개선하는 데 있었다. 연구는 훈련받은 간호사들이 2년간 200명 가까운 엄마를 방문하는 것으로 진행됐다. 간호사는 엄마들과 신뢰를 쌓으며 크게 3가지 주제, 즉 엄마와 아이가 어떻게 하면 건강한 삶을 살 수 있을지, 아이를 정서적으로 잘 보살피는 방법에는 무엇이 있는지, 엄마 자신은 어떤 사람이 되고 싶은지에 관해 매뉴얼에 따라 대화를 나눴다.

그 엄마들의 아이는 지금까지 19년에 걸쳐 추적 관찰되고 있으며 무작위 배정한 통제 집단과의 비교도 진행 중이다. 이 프로그램을 경험한 아이들은 학교 성적이 더 우수했고 품행도 더 바르게 자랐다. 학교를 떠난 뒤에는 범죄도 훨씬 적게 저질렀다. 프로그램은 학업과 품행장애 감소 두 측면에서 모두 큰 성공을 거둔 셈이었다. 사회적 비용-편익 분석에서 더 높은 수입과 더 낮은 범죄 비용을 따진다면 프로그램이 제공한 이익은 아동 1인당 초기 비용 9,600달러(약 1,300만 원)을 뛰어넘는 수준이었다.[1] 현재 해당 프로그램은 영국 내에서 널리 운영되고 있으며 등록 예정인 엄마 수만 1만 5,000명이다.

도움을 제대로 주면 사람들의 삶을 더 나은 방향으로 바꿀 수 있다. 그렇다면 정신질환을 예방하고 건강한 삶을 촉진하기 위해서는 어떻게 해야 할까? 여기에는 2가지 주요 방법이 있다. 하나는 정신 건강에 대한 건전한 의식이 확산된 더 문명화된 사회를 만드는 일이다. 이 방법은 다음 장에서 논의한다. 이 장에서는 먼저 혹시 앞으로 겪게 될 정신질환에 저항할 능력을 어릴 때 미리 기를 수는 없을지를 이야기하려 한다.

우리는 이제 막 그 요령을 알아가고 있다.[2] 이에 관한 과학은 발병 후 병을 치료하는 과학보다 훨씬 덜 발달했다. 장기간 추적 관찰한 연구가 거의 없으며 그럴듯해 보이는 많은 프로그램은 별다른 차이를 내지 못하고 있다. 이는 대개 프로그램의 운영 기간이 너무 짧기 때문이다.[3]

### 조기 개입의 중요성

그래도 자신감을 얻고자 '간호사-가족 파트너십'처럼 행동에 꾸준히 큰 효과를 미치는 것으로 밝혀진 3가지 개입을 살펴보자. 첫 번째는 미국 미시간주에서 시행한 유명한 페리 유치원Perry Pre-School 프로젝트다. 이 프로젝트는 고위험군에 속하는 아프리카계 3~4세 아이들을 대상으로 한 무작위 배정 임상 시험이다. 아이들은 유치원에서 반나절을 보냈고 매주 엄마들을 대상으로 가정 방문이 이뤄졌다. 조사 결과 프로그램에 참여한 아이들은 통제 집단 아이들과 비교해 프로그램에 참여하기 전보다 학업이 향상됐고 품행도 좋아졌다. 성인이 된 후 범죄 행위로 체포될 가능성은 대조 집단의 절반에 불과했다.[4] 모든 비용과 편익을 종합적으로 고려했을 때 이 프로그램에 투입된 재원의 사회적 수익률은 7~10%에 달했다. 이는 일반적인 주식 투자 수익률을 쉽게 상회하는 것이다.

노스캐롤라이나주의 에이비시데리언(기초 단계) 프로젝트Abecedarian Project에서도 비슷하게 좋은 결과를 얻었다. 이 프로젝트에서는 출생부터 다섯 살까지의 빈곤 가정 아이들을 대상으로 하루 종일 진행하는 놀이 기반 보육 프로그램을 제공했다.[5] 스물한 살이 됐을 때 이 아이들은 학교에 더 잘 적응하는 것으로 나타났고 수입이 더 많았다. 또한 범죄에 연루될 가능성이나 복지에 의존하는 비율이 대조 집단보다 더 낮았다.

이들 프로그램은 특별히 건강한 성장이 방해받을 정도로 환경과 조건이 열악한 아이들을 대상으로 진행된 프로그램으로, 상대적으로 비용이 많이 든 편이다. 1인당 비용이 그보다 적었던 프로그램으로는 볼티모어의 낙후된 지역 전체에 있는 학교를 대상으로 한 프로그램이 있다.[6] 품행 게임Good Behaviour Game이라 불린 그 프로그램에서는 각 초등학교 1학년 학급을 세 팀으로 나누는데, 각 팀은 팀원이 행동 규칙을 어긴 횟수에 따라 점수를 매겼다. 규칙 위반이 다섯 건보다 적을 때 팀의 모든 팀원은 보상받았다. 치료 집단과 통제 집단에 속한 아이들을 19~21세까지 추적 조사한 결과 치료 집단 아이들은 약물, 알코올, 담배 사용 비율이 의미 있게 낮았다. 반사회적 성격장애 사례도 마찬가지였다.

단, 개별 시험을 일반화할 때는 늘 조심해야 한다. 개입은 실제로 효과가 없을 때조차 우연히 효과가 있는 것처럼 보이는 경우가 있기 때문이다.[7] 이 문제를 극복하려면 수많은 시험 결과를 요약하는 메타 분석이 필요하다.[8] 학령기 아이들은 이것이 가능할 정도로 충분한 실험이 이뤄졌다.

### 사회 정서 학습의 힘

정신 건강 관점에서 주된 목표는 아이들이 자기감정을 이해하고 관리하는 것은 물론, 타인의 감정도 이해하고 공감하게 만드는 데 있다. 이것이 가능하려면 사회 정서 학습 social and emotional learning (SEL)이 모두 이뤄져야 한다.

카셀 CASEL[9]은 미국에서 사회 정서 학습을 널리 퍼트리는 데 관심이 있는 사람들의 협회다. 이 협회에는 여러 유명한 후원자가 있으며 최근 모든 아이를 대상으로 한 '보편적' 학교 기반 사회 정서 학습 프로그램에 관해 인상적인 메타 분석을 실행했다. 프로그램의 절반은 초등학생을, 나머지 절반은 중고등학생을 대상으로 했다. 결과는 고무적이었다.[10] 평균적으로 프로그램은 정서 건강, 품행, 학업 성적에서 의미 있고 즉각적인 효과를 보였다. 이러한 효과는 317쪽 표에 나타나 있다. 표가 보여주는 것처럼 프로그램에 참여한 아이들의 정서 건강과 행동 점수는 9점 높아졌다(1점에서 100점까지 점수를 매김). 놀라운 사실은 학업 역시 그만큼 향상되었다는 점이다.

아이들이 행복할수록 학업 능력도 더 높아지리라는 것은 명백해 보인다. 그러나 영국에는 사회 정서 학습이 성적에 집중해야 하는 학교의 역할을 방해한다고 여기는 정치인도 있다. 그러나 표는 사회 정서 학습과 학업 능력이라는 두 가지 목적이 서로 배타적이지 않고 상호 보강한다는 점을 보여준다.

여기서 얻을 수 있는 첫 번째 교훈은 정서 건강을 목표로 한 프로그램이 학업 성취에도 좋은 영향을 준다는 사실이다. 두 번째 교훈은 프로그램은 대부분 문제가 적은 아

**사회 정서 학습 프로그램은 효과가 좋다**

| 효과가 있는 영역 | 백분위수 포인트의 평균 증가율 | 프로그램 수 |
| --- | --- | --- |
| 정서 건강 | 9 | (106) |
| 품행 | 9 | (112) |
| 성적 | 11 | (35) |

이보다 문제가 많은 아이에게 더 유익하다는 점이다.[11] 이 것이 더 정밀한 목표 집단을 선정하기 위한 주장처럼 보일 수 있으나 꼭 그렇지는 않다. 더 정밀한 목표 집단을 선정하는 일은 그 자체로 해로울 수 있다. 또한 보편적 프로그램은 심리적인 깨달음을 위한 전체 분위기를 조성함으로써 도움이 필요한 아이가 가장 큰 혜택을 받게 해준다.

카셀 분석으로 알게 된 세 번째 중요한 사실은 명확하고 뚜렷한 결과를 내는 매뉴얼화된 프로그램과 학생들의 활발한 참여를 요구하는 프로그램이 가장 효과가 좋다는 점이다. 가장 좋은 프로그램은 '매뉴얼화된' 프로그램으로 이 프로그램에는 교사에게 제공하는 구체적인 매뉴얼이 존재한다. 매뉴얼이 얼마나 중요한지는 최근 영국이 '학습의 사회 정서 측면 Social and Emotional Aspects of Learning(SEAL)'이라는 국가 프로그램으로 얻은 경험이 잘 보여준다. 이 프로그램은 인지행동치료와 유사한 개념을 기반으로 '정서 지능'과 '사회 지능'이라는 표현에 담긴 개념과 맥락을 같이한다.[12] 그런데 매뉴얼화된 절차가 없는 이 프로그램은 주제와 가능한 자료의 목록을 발행하는 것 이상으로 나아가지 못했다. 평가자들이 중고등학교에서 SEAL을 대조 집단과 비교했을 때 그들은 "학생들의 사회 정서 기술, 일반적인 정신 건강 문제, 친사회적 행동 혹은 행동 문제에 큰 영향을 미치지 못했다"는 사실을 발견했다.[13] 프로그램은 훨씬 더 정교해야 한다. 이는 교사를 무능력하게 만들려는 장치가 아니다. 이것은 수술 절차가 정교하다고 외과 의사의 기술력이 떨어지지 않는 것과 마찬가지다.

네 번째 교훈은 하지 말아야 하는 것에 초점을 둔 프로그램은 거의 성공하지 못한다는 사실이다. 이는 섹스, 약물, 알코올, 담배, 범죄 모두에 해당한다.[14] 관련 사례로 미국의 스케어드 스트레이트Scared Straight 프로그램을 들 수 있다. 이 프로그램에서는 청소년들에게 교도소가 얼마나 무서운 곳인지 보여주었다. 20년 뒤 프로그램에 참여한 학생들은 그 경험 덕분에 문제를 일으키지 않았다고 말했다. 하지만 연구 결과 통제 집단에 비해 더 높은 비율의 사람들이 법을 위반했다. 다른 7개 '스케어드 스트레이트' 프로그램 평가에서도 마찬가지 결과가 나왔다. 이와 유사하게 약물과 알코올 사용을 저지하는 데어DARE(Drug Abuse Resistance Education) 프로그램에서는 비용을 들여 경찰관들이 학교를 방문해 위험성을 설명하게 했다. 그 결과는 어땠을까? 음주와 약물 복용이 대조 집단에서보다 더 많이 나타났다. 그런데도 미국 학교의 75%에서 여전히 이 프로그램을 시행 중이다.

이들 프로그램은 트라우마 상황을 겪은 직후 심리적 재진술 치료가 그랬듯, 그럴듯해 보이지만 실제로는 상태를 악화시키는 전형적인 사례다. 10대 엄마에게 아이를 더 낳지 않게 하려고 돈을 지급하는 것처럼 전혀 효과가 없는 다른 방법들도 있다. 효과가 있는 프로그램은 뭔가를 금지하기보다 긍정적 생활 방식을 권장하는 데 초점을 둔다. 간단한 예로 자원봉사할 기회를 얻은 10대 엄마가 아이를 더 낳을 가능성이 낮아진다. 좋은 프로그램은 '긍정적 측면에 초점'을 두며, '매뉴얼을 마련'하기 때문에 교사의 개인 능력에 의존할 필요가 없다.

프로그램에서 꽤 일반적으로 나타나는 또 하나이 현상은 시간이 흐르면서 그 효과가 쇠퇴한다는 점이다.[15] 물론 프로그램의 초기 효과는 평균적으로 꽤 낮다. 보통 프로그램을 끝내고 6개월이 지났을 때 약 0.25 표준 편차, 즉 10%포인트만큼 개인 행복도의 평균을 높인다. 그러나 이후 그 효과는 쇠퇴한다.

그러나 이러한 프로그램은 너무 짧게 운영된다. 위에서 논의한 프로그램은 실행에 소요되는 시간이 20시간 미만인 경우가 대부분이다. 아리스토텔레스가 늘 강조했듯 핵심은 좋은 습관이다.[16] 좋은 습관은 오직 꾸준한 반복으로만 만들 수 있다. 과연 20시간짜리 프로그램이 많은 아이의 삶을 바꿀 거라고 기대할 수 있을까? 이 생각은 합리적이지 않다.[17] 물론 우리는 아직 심리 혁명 초기 단계에 있다 보니 작은 발판 같은 20시간마저 진정한 진보처럼 느껴진다. 하지만 우리에게 정말 필요한 건 사회 정서 기술 개발이 초등학교와 중고등학교를 포함한 모든 학교의 핵심 목표가 되는 것이다.

### 근거에 기반한 새로운 실험

이 접근은 막연히 그럴듯한 억측이 아닌 근거에 기반해야 한다. 먼저 학교 전체 분위기에 근본적인 변화가 있어야 한다.[18] 아이들이 학교생활을 하며 적어도 한 주에 한 시간 동안 효과를 입증한 매뉴얼화된 프로그램 기반의 사회 정서 학습 교육 과정을 완수하면, 혜택을 볼 수 있다. 우리는 정신 건강, 책임 있는 인간관계와 성관계, 알코올, 담배, 약물 소비 등에 긍정적 영향을 미치는 학교 기반 프로그램을 찾기 위해 전 세계를 탐색했다. 그리고 그런 프로그램 중 최고를 선별해 11~14세 아이들을 위한 주간 교육 과정을 설계하고 이를 30개 학교에서 시범 운영 중이다.[19] 이 교육 과정은 사회 정서 학습뿐 아니라 성생활, 인간관계, 양육, 건강한 생활 방식, 정신 건강, 마음챙김을 아우른다.[20] 우리는 이 프로그램의 진행 과정과 경과를 계속 지켜볼 것이다.

### 회복탄력성

우리 실험에 포함된 2가지 특징을 더 자세히 살펴보자. 첫 번째 특징은 회복탄력성이다. 우리가 제안한 교육 과정은 펜 회복탄력성 프로그램Penn Resilience Programme으로 시작한다. 이 프로그램은 마틴 셀리그먼의 주도로 만들어 졌다. 셀리그먼은 아론 벡의 초창기 제자로, 인지행동치료 개념을 그저 불행을 줄이는 데 적용하기보다 행복 증진에 적용했다. 그런 목적으로 셀리그먼은 '긍정 심리학'이라 이름 붙인 심리학을 개발했으며, 현재 긍정 심리학은 전 세계적인 운동으로 자리 잡았다.[21] 셀리그먼의 회복탄력성 프로그램은 18시간짜리로 아이들은 15명씩 그룹을 이룬다. 그리고 교사는 10일 동안 훈련을 받는다. 메타 분석에서 이 프로그램의 평균 효과는 앞서 인용한 카셀 분석과 유사하게 나타났다. 영국의 임상 시험에서 학업적 효과(5 백분위수 포인트)가 향후 2년 동안 지속된 것을 제외하면, 이 또한 쇠퇴하는 경향을 보인다.[22]

회복탄력성 프로그램은 현재 미 육군에서 전투 후 정신적 외상 경험에 따른 외상 후 스트레스 장애 발생을 줄이려는 목적으로 모든 군인에게 사용하고 있다.[23] 이 프로그램을 의뢰한 사람은 5성 장군 케이시로 그가 내세운 인상적인 목표는 "모든 병사는 신체적으로도, 심리적으로도 건강해야 한다"였다. 이 훈련 프로그램의 첫 번째 책임자는 코넘 준장이었는데, 그녀는 1차 걸프전에서 포로로 붙잡힌 뒤 이라크군에게 성추행과 고문을 당한 일로 전 세계에 알려진 바 있다. 코넘 준장이 회복탄력성을 모른다면 누가 알겠는가?

### 마음챙김

우리 실험의 두 번째 중요한 특징은 마음챙김이다. 마음챙김은 모든 수업에서 필수로 자리 잡아야 한다. 이것은 가장 오래된 심리 수행의 한 형태로 부처나 어쩌면 그보다 더 오래전 사람들이 개발해 지금까지 전 세계에서 활용하고 있다. 마음챙김을 수행하는 동안 우리는 편견 없는 수용적 자세로 현재 벌어지는 일에 주의를 집중하는 법을 배운다. 먼저 자기 신체에 집중하는 것에서 시작하는데, 특히 호흡에 집중하고 긍정적 호기심으로 자신의 감각을 살핀다. 그런 다음 사고와 감정이 어떻게 생기고 사라지는지 지켜본다.

나쁜 감정은 두 단계를 거쳐 생겨난다. 우선 외부에서 촉발하는 자극이 있고 그 자극에 생각이 반응하면서 상황이 나빠진다. 우리는 나쁜 경험을 회피하듯 밀어내지 않고 여기에 우호적으로 접근하는 태도를 배워야 한다. 외부에서 자신을 있는 그대로 관찰하면 자기 생각과 감정에 갇히지 않는다.[24] 이런 수행으로 자신을 연민하고 나아가 타인을 연민하는 법을 배운다.

서양에서는 지금까지 수백만 명의 사람이 존 가빗진이 개발한 마음챙김 기반 스트레스 감소Mindfulness-based Stress

Reduction(MBSR) 과정을 수행했다. 그 표준 과정은 일주일에 한 번 8주간 진행한다. 진정한 효과는 매일 하는 수행으로 얻을 수 있으며 평생 이어가는 것을 목표로 한다. 이 과정은 특히 성인 집단을 대상으로 엄격한 평가가 이뤄졌다.[25] 수행자는 기분과 수면의 질이 좋아지고 약물 남용은 줄었다. 또한 집중력이 개선됐으며 공감 능력도 좋아졌다.[26] 이에 부합해 학습과 감정 조절에 매우 중요한 뇌 영역에서 회백질이 증가했다.[27]

마음챙김은 신체 건강에도 좋다. 스트레스가 코르티솔(투쟁-도피 호르몬) 생산 조절 기능을 교란하고 면역 체계를 약하게 만드는 것과 달리 마음챙김 기반 스트레스 감소 수행은 그 기능을 높인다. 한 연구에서 마음챙김 과정을 끝낸 사람들에게 4개월 뒤 독감 백신을 맞췄다. 325쪽 도표가 보여주듯 마음챙김 과정을 수행한 사람들은 대조 집단보다 항체를 더 많이 생산했다.

어쩌면 현재 미 해병 모두가 마음챙김 수행을 하는 것은 그리 놀라운 일이 아닐지도 모른다. 이 수행은 어린이와 청소년에게도 효과가 좋다고 알려져 있다. 아이들을 대상으로 한 임상 시험은 어른에 비해 많지 않지만 그 결과는 비슷하다. 아이들도 정신 건강과 품행이 좋아졌다.

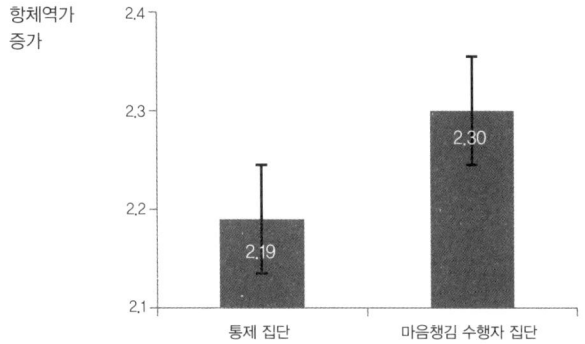

마음챙김 수행자는 독감 백신 접종 뒤 항체를 더 많이 생산했다

이러한 수행은 학습 능력을 높여줄 수밖에 없다.[28] 따라서 모든 수업을 시작하기 전에 3분간 '호흡 고르기breathing space' 같은 짧은 마음챙김 수행을 하는 것과 관련해 할 이야기가 많다. 이 수행은 많은 청소년의 삶을 어렵게 만드는 학교 내 무질서 문제를 해결하는 데도 크게 기여할 수 있다.

### 학교 규율이 중요한 이유

학교 내 무질서는 금기시하는 주제다. 이를 논의하는 것은 정치적으로 올바르지 않으며 놀랍게도 상황이 나빠지는지 좋아지는지 보여주는 시계열 데이터도 없다.[29] 정치적인 관점에서 정답을 찾는다면 '무질서는 생길 수 없다'는 것이다. 그러나 많은 아이와 그들의 학부모가 학교에서 겪고 있는 무질서는 커다란 문제다. 미국의 12~18세 표본 중 겨우 29%만 학교 현실이 학생을 자상하게 격려하는 분위기라고 답했다.[30] 영국 대도시 지역의 11~14세 아이들을 대상으로 한 설문 조사에서는 29%가 매일 다른 학생이 수업을 방해하려 한다고 말했다. 43%는 다른 학생이 '항상' 혹은 '툭하면' 너무 시끄럽게 굴어 수업에 집중하기 어렵다고 했다.[31]

교사들도 똑같이 말한다. 국가가 시행한 대표 조사에서 영국 교사들은 수업 방해(43%), 말대꾸(47%), 공공연한 반항을 포함해 지속적이고 악의적인 방해 행동(19%), 학생이 다른 학생을 폭력으로 위협하는 행위(16%), 시설물 손상(9%) 등을 '일상적으로' 경험한다고 보고했다. 여기에 더해 적어도 '매주' 직접 밀치는 일 같은 물리적 접촉 혹은 원치 않는 신체 접촉을 겪고(7%), 학생이 다른 교직원에게 폭력을 가하는 행위를 목격하며(6%), 학부모가 교사에게 가하는 폭력적 위협(2%)을 경험한다고 답했다.[32]

교실 내에 질서가 잘 잡혀 있으면 이런 문제는 거의 발생하지 않는다. 질서를 잡는 방법은 증거 기반 방식으로 체계 있게 배울 수 있다. 그 과정은 3~5일간 대학에서 진행하는데 가끔 후속 조치도 거친다. 교사들은 이 과정에서 부모들이 '놀라운 시기를 위한 프로그램'으로 알려진 양육 기술 훈련에서 배우는 것과 같은 기본 기술을 익힌다. 여기에는 (1) 침착함 유지하기 (2) 가능한 한 칭찬을 많이 하기 (3) 즉각 작은 벌 주기 등이 있다.[33] 무작위 배정 임상 연구는 훈련이 얼마나 효과적인지 보여준다.[34] 여기에는 모든 연령대에 적용할 수 있는 기본 원칙이 있다.

### 모든 환경은 행복에 기여해야 한다

아이들의 정신 건강 향상을 위해 전문가가 할 수 있는 일은 엄청나게 많다. 미취학 단계라면 영국의 슈어 스타트Sure Start[35]와 상대적으로 잘 매뉴얼화된 미국의 헤드 스타트Head Start[36]처럼 취약한 학부모를 돕는 프로그램이 있다. 간호사가 위기에 처한 엄마의 멘토가 되어주거나, 전문가가 가정을 방문해 산모의 우울증을 검사하고 치료하는 것도 가능하다.[37]

일단 아이들이 학교에 입학하면 모든 환경이 아이들

의 학업 발달뿐 아니라 행복에 기여해야 한다. 우리가 5장에서 살펴본 것처럼 아이들의 행복에는 지적 발달보다 정서 발달이 더 큰 영향을 미친다. 물론 학교는 다른 많은 곳에서 그렇게 하듯 2가지 측면 모두 신경 써야 한다. 그러려면 올바른 학교 분위기를 갖추고 정신 건강에 도움을 줄 수 있는 삶의 기술 life skills을 헌신적으로 가르쳐야 한다. 현재 대다수 영국 학교에서는 이를 가르치고 있으며 미국 학교에서도 60%가 그렇게 하고 있다.[38] 앞으로는 지금보다 더 과학적 근거에 기반한 방식으로 발전하리라고 본다. 모든 교사가 정신 건강과 삶의 기술에 관해 기본 훈련을 받고, 중고등학교에서 이를 특별 과목으로 교육하면 도움을 받을 것이다.

삶의 기술은 가르치기 어려운 주제다. 어느 열세 살 소녀는 한 장학관에게 이런 말을 했다.

"제 생각에 '개인, 사회와 건강 교육 PSHE' 과목은 전문가가 가르쳐야 할 것 같아요. 그 과목을 전혀 모르면서 가르치려 드는 선생님이 아니라요."[39]

만약 우리가 전문가를 더 육성한다면 학교에 심리적으로 더 사려 깊은 교사가 올 테고, 그들은 다음 장에서 논의하는 돌보는 사회를 위한 사절 역할을 할 것이다.

또한 학교는 모든 아이가 입학하고 졸업할 때 아이들이 얼마나 행복한지 측정이 가능하리라고 본다. 이는 그렇게 하지 않을 경우 발견하지 못할 정신질환을 찾는 데 도움을 줄 것이다. 행동 문제보다 잘 드러나지 않는 정서적 어려움은 특히 더 그렇다. 아이들의 행복에 더 큰 무게를 둔다면 학교도 목표를 바꿔야 한다.

일부 학교는 이미 행복에 큰 무게를 두고 있지만 이들이 항상 좋은 평가를 듣는 것은 아니다. 영국의 한 초등학교 교장은 우리에게 정부 조사단이 방문했을 때의 경험담을 편지로 보내주었다.

"주말에 조사단장이 제게 말했습니다. '학생들과 교직원, 학부모가 모두 행복해 보이네요.' 저는 엄청난 칭찬을 기대하고 있었는데 이런 말이 이어졌습니다. '뭔가 잘못됐다고 해야겠군요.' 그때부터 우리 아이들은 극단적 시험 체제에 내던져졌습니다. 이는 교사의 사기를 떨어뜨리고, 아이들(특히 남자아이들)을 소외시키고, 학부모를 혼란스럽게 만들고 있습니다. 추진하는 일이 잘되길 빕니다. 우리 아이들에게 어린 시절을 허락하고 진정한 '교육'을 받게 합시다!"

대다수 학교는 아이들이 삶을 즐기는 통합적 인간으

로 자라나길 바란다. 새로운 심리학 지식이 이를 도울 수 있다. 분명 성적도 좋아지리라고 본다. 하지만 학교는 아무것도 없는 상태에서 운영할 수 있는 게 아니다. 학교도 곧 사회에 소속된 조직이다. 그렇다면 어떻게 더 나은 사회를 만들 수 있을까?

## 15장

# 더 나은 사회문화가 도움을 줄까

젠장, 크럽키 경관님. 우리는 무릎을 꿇고 있어요.
누구도 사회적 질병이 있는 녀석을 원치 않으니까요.

– 스티븐 손드하임, 〈웨스트 사이드 스토리〉

정신질환은 결국 사회적 질병인가? 부분적으로 그렇다. 7장에서 살펴본 것처럼 정신질환은 분명 지원과 신뢰와 협력 수준은 낮고 경쟁 수준은 과도한 국가에서 더 흔한 듯하다.

경쟁은 우리를 더 부유하게 만들지도 모른다. 그러나 사람들이 신분 사다리에서 더 높은 곳을 차지하는 것을 목표로 삼게 된다면, 경쟁은 사회 전체 관점에서 자기 파괴적 행위다. 어떤 사람이 사다리에서 자신의 위치를 높이면 다른 누군가는 상대적으로 내려간다. 사람들이 얼마나 열심히 노력하든 사회 전체는 나아지는 것이 없고, 스트레스와 고독이라는 엄청난 대가를 치를 뿐이다. 이것은 아마 미국에서 지난 60년간 행복과 불행의 수준이 전혀 달라지지 않은 이유 중 하나일 것이다.[1]

그렇다고 노력이 불필요하다는 얘기는 아니다. 목표가 현실적이라면 노력은 유익하게 작동할 수 있다. 대다수 우울증은 너무 높고 비현실적 목표를 위해 애쓰는 것에서 기인한다. 사회적 관점에서 우리는 모두 다른 사람이 추구하는 목표의 영향을 받는다. 서로를 얼마나 신뢰하는지는 중요하며 영국과 미국에서 타인을 신뢰하는 사람의 비율은 지난 40년 동안 거의 반으로 줄었다.[2]

### 어떤 목표를 세워야 할까

우리 사회는 어떤 종류의 목표를 장려해야 할까?[3] 이는 우리가 바라는 사회적 결과가 무엇인가에 달려 있다. 사람들은 대개 '행복은 가장 크고 불행은 가장 작은 사회'

가 최선이라고 생각한다.[4] 이것은 18세기 위대한 계몽주의 사상가들이 제시한 이상으로, 여전히 가장 설득력 있는 '좋은 사회'에 관한 묘사로 남아 있다. 그렇다면 행복이 가장 크고 불행이 가장 작은 사회에 가까워지기 위해 무엇을 어떻게 해야 할까?

뻔한 얘기지만 모든 개인이 결과에 기여해야 한다. 다시 말해 각자 우리를 둘러싼 세상에서 가능한 한 큰 행복을 만들고 (특히) 불행은 작게 만드는 것을 삶의 목표로 삼아야 한다. 이것은 꽤 버거운 목표다. 분명 우리 자신의 행복은 중요하지만, 그렇다고 우리가 맞대고 사는 다른 모든 사람의 행복보다 더 중요하진 않다. 한편으로 우리는 나라는 작은 존재보다 더 큰 무언가에 헌신할 때 행복을 느끼기도 한다. 불교의 현자 샨티데바가 다음과 같이 이야기한 것처럼 말이다.

"자신의 행복을 추구하는 자는 불행해질지니, 행복한 자는 타인의 행복을 추구한다."

우리 모두에게는 이기적인 면이 있지만 이타적인 면도 있다. 우리 중 일부는 다른 사람보다 더 이타적이다. 그 이타적인 면에 영감을 주고 그것을 발전시키는 데 문화가 중요한 역할을 한다. 시인 W.H. 오든이 말했듯 "우리는 서로 사랑하지 않으면 죽을 것이다."

더 자비로운 사회를 만들기 위해서는 어떻게 해야 할까? 가정, 학교, 일, 언론, 정부, 종교 단체 등 모든 조직에는 저마다 역할이 있다. 7장에서 살펴본 것처럼 모두가 중요하다.

### 부모 양육의 질을 높이는 법

부모는 당연히 결정적 역할을 한다. 부모의 사랑은 아이들의 자기애를 형성하는 데 필수적이며, 부부 관계는 인간이 서로 관계를 맺는 방식에 관한 최초의 본보기다. 상대적으로 자녀를 사랑하는 법이나 서로 사랑하는 법을 잘 모르는 부모도 일부 있다. 그러나 양육의 질을 높이기 위해 할 수 있는 일은 꽤 많다.

첫째, 이를 삶의 기술 교육 중 하나로 학교 수업에 포함시킬 수 있다. 청소년에게 부모의 막중한 책임감뿐 아니라 미래에 낳을지도 모를 아이들 그리고 미래의 배우자와 맺게 될 정서적인 요소도 가르칠 수 있다.[5] 둘째, 부모가 첫아이를 낳았을 때 필요한 출산과 양육에 관한 정보뿐 아니라 아이와 관계를 형성하는 법, 아이가 부모 사이를 갈라놓는 행동(흔히 있는 일)을 멈추게 하는 법 등 정서 문제와 관련된 수업을 제공할 수 있다.[6] 이상적 형태는 이런 수업을 무료로 제공하는 것이다. 그 수업이 삶의 질을 얼마나 높여줄지 한번 생각해보라.

만약 부모의 사이가 틀어지기 시작하면 어떻게 될까? 사회는 가정불화를 줄이는 일에 무척 관심이 많다. 조기 개입은 필수다. 우리가 앞서 설명한 커플 치료에 쉽게 접근할 수 있으면 정말 큰 변화를 일으킬 수 있다. 이상적인 상황은 부부의 유대 관계를 회복하는 것이며 우호적인 별거는 차선책이다.

어떻게 하면 가정생활을 더 안정적으로 만들 수 있을까? 사람들이 관계에서 어떤 가치를 추구하는지가 매우 중요할 것이다. 물론 사람들이 좀 더 이타적이면 진정한 변화를 만들 수 있겠지만 우선순위 문제도 있다. 누구를 가장 먼저 위해야 할까? 가정생활은 매우 중요하므로 많은 사람에게 그 대상은 가족일 것이다. 그러면 가족 내에서는 누구일까? 많은 부모가 서로를 대하는 방식에 아이들이 얼마나 관심이 있는지 심각하게 과소평가한다. 영국의 한 설문 조사는 10대와 그 부모들에게 다음 진술에 동의하는지 확인했다.

"잘 지내는 부모는 행복한 아이를 기르는 데 가장 중요한 요소다."

10대는 10명 중 7명이 동의했지만 부모는 3분의 1만 동의했다.[7] 그렇다면 반려자와의 관계는 어떻게 개선할 수 있을까? 자연스럽게 '상대방이 나를 더 사랑할 수 있도록 행동해야 한다'는 생각으로 이어질 수 있다. 그렇지만 이것은 이타적 동기가 아니다. 이는 다음에 제시하는 해결책보다 개선 가능성이 떨어진다.

"나는 반려자를 향한 사랑을 계속 유지하는 것을 최우선으로 할 것이다."

이러한 태도가 진정한 기회를 만든다.

### 학교라는 든든한 울타리

아이들의 생활에서 그다음으로 중요한 것은 학교다. 학교는 인간이 성장기 대부분을 보내는 장소다. 아리스토텔레스의 생각처럼 사람들은 습관대로 행동하는데, 좋은 습관이 들지 아닐지는 학습으로 판가름 난다. 그런데 안타깝게도 학교는 점점 시험 공장처럼 변해가고 있다. 학생들은 능력뿐 아니라 인격도 길러야 한다.

한 가지 방법은 우리가 이미 앞서 언급한 삶의 기술을 훈련하는 것이다. 또 다른 방법은 학교생활 전반에 윤리적 가치를 스며들게 하는 것이다. 여기서 가장 중요한 가치는 존중이다. 교사들이 서로를, 아이들을, 학부모를 존중해야 한다. 아이와 학부모 역시 존중하는 태도로 행동해야 한다. 그러나 존중만으로는 한계가 있다. 관심도 중요하다. 윤리는 '하지 않는 것' 그 이상의 문제다. 가령 아이들이 자신을 둘러싼 세상에서 가능한 한 행복은 키우고 불행은 줄이는 목표를 품고 성장했다고 해보자. 학교마다 그 이상을 표현하기 위해 다양한 언어를 찾을 수 있다. 문제는 이상주의를 기르기 위해 각자만의 방식을 찾는다는 데 있다. 만약 교사가 아이들에게 시험에서 다른 사람을 이기거나, 졸업 후 많은 돈을 벌길 바란다며 아이들의 이기적 본능에 호소하면 바람직한 사회를 만들 수 없다. 아이들에게는 품위 있는 본보기가 필요하다. 따라서 교사는 그냥 "너는 어떻게 생각하니?"라고 묻기보다 편안하고 당당하게 자신의 가치를 밝힐 수 있어야 한다.

### 노동자가 만족스러워하는 직장

직장 세계를 이야기하자면, 우선 고용주는 노동자들에게 다른 세상을 선사할 수 있다. 텍사스주 여성 노동자 900명에게 전날 있었던 일을 되짚으며 무슨 일을 했고, 어떻게 느꼈으며, 누구와 함께 있었는지 물은 적이 있다.[8] 그들은 하루 중 현장 관리자와 함께 있을 때를 최악이라고 느꼈다. 이는 현장 관리가 뭔가 질적으로 잘못됐다는 뜻이다. 최근 발표한 세계경제포럼 보고서는, 현장 관리자를 임명할 때 단순히 기술적 능력이 아니라 다른 노동자를 이끌고 동기를 부여하는 능력을 기반으로 해야 한다는 것을 핵심 권고 사항으로 제시하고 있다.[9]

노동자가 만족스러워하는 직장의 원칙이 무엇인지, 그 기준이 금전적인 측면에서 실제로 이익을 안겨주는지 궁금하지 않은가. 일부 연구는 3가지 기본 원칙을 발견했다.[10] 첫째, 노동자에게 현실적 목표를 명확히 제시하고 그들이 큰 그림 안에서 어떤 위치를 차지하는지 분명히 이해하게 한다. 둘째, 목표 달성 방식은 가능한 한 최대한의 자유를 보장한다. 셋째, 노동자들이 하는 일에 규칙적으로 지원과 피드백을 제공한다. 이런 직장에서는 많은 고용주가 원하듯 노동자가 자기 일에 전념하는 것은 물론 일을

즐긴다. 또한 고용주는 과도한 압박을 초래하는 성과급 지급을 피해야 한다.[11]

행복한 직장이 더 생산적이라는 좋은 증거는 분명 존재한다. 다만, 그 증거의 상당수는 통제 그룹 없이 선후관계를 인과관계로 오해하는 식의 오류를 포함하고 있다. 가령 한 경영 컨설턴트가 어느 회사를 방문해 작업 만족도를 조사한 다음 덜 행복한 부서를 재조직화하는 일을 돕는다. 이후 몇 년 동안 생산성이 높아진다는 식이다.[12]

더 주목할 만한 사례는 흥미롭게도 주주의 자기자본이익률을 비교 분석한 것이다.[13] 그 분석은 1985년 '일하기 가장 좋은 직장 100곳'으로 선정된 미국 100개 기업을 대상으로 진행했다. 연구진은 100개 기업 주가를 이후 25년 동안 추적 조사했고 다른 모든 미국 상장 회사 주가와도 비교했다. 25년 뒤, 일하기 가장 좋은 직장 100곳에 투자한 쪽의 수익률이 다른 회사 혹은 기업에 투자한 쪽의 수익률보다 50% 더 높았다.

그렇다면 좋은 회사는 노동자의 정신 건강 문제를 구체적으로 어떻게 다룰까? 정신 건강에 관한 문제는 직장에서 생길 수도 있지만, 4분의 3은 다른 곳(가족 혹은 단순히 개인)에서 발생한다. 그래도 회사가 어떻게 반응하는가는 매우 중요하며 회사마다 이러한 문제를 다루는 실천 원칙과 기준이 필요하다. 첫 번째, 현장 관리자는 그 문제가 꽤 보편적이라는 사실을 인지해야 한다. 관리자가 볼 때 만약 직장 동료가 정신적 어려움을 겪는 것 같다면 세심히 살펴야 한다. 두 번째, 노동자가 결근했을 때 현장 관리자는 친절한 태도로 무슨 문제가 있는지 물어본다. 질문 주체는 인사부서가 아니라 현장 관리자여야 한다. 문제에 가장 신경 써야 하는 사람은 현장 관리자이고, 업무와 관련해 필요한 조치를 마련하는 데 최적 위치에 있는 사람도 현장 관리자이기 때문이다. 세 번째, 정신 건강에 어려움을 겪는 것이 확인됐다면 (기밀 유지를 기본으로) 직장 내 직업 보건 서비스나 노동자 표준 의료 시스템을 통해 치료받게 한다. 또한 개인이 직업에 복귀할 때 업무 강도를 완화하는 기준이 마련되어 있어야 한다. 마지막으로, 회사는 스트레스 관리 차원에서 마음챙김 기반 스트레스 감소 프로그램 같은 예방 교육 과정을 제공함으로써 애초에 정신 건강 문제를 예방하기 위해 노력한다.

기업이 소비자에게 지녀야 할 책임은 무엇일까? 윤리적 기업은 사람들에게 좋지 않다고 판단하는 것은 팔지 않는다. 그러나 유감스럽게도 은행, 제약회사, 보험회사를 비롯한 많은 기업이 사람들에게 유익하지 않은 것을 팔아 막대한 돈을 벌어왔다.

**언론과 광고의 책무**

언론도 마찬가지다. 최근 한 조사에 따르면 평균적으로 영국 신문이 다루는 기사의 단 16%만 긍정적인 내용을 담고 있었다.[14] 이는 대체로 사람들에게 세상이 어떤지 물었을 때 언제나 자신이 직접 경험한 것보다 더 우울하게 보게 되는 이유를 방증한다.

언론이 그처럼 편향된 모습을 보이는 이유는 좋은 뉴스는 나쁜 뉴스만큼 많이 팔리지 않기 때문이다. 이는 타인의 불편함이나 단점에서 단기적 즐거움을 느끼는 인간의 부정적인 속성을 반영하는 것일 수 있다. 그렇다고 검열을 주장할 사람은 없을 것이다. 하지만 책임 있는 언론이라면 좋은 소식을 알리는 것도 목표로 삼아야 한다. 영국의 한 신문은 '찬사를 보내며…'라는 기획 기사로 제3의 지도자 칼럼을 싣고 있다.

언론의 자유는 소중하지만 거짓을 말하거나 고의로 인간의 악한 속성에 호소하는 경우 우리는 이를 비판해야 한다. 우리에게는 행동 강령과 이를 어겼을 때 필요한 징계 절차가 존재하는 타당한 직업으로서의 언론이 필요하다.[15]

광고는 특별한 문제를 일으킨다. 광고주는 특정 상품을 더 많이 팔려고 노력할 뿐이지만, 광고 산업 전체는 우리가 가진 것보다 더 많은 것을 원하게 만들고 결국 현재에 만족하지 못하는 상태로 만든다. 따라서 우리에게는 광고가 적은 것이 유익하다. 이는 광고에 추가 세금을 부과할 수 있는 좋은 근거가 된다.[16] 또한 알코올은 큰 사회 문제이므로 주류 광고는 충분히 제재할 수 있다.[17]

### 정부는 국민 행복 증진에 복무하는가

규제 문제를 얘기하려면 자연스레 정부의 역할을 떠올리게 된다. 토머스 제퍼슨은 "삶과 행복, 이것만이 좋은 정부의 정당한 목표"라고 역설했다.[18] 우리는 이 말에 동의한다. 이외에 정부가 존재하는 다른 어떤 이유가 있을까? 정부는 행복을 증진하고 특히 (덧붙이자면) 불행을 줄이기 위해 존재한다.[19]

이 관점에는 엄청난 함의가 있다. 즉, 정부의 성공 여부는 국민소득 성장이 아니라 불행 제거와 행복 증진으로 판단해야 한다. 같은 맥락에서 점점 더 많은 국가가 국민의 행복을 정기적으로 측정해 평가받고 있다. 그 시작은 2004년 OECD의 선진국 클럽에서 '진보란 무엇인가?'라는 주제로 열린 첫 회의였다. 국가의 행복을 처음 측정한 나라는 영국과 부탄이지만 현재는 OECD 회원국 모두에게 표준 방식으로 측정하도록 요구하고 있다.[20]

행복을 측정했다면 그다음엔 그것을 증대하려 노력해야 한다. 이를 위해서 행복이 무엇을 통해 얼마만큼씩 증진되는지 그 양적 차원을 깊이 이해해야 한다. 이것은 사회과학 조사의 중요한 목표 중 하나여야 한다. 행복을 증진하려면 국가의 우선순위에 근본적인 변화가 필요하다는 사실을 이미 알고 있다. 개인의 행복에 영향을 미치는 주요 외부 요인이 '소득'이 아닌 '(가정, 직장, 공동체에서의) 인간관계의 질'이라는 사실도 안다. 그리고 주요 내부 요인은 정신 건강과 신체 건강이다.[21] 이 말은 우리가 행복 증진을 위해 정신 건강은 물론 신체 건강, 아동·청소년·노인 지원, 가족 지원, 직업 교육 등에 더 많은 자원을 투입해야 한다는 것을 의미한다.

이러한 목적의 돈은, 가족이 다른 곳에 쓸 수 있도록 여유 자금을 남겨두는 것보다 행복을 증진하는 데 도움이 될 것이다. 이것은 이념의 문제가 아니며 평등과도 별로 상관이 없다. 이는 단순한 과학적 증거에 따른 결과다. 예를 들어 영국의 10~15세 아이들을 대상으로 한 어느 중요한 연구에서 가족 1인당 소득이 아이들의 행복에 영향을 미치지 않는다는 사실을 발견했다. 가장 중요한 것은 부모가 함께하는가, 학교에서 다른 아이들과 잘 지내는가, 운동을 하는가 같은 관계의 질이었다.[22] 이는 단순히 금전 소득에 집중하기보다 가족 관계와 사회 활동을 지원하는 정부 지출을 더 늘려야 한다는 것을 시사한다. 비슷한 주장이 영국 노동당의 프랭크 필드와 그레이엄 앨런 같은 용감한 정치인 덕분에 개진됐다.[23]

다시 말하지만, 소득이 아닌 행복이 목표가 되는 일은 경제 관리에 깊은 영향을 미친다. 경제학의 시카고학파에 따르면, 소득의 성장을 더 빨리 이어가려면 일련의 경기 침체와 호황이 지속하는 상황을 기꺼이 견뎌야 한다.[24] 이 철학에 휩쓸린 정치인은 더 빠른 성장을 약속하는 대신 은행 규제를 완화했다. 그 대가는 가족의 위기와 정신적 붕괴를 비롯해 거대한 불행을 초래한 엄청난 경기 침체와 대량 실업이었다. 따라서 정부는 늘 경제 안정을 최우선으로 생각해야 한다.[25]

마지막으로 불평등은 어떤가? 우선 사람에 따라 여유 자금이 지니는 가치가 어떻게 달라지는지 생각해봐야 한다. 여유 자금은 부자보다 가난한 사람에게 더 큰 변화를 만든다. 구체적으로 가난한 사람에게 추가로 생긴 1달러는 10배 더 부자에게 생긴 1달러보다 그를 10배 더 행복하게 만든다.[26] 이는 언제나 소득 재분배를 찬성하는 주요 논리다.

그런데 불평등은 이런 정도로 설명하는 것보다 더 행복에 광범위하게 영향을 미친다. 리처드 윌킨슨과 케이트 피킷의 저서 《평등이 답이다》를 통해 널리 알려진 결과로 이야기를 시작해보자. 그들은 각국과 미국의 주들을 비교하면서 소득 불평등이 행복도를 떨어뜨리는 여러 요인과 상관관계가 있음을 보여주었다.[27] 놀랍게도 그들은 불평등이 가난한 사람들 못지않게 부자에게도 좋지 않다는 사실을 발견했다. 가령 스웨덴의 부자는 영국의 부자보다 소득 수준이 더 낮았으나 더 건강했다. 이것이 가능하려면 불평등은 개인의 구매력에 미치는 영향력이 아닌 사회 전체의 윤리적 풍조로 작동해야 한다.

《평등이 답이다》는 소득 불평등뿐 아니라 다른 가능성을 포함해 이 문제를 다룬 많은 연구 중 하나일 뿐이다.[28]

이들 연구가 모두 소득 불평등을 중요한 문제로 보는 것은 아니다. 확실한 사실은 사회 분위기와 문화가 몹시 중요하다는 점이다.

평등적 사회 문화가 여러 경로로 작동하면서 각 개인이 고립되기 힘든 구조를 만드는 것일 수 있다. 그렇다면 문화 자체에 영향을 미치려면 어떻게 해야 할까?

### 문화는 개인이 무엇을 믿느냐에 달려 있다

궁극적으로 한 사회의 문화는 개인이 무엇을 믿는가에 달려 있다. 그 믿음에 영향을 미치는 수많은 경로가 있는데 무엇보다 학교와 언론을 들 수 있다. 그러나 경로의 시작점까지 거슬러 올라가면 거기에는 대개 작가, 학자, 연설가, 예술가가 있다. 우리는 그들의 힘과 그들이 만들어내는 흐름을 간과해서는 안 된다.

한 가지 흥미로운 사례로 1789년과 1834년 사이 영국에서 있었던 문화 변화를 들 수 있다. 1789년 전에는 사회 변혁을 이야기하는 사람을 '위선자cant'라고 비판했는데 당시 이보다 더 심한 비난은 없었다.[29] 자유로운 성생활, 무절제한 음주 그리고 아동·동물·'광인'·죄수·노예를 학대하던 시대였다. 1834년에 이르자 '위선자' 이야기는 모두 사라졌고, 노예제를 폐지했으며, 사회 개혁을 진행했다. 이 모든 변화 뒤에는 강력한 복음주의 사상과 계몽주의 철학이 있었다.

오늘날 우리 문화에 변화를 일으켜 더 배려하는 사회를 만들 수 있는 사상은 무엇일까? 전 세계에 영향을 준 '웰빙 운동' 철학은 어떨까? 이러한 운동은 사회를 위한 새로운 목표(행복은 크게, 불행은 작게)를 넘어 그것을 성취하는 수단(보다 이타적이고 정신적인 생활에 초점을 두는)까지 제시한다. 어떻게 더 잘할 수 있는지 그 철학과 과학적 증거도 모두 제공한다. 가장 확실한 과학은 인지행동치료와 그 개념을 모든 사람의 삶에 적용하는 긍정 심리학에서 시작한다.[30] 이것은 동양의 지혜가 더 강력하게 보완하는데, 불교의 마음챙김 수행은 많은 사람이 긍정 심리학만으로 도달할 수 있는 것보다 더 높은 수준에 이르게 한다. 명상하는 사람은 빠르게 늘고 있으며 이미 교회에 가는 사람의 숫자를 넘어선 것으로 보인다.[31]

웰빙 혁명은 수십 년 동안 이어지고 있지만 제도 형태로는 거의 존재하지 않는다. 그것이 우리가 '행복을 위한 행동Action for Happiness'을 세운 이유다. '행복을 위한 행동'은

2011년 시작한 운동으로 이 장에서 간략히 소개하는 원칙에 기반하고 있다. 회원들은 세상에 행복을 늘리고 불행은 줄이기 위해 노력할 것을 서약한다. 웹사이트에서는 긍정심리학의 소중한 가치를 비롯해 자신과 타인의 행복을 증진하는 다른 방법을 소개한다.[32] 하지만 이는 쉽지 않은 일이라 여러 사람이 힘을 모으고 있다. 우리는 회원들이 잘 살 수 있도록 서로 지원하는 단체를 만들었고 그 수는 점차 증가하고 있다. 이 운동은 현재 '중요한 문제 탐구하기 Exploring What Matters'라고 불리는 8회기 과정을 제공하는데, 사람들은 그곳에서 단체를 구성하고 함께 삶의 목표를 이야기한다. 이 과정이 끝나도 단체 구성원은 계속해서 만남을 유지하며 전 세계 종교 단체가 수 세기 동안 그렇게 해온 것처럼 서로의 신념을 지지해준다.

오늘날 전 세계의 영적인 단체 중 주류는 종교 단체다. 종교는 타인을 위해 좋은 일을 하며 구성원에게 편안함과 지지를 제공한다.[33] 비록 많은 사람이 종교 단체의 신념을 받아들이지 않더라도, 종교 단체는 내면의 삶에 적절한 비중을 두길 바라는 핵심적 동맹이다.

마찬가지로 웰빙 운동은 좌파나 우파의 문제가 아니다. 이는 결핍을 채워줄 새로운 개념이다. 돈이 있든 없든 즐겁게 살지 못한다면 무언가가 결핍된 상태라고 할 수 있다. 그 결핍을 인지하고 예방하려면 문화가 크게 바뀌는 한편 학교와 가정, 직장의 행동 양식에도 엄청난 변화가 있어야 한다.

'행복을 위한 행동'에서 최고 책임자를 임명할 무렵 한 후보가 '행복'이라는 단어를 포함시킨 단체가 있는지 검색해봤다고 한다. 결과는 다음과 같다.

'당신이 찾는 행복은 없습니다.'

우리는 이보다 나아질 수 있다. 그러려면 무엇보다 정신 건강에 관심을 두어야 한다. 혹시 당신이 이 장의 내용에 일부 동의하지 않을지라도 정신 건강의 중요성에는 여전히 동의할 것이다. 지구 온난화 문제를 제외하고 이토록 방치하고 있는 다른 큰 문제는 아마 없지 않을까?

## 16장

# 이 고통을 멈추려면

"친애하는 레이어드 경,
제 남편은 작년 4월 인지행동치료를 받기로 결정했습니다.
4개월 뒤 전화로 간이 진단을 받고 대기자 명단에 이름을 올렸지요.
그로부터 5개월 뒤 남편의 정신 건강은 몹시 나빠졌어요.
우리는 남편이 직장을 잃고 집도 잃을까 봐 두려워
애타게 도움을 청했습니다.
그런데 3개월 뒤 정말 그런 일이 일어나고 말았죠."

우리는 이런 편지를 매주 받는다. 이처럼 절박한 상황에 놓인 사람이 전 세계적으로 수억 명에 이른다. 이는 간과하기 어려운 문제다. 이 책이 보여주듯 널리 퍼져 있는 정신질환은 우리가 사는 나라에 존재하는 불행의 가장 큰 원인일 뿐 아니라, 가장 쉽게 해결할 수 있는 문제이기도 하다. 이와 관련된 주요 사실은 다음과 같다.

- 우울증과 불안장애는 서양 사회의 불행을 신체질환보다 더 잘 설명한다. 또한 가난이나 실업보다 더 큰 고통을 초래한다. 결국 불행을 줄이기 위해 가장 먼저 싸워야 할 대상은 정신질환이다.
- 효과가 입증된 치료법이 존재한다. 16회 미만의 심리치료는 회복률이 50%이며 그 회복은 대개 영구적이다. 영구적으로 회복하지 않더라도 재발률이 크게 낮아진다.
- 삶에 변화를 일으키는 그 효과적 치료에 드는 비용은 의료 시스템에 부담스럽지 않은 수준이다. 환자 한 사람당 치료 비용은 당뇨병을 6개월 동안 치료할 때 드는 비용보다 적다.[1] 게다가 이러한 비용은 신체 건강 문제뿐 아니라 정신 건강 문제를 가진 사람들을 위한 신체적 의료비를 절감하는 것으로 대부분 상쇄된다. 그 외에 복지 비용도 줄일 수 있다. 결국 이러한 치료를 더 확대하더라도 추가 비용은 들지 않을 것이다.
- 당뇨병 환자의 90%가 증상을 치료받지만 정신질환은 진단이 가능한 질환을 앓고 있는 성인의 3분의 1 미만만 치료받고 있다.
- 아이들도 마찬가지다. 좋은 치료법이 있어도 도움이 필요한 아이의 고작 4분의 1만 치료받고 있다. 정신질환을 앓는 전

체 아이의 절반이 성인이 되어도 정신질환으로 고통받는다.
- 치료받지 못하는 상황은 엄청나게 부당한 일이다. 정신질환자를 노골적으로 차별하는 것이자 인권 침해다.
- 이런 상황은 비효율적이기까지 하다. 정신질환은 사회의 나머지 구성원에게도 막대한 비용을 부과한다. 가정을 무너뜨리고 범죄, 약물 남용, 복지 의존을 초래하며 신체 건강 관리에도 큰 비용이 든다.

이제 새로운 접근을 시도할 때가 되었다. 단순한 원칙 하나만 충족하면 된다. 바로 정신질환도 신체질환처럼 근거기반 치료가 가능해야 한다는 점이다. 어디에서나 정신질환을 근거에 기반해 치료할 수 있다면 이는 분명 세계적인 혁명이 될 거라고 본다. 다른 어떤 곳에 돈을 써도 세계를 이보다 더 행복하게 만들 수는 없다.

### 정신 건강과 신체 건강을 동등하게 대할 수 있을까

1984년 10월 12일, 영국 내각 인사들이 보수당 전당대회에 참석하기 위해 그들이 배우자와 함께 브라이턴에 있는 그랜드 호텔에 묵고 있었다. 새벽 3시 바로 직전, 아일랜드공화국군이 던진 폭탄으로 큰 폭발이 일어났고 호텔 건물의 상당 부분이 파괴됐다. 피해자 중에는 통상부 장관의 부인 마거릿 테빗도 있었다. 테벳 부인의 몸은 대부분 영구 마비 상태에 놓였다. 그런데 과거에 산후 우울증을 경험했던 그녀는 마비보다 우울증이 더 끔찍했다고 말했다.[2]

우리의 의료 서비스는 물리적 마비에는 엄청난 노력을 기울이지만 산후 우울증은 대부분 치료하지 않은 상태로 방치한다. 정신질환으로 절망과 고통 속에 살아가는 전 세계의 수백만 명이 차별받고 있다. 다행히 오늘날 영국과 미국을 포함한 많은 나라에서 정신 건강과 신체 건강을 동등하게 대하는 법을 통과시켰다.[3]

그렇다면 '동등한 대우'란 무엇을 의미할까?

- 원하는 사람에게는 약물치료와 마찬가지로 비용 면에서 효율적인 심리치료도 똑같이 제공해야 한다. 잉글랜드에서는 2011년 4,700만 건의 항우울제[4] 처방이 이뤄졌는데, 이는 13년 전 2,000만 건에서 증가한 것이다. 많은 의사가 간혹 지침을 어기면서 이런 처방을 내리는 이유는 환자를 의뢰할 만한 심리치료 기관이 없기 때문이다. 적절한 치료 서비스

가 진행된다면 매년 적어도 성인 인구의 4%를 치료할 수 있으리라 추정하는데, 이는 진단 가능한 우울증이나 불안장애를 앓는 사람의 4분의 1에 해당한다.

- 치료는 신속하게 이뤄져야 하고, 대기 기간은 위급한 신체질환을 치료하기 위해 대기하는 기간과 비슷해야 한다. 환자는 대부분 의뢰한 지 한 달 내에 심리치료사에게 치료받아야 한다. 치료는 근거에 기반해야 하며 비용 절감을 한다는 명목으로 '최대 6회'처럼 형태를 바꾸면 안 된다. 신체질환 치료에 반쪽짜리 과정을 제시하지 않듯 정신질환도 그래야 한다. 이 책을 읽는 모든 독자가 원할 만한 치료를, 필요할 때 제공해야 한다.
- 모든 치료는 치료사가 회기별로 결과를 측정할 수 있는 구조화된 방식으로 제공하되 각 사례는 정기적으로 슈퍼비전을 받아야 한다. 이것은 보통 치료사들이 한 팀으로 일할 때 가장 잘 구현된다. 결과 자료는 서비스가 얼마나 잘 이뤄지는지 확인하는 것은 물론, 가장 잘 이뤄지는 서비스와 비교할 수 있도록 공개적으로 제공해야 한다.
- 최고의 치료가 언제나 효과적인 것은 아니며 효과가 있더라도 더러 재발할 위험이 있다. 따라서 모든 서비스는 치료에 성공한 사람을 위한 보충 회기와 실패한 사람을 위한 대체

치료를 철저히 준비해야 한다.

- 그 밖의 의료 서비스는 심리적 인식을 훨씬 더 높일 것이다. 이것은 특히 1차 진료를 하는 일반 의사와 간호사에게 해당한다. 모든 일반의의 수련 과정에는 일정 기간 우울증과 불안장애 치료법 훈련이 포함돼야 한다. 이와 관련해 스웨덴의 고틀란드섬에서 진행한 한 실험은 극적인 결과를 냈는데, 어떤 시점에 우울증으로 병원에 입원하는 비율이 70% 감소하고 자살률도 비슷하게 떨어졌다.[5]

- 우리는 아직 심리 혁명의 시작 단계에 있다. 과학적인 방법을 치료에 널리 적용한 지는 겨우 25년밖에 되지 않았다. 그리고 제한적 범위의 치료법만 완성된 상황이다. 현재 정신질환 연구비는 턱없이 부족하다. 영국에서 그 예산은 건강 분야 연구 예산의 겨우 5% 수준이지만 '질병 부담'은 23%나 차지한다. 이 상황은 바뀌어야 한다. 심리 연구를 제대로 진행하려면 비용이 많이 들며, 더 나은 치료와 그 치료의 평가 방법을 설계하고 수행하는 데는 연구비가 필요하다. 정신질환의 생물학적 원인을 밝히고 더 좋은 생물학적 치료를 알아내기 위한 연구도 더 많이 진행돼야 한다. 지금까지 이 작업은 상당 부분 제약회사가 담당해왔다. 그러나 그 진행 과정은 지난하고 어려우며, 제약회사는 점점 흥미를 잃고 있

다. 기초 생물학을 크게 발전시키기 위해 공적 자금을 조달해야 한다는 사실은 자명하다.
- 의료 서비스를 제공하는 일은 더 이상 목소리 큰 사람이 이기는 문제여서는 안 된다. 대형 제약회사와 그 상품을 원하는 사람들에 한정되어서는 안 된다는 말이다. 의료 서비스 계획은 질병 부담과 비용의 효율성을 분석하는 것으로 시작해야 한다.[6] 자금은 대부분 수요가 가장 큰 영역으로 가야 하며 치료법은 비용 면에서 가장 효율적인 방식이어야 한다. 그리고 두 기준 모두에서 정신 건강이 최우선이어야 한다.

### 예방을 위한 한 걸음

사람들은 아플 때 동등하게 치료받을 수 있어야 한다. 더 좋은 건 정신질환이 생기기 전에 예방을 위해 최선을 다하는 일이다. 마지막 두 장은 이 목적을 위해 썼다. 동등한 치료와 예방, 이 둘의 성공 가능성은 얼마나 될까?

성공 가능성은 크다. 이미 우리 사회의 심리적 인식은 점차 높아지고 있다. 영국인 10명 중 9명은 "정서 문제를 이야기하는 것에 과거보다 더 수용적"이다.[7] 그러나 정신질환을 대하는 사회적 편견을 줄이고 이해를 높이려면 아직 갈 길이 멀다. 희망을 담아 향후 25년 동안 벌어질 놀라운 상황을 예측해보고자 한다.

첫째, 모든 학교는 아이들의 정서적 행복을 중요하고 뚜렷한 목표로 세운다. 학교의 전체 분위기와 문화는 이에 영향을 받는다. 모든 초등학교 교사는 근거를 기반으로 한 과학에 따라 아이들의 정서 의식을 함양하는 법을 배운다. 중고등학교에서는 '삶의 기술'을 가르치는 교육이 교과목으로 자리 잡고, 이를 가르치는 사람은 별도의 교육을 받는다. 학교는 일상적으로 아이들의 복지를 측정하며, 모든 교사는 정신질환을 이해하고 도움을 주는 방법을 배운다.

둘째, 사회는 남자다움을 지나치게 강조하지 않는다. 협동을 강조하고 경쟁은 줄인다. 최근 모든 선진국에서 나타나는 범죄율 하락은 사회적 책임 의식이 성장했음을 반영하고 있다.[8] 다른 근거로 10대 임신 감소와 청소년들의 알코올 및 약물 소비 감소를 들 수 있다. 미래 사회는 인간관계와 평화롭고 조화로운 삶의 가치를 강조하는 방식으로 꾸준히 나아가리라고 본다. 이러한 방향으로의 변화를 위해 점점 더 많은 여성이 직업에서 높은 위치에 올라가는 상황은 큰 도움을 준다. 돌봄에 관한 직업이 더 인정받으며 국가의 더 많은 지원을 받는다.

셋째, 동양의 가치와 풍습이 서양 사회에 지대한 영향을 준다. 다양한 형태의 명상 수행은 영적 문화의 지배적 양식으로 자리 잡는다. 마음챙김이 학교에서 정기적인 활동이 되고 많은 성인이 이를 수행한다.

넷째, 적어도 일부 나라는 정신 건강을 담당하는 정부 관료를 둔다. 분명 인간 삶의 중요한 영역마다 장관이 따로 있어야 한다. 교통부 장관이나 환경부 장관이 있다면, 우리 삶에 깊은 영향을 미치는 정신 보건 영역에도 장관이 있어야 한다. 적절한 조정을 위해 하나의 보건부가 존재할 수도 있으나, 정신 건강을 충분히 중요하게 생각한다면 이를 담당하는 별도의 장관이 필요하다.

### 결핍을 바라보는 새로운 발상

정신 건강은 개인 건강의 한 축일 뿐 아니라 삶의 모든 측면에 영향을 미치는 중요한 요소다. 이것은 학교 질서와 거리 안전, 가족 기능에 영향을 미친다. 사회 복지 사업은 대부분 정신질환의 결과로 생긴 문제를 다룬다. 우리에게는 결핍을 바라보는 새로운 발상이 필요하다. 이유가 무엇이든 즐겁게 살아갈 수 없다면 그것은 결핍이다.

우리가 더 행복한 사회라는 비전을 실현하지 못하는 주된 이유는 정신 건강 문제를 다루지 않아서다. 베버리지 보고서와 정치인이 하나같이 간과한 부분은 인간의 내면이다. 물질적 번영과 완전 고용, 더 나은 신체 건강이 문제를 해결해주리라 믿었지만 실제로는 그렇지 않았다. 우리에게는 쓰러뜨려야 할 여섯 번째 거인, 정신질환이 남아 있다.

우리가 얼마나 앞을 내다보지 못했는지 미래 세대가 안다면 깜짝 놀랄 것이다. 우리의 잔인함도 놀랄 일이기는 마찬가지다. 우리는 지난 세대를 돌아보며, 노예나 광산에서 일하는 여성들과 아이들 혹은 신체장애가 있는 사람들을 대해온 방식을 접하고는 충격을 받는다. 우리의 후손은 오늘날 우리가 정신적으로 어려움을 겪는 사람을 대한 방식을 알고 놀랄 것이다. 심리적 지원을 바라는 그들의 절박한 호소를 일상적으로 무시했다는 사실을 알면 충격을 받을 것이다.

한 가지 변명을 한다면 최근까지 정신적으로 어려움을 겪는 사람을 위해 할 수 있는 일이 별로 없었다는 점이다. 이제는 엄청난 심리학적 발견이 존재하며 이를 바탕으로 대부분의 신체질환 치료법보다 더 효율적인 우울증, 불안장애, 품행장애 치료법을 만들었다.

치료가 필요한 사람들이 치료를 받게 하려면 어떻게 해야 할까? 훨씬 더 적극적으로 요구하는 방법밖에 없다. 정신질환자나 그 가족이 스스로 나서서 문제를 해결하리라 기대하는 것은 합리적이지 않다. 그들은 당연히 조심스러울 수밖에 없다. 변화를 요구해야 하는 사람은 우리 모두다. 정신 건강은 모든 정당의 정책에서 우선순위에 올라야 한다.

이것이 바로 전 세계 정신 건강 활동가가 지녀야 할 목표다.

## 감사의 말

이 책은 정말 많은 사람에게 큰 빚을 지고 있습니다. 제일 먼저 성인과 아이 모두를 위해 IAPT 프로그램을 개발하고 시작하는 데 도움을 준 분들입니다. 그들은 심리학자이자 심리치료사인 제러미 클라크, 피터 포나기, 스티븐 필링, 데이비드 리처즈, 토니 로스, 그레이엄 터펀, 정신과 의사 루이스 애플비와 스티븐 스콧, 경제학자 마틴 내프, 행정관 제임스 수어드, 캐서린 타이슨, 캐서린 퓨, 카렌 터너, 제러미 헤이우드, 국립 심리치료 접근성 향상 서비스 팀, 보건부 장관 앨런 존슨, 앤드루 랜즐리, 제러미 헌트, 폴 버스토, 노먼 램입니다.

이들의 헌신이 없었다면 프로그램은 결코 존재할 수 없었을 겁니다. 또한 수십만 환자의 삶을 완전히 바꿔놓은 치료사 수천 명의 기술과 열정, 헌신이 없었다면 아무것도 이루지 못했을 것입니다.

앞으로 무엇을 어떻게 해야 하는지 이해하도록 도와준 다른 모든 분께도 감사드립니다. 주요 보고서 2개를 작성해 이 책의 주장을 강화하는 데 도움을 준 런던정치경제대학교 경제성과센터의 정신건강정책집단 구성원들은 가장 중요한 역할을 했습니다. 첫 번째 보고서는 2006년 출간한 '우울증' 보고서고, 두 번째는 2012년 출간한 '정신질환은 국립보건서비스에서 어떻게 홀대받는가'라는 보고서입니다. 수브 배너지, 스튜어트 벨, 스티븐 필드, 마틴 내프, 몰리 미처, 크리스토퍼 네일러, 마이클 파소니지, 스테판 프리베, 스티븐 스콧, 존 스트랭, 그레이엄 소니크로프트, 레슬리 턴버그, 사이먼 웨슬리, 벤 라이트는 하나의 보고서 또는 2개의 보고서 모두에 참여한 분들입니다.

2013년 여름, 여러 동료가 이 책의 첫 번째 초안을 논평하기 위해 옥스퍼드대학교의 매그달렌 칼리지에 기꺼이 모였습니다. 앨라스테어 캠벨, 윌 허튼, 스티븐 하이먼, 마틴 내프, 마이클 마모트, 피터 맥거핀, 몰리 미처, 마이클 파소니지, 스티븐 필링, 스티븐 스콧, 레슬리 턴버그에게 고마움을 전합니다. 이 밖에도 폴 베빙턴, 댄 치솔름, 니샤 메타, 크리스토퍼 네일러, 나이절 로저스, 로버트 플로민,

마이클 러터, 빌 새들러, 앤드루 스텝토, 그레이엄 소니크로프트, 킷 웰치먼, 마크 윌리엄스가 우리에게 귀중한 충고와 논평을 해주었습니다.

    데이비드는 심리치료를 향상하는 방법을 탐구하는 과정에서 영광스럽게도 애런 티 벡, 앙케 엘러스, 멜러니 페넬, 닉 그레이, 앤 해크먼, 시나 라이니스, 프레다 맥매너스, 잭 라크먼, 폴 살코브스키스, 리처드 스토트, 엠마 워녹 파크스, 에이드리언 웩스, 제니퍼 와일드 같은 재능 있는 여러 심리치료 연구자와 함께 일할 수 있었습니다. 리처드가 심리학에 관심을 기울이게 된 계기는 부모님 존과 도리스 덕분이었습니다. 두 분 모두 융 심리학에 기반을 둔 재능 있는 심리치료사였죠. 이후 리처드는 대니얼 카너먼, 리처드 데이비드슨, 마틴 셀리그먼에게 점점 더 많은 것을 배웠으며, 누구보다 가장 많은 것을 가르쳐준 사람은 데이비드였습니다.

    프로젝트를 진행하는 내내 우리는 해리엇 오그본에게 자료 정리에 관해 훌륭하고 전문적인 도움을 받았고 클로이 부스에게 전문 연구 지원을 받았습니다. 재정적 지원을 해준 수실 와드와니, 폴 튜더 존스, 앤드루 로, 헨리와 사라 베드퍼드, 리시 코슬라, 베르트랑 칸에게 고마움을 전합니다. 국립노화연구소(보조금 R01AG040640), 로스트리스 재단에도 큰 감사의 마음을 전합니다.

모든 분께 정말 감사합니다.

우리 둘 다 아내의 도움을 많이 받았습니다. 몰리와 앙케에게 고마움을 전합니다. 두 사람은 정신 건강 분야의 탁월한 전문가로 애정을 담아 우리에게 아낌없는 지원을 해주었습니다.

리처드와 데이비드

# 표와 도표의 출처

> **29쪽** 선진국에서 전체 질환 중 정신질환이 차지하는 비율은 38%다

WHO (2008) 마이클 파소니치Michael Parsonage의 서유럽 분석

> **74쪽** 정신 질환을 앓고 있는 사람의 백분율

이 자료는 영국 통계로, 주로 시점 유병률과 관련이 있다. 성인은 2007년 자료(McManus et al. (2009)), 아동은 2004년 자료(Green et al. (2005))를 기반으로 한다. 성인의 경우, 일반적인 정신 질환의 주요 진단은 우울증과 불안장애가 동일하게 분포하고 있다고 가정한다. 또, 조사 결과에서 일반적인 정신질환, 정신병, 성격장애, 심각한 물질 의존이 주로 상호 배타적이라는 사실을 확인했다. 아동은 품행장애, 과잉운동장애hyperkinetic disorder, 그리고 ADHD 간에 겹치는 경향이 강한 것으로 가정한다.

> **75쪽** 우울증을 앓고 있는 성인의 백분율

Ayuso-Mateos et al. (2010).

> **77쪽** 미국 대학생의 우울 점수는 1940년대부터 증가세를 보이고 있다

Twenge et al. (2010), p.151. 미네소타 다면적 인성검사Minnesota Multi-phasic Personality Inventory(MMPI) 우울증 척도 점수.

**79쪽**  정신질환은 선진국에서 가장 큰 건강 문제다
WHO (2008), 마이클 파소니치의 서유럽 분석.

**81쪽**  정신질환은 선진국에서 생산 연령층의 주요 건강 문제다
WHO (2008), 마이클 파소니치의 서유럽 분석.

**82쪽**  전체 사망에서 자살이 차지하는 백분율
http://apps.who.int/healthinfo/statistics/mortality/whodpms/. WHO 사망률 데이터베이스.

**84쪽**  생애 자살률 구성 지도
주로 Williams (2001), 3장.

**88쪽**  치료받는 성인의 비율
McManus et al. (2009); Kessler et al. (2005b); Wittchen and Jacobi (2005); Ormel et al. (2008), 표 1.

**89쪽**  대부분의 정신질환이 적절히 치료받지 못하고 있다
McManus et al. (2009), Green et al. (2005), and Ormel et al. (2008). 당뇨병 수치는 고소득 국가 전체 기준.

**103쪽**  정신질환은 불행의 가장 큰 이유다
Sarah Flèche의 추산. 부록 5.1, 표 2 참조.

**105쪽**  질병의 다양한 차원이 삶의 만족도를 얼마나 떨어뜨리는가
Dolan and Metcalfe (2012).

**108쪽 불행한 사람들의 사망 가능성이 더 크다**

영국 노화 종단 연구English Longitudinal Study of Ageing(ELSA). 유니버시티 칼리지 런던의 앤드루 스텝토 교수 제공 자료.

**110쪽 아동 학대는 20년 뒤 염증 수치에 영향을 미친다**

Danese et al. (2007). 염증 수치는 C-반응성 단백질 피브리노겐과 백혈구 수치를 기반으로 한 복합 측정값이다. 평균은 0 표준편차 1로 표준화.

**113쪽 생산 연령의 몇 퍼센트가 장애수당을 받고 있는가**

OECD (2012), 그림 4.2.

**114쪽 병가로 인한 손실 노동 일수**

21개국: OECD (2012), p73. 영국: Layard et al. (2007), 표 4, Sainsbury Centre for Mental Health (2007), p.8도 참조.

**116쪽 정신 건강 문제는 청소년기에 다른 문제로 이어진다**

ONS 아동 정신 건강 조사 Green et al. (2005). 아동은 부모의 행동 보고에 따라 분류됨.

**118쪽 7~9세의 행동 문제로 이후 삶에 발생할 문제를 예측한다**

Fergusson et al. (2005) 표 1.

**120쪽 성인기 삶의 만족도에 직접 영향을 미치는 주요 원인은 무엇인가**

Layard et al. (2013b).

**121쪽 성인기의 다양한 성취에 미치는 어린 시절의 중요한 측면은 무엇인가**

Layard et al. (2013b).

**123쪽** 성인의 삶의 만족도에 중요한 영향을 미치는 요소는 무엇인가

Layard et al. (2013b). 다른 변인으로는 여성 (0.07), 가족의 경제적 상태 (0.06), 가족의 심리사회적 상태(0.03)가 있음.

**130쪽** 우울증은 신체적 의료 비용을 높인다

Welch et al. (2009). 항우울제 처방과 정신 질환 치료 비용은 제외됨.

**133쪽** 모든 유형의 국가에서 정신 건강을 위한 지출은 매우 낮다

Helliwell et al. (2013), 3장, 그림 5.

**135쪽** 정신 건강을 위해 지출하는 국립보건서비스 비용

출처는 부록 6 참조. 마이클 파소니치의 분석.

**139쪽** 조현병이 있는 어머니가 아이와 만나지 않아도 그 아이에게 조현병이 발병할 가능성이 10배 더 크다

Plomin et al. (2013), p77.

**141쪽** 쌍생아 중 한 명에게 정신질환이 발병하면 나머지 한 명에게도 정신질환이 발병할까

Plomin et al. (2013), p.246.

**142쪽** 일란성 쌍생아는 이란성 쌍생아보다 서로 더 유사하다

Plomin et al (2013), pp.245, 249, 251, 252, 259, 265, 290. 강박장애, 알코올의존증, 자폐증을 제외한 모든 아동기 상태들에 대해 이진형 척도에

기반한 쌍둥이 일치율이 아닌 쌍둥이 사이의 상관관계(연속 척도)를 제시했다.

### 147쪽 우울증: 부정적 사건의 영향은 세로토닌 전달 유전자에 따라 다르다

Plomin et al. (2013), p.124. 우울 증상들은 진단 면담 척도Diagnostic Interview Schedule를 기반으로 한다.

### 148쪽 반사회적 행동: 어린 시절 학대의 영향은 모노아민 산화효소 A 유전자에 달렸다

Plomin et al. (2013), p.123. 4가지 척도의 합계: 청소년기 DSM-5 진단, 범죄 기록, 28세 시점의 폭력적 성격(자기 평가와 주변인 평가).

### 156쪽 정신질환을 앓는 사람은 모든 사회 계층에서 나온다

Singleton and Lewis (2003).

### 157쪽 정신질환은 모든 지능 수준에서 나타난다

Singleton and Lewis (2003).

### 174쪽 교통사고 후 재진술은 외상 후 스트레스 장애를 높일 수 있다

Mayou et al. (2000). 사고 후 스트레스 수준이 높아진 사람들. 사건의 심각도는 사건 영향 척도Impact of Event scale, 간이 증상 목록Brief Symptom Inventory, 연구자가 작성한 설문지로 측정됐다.

### 182쪽 인지행동치료가 항우울제보다 우울증 재발을 더 잘 줄인다

Dobson et al. (2008), 그림 2. 이 실험에서 한 집단의 우울증 환자에게는 인지행동치료가, 다른 집단에는 항우울제를 제공했다. 치료가 끝난 후,

회복한 환자들을 24개월 동안 추적 관찰했다. 원래 항우울제로 치료받았던 환자들은 회복 후에도 항우울제 치료를 12개월 간 지속했다.

**183쪽** 인지행동치료 후 부정적인 단어에 대한 뇌의 혈중 산소 반응이 정상으로 변했다

DeRubeis et al. (2008).

**189쪽** 인지행동치료에서 치료자 훈련은 환자의 회복률을 높일 수 있다

Grey et al. (2008).

**190쪽** 사회 공포증은 어떤 집단이 치료하든 인지행동치료가 대인관계치료보다 더 효과적이다

Stangier et al. (2011).

**207쪽** 인지행동치료는 공황장애 치료에서 최고의 결과를 보여준다

Clark et al. (1994), 표 3.

**210쪽** 불안한 사람은 사회적 위협이 있는 상황일 때 자신에게 초점을 맞춘다

Mansell et al. (2003).

**214쪽** 사회불안은 노출치료보다 인지행동치료에 더 잘 반응한다

Clark et al. (2006).

**226쪽** 집단 인지행동치료를 받으면 우울증에서 회복한 환자의 재발 가능성이 낮아진다

Fava et al. (2004).

> **237쪽** 외상 후 스트레스 장애 치료에서 일주일간 매일 몰아서 진행한 인지행동치료는 표준 인지행동치료만큼 효과적이다

Ehlers et al. (2014).

> **251쪽** 환자는 자신이 선호하는 치료에서 더 좋은 결과를 얻는다

Kocsis et al. (2009).

> **260쪽** 성인 100명 중 신체질환, 정신질환 혹은 둘 다 있는 사람은 각각 얼마나 될까

Singleton et al. (2001), p.91. 여기서 말하는 정신질환은 우울증과 불안장애이다. 신체불편감이란 오래 지속되는 신체적 불편함을 말한다(16세 이상 인구는 4,300만 명임).

> **262쪽** 인지행동치료 프로그램은 난치성 협심증 환자의 병원 입원을 줄였다

Moore et al. (2007).

> **263쪽** 인지행동치료는 심혈관질환 재발을 줄인다

Gulliksson et al. (2011). 기준 시점부터 9년 (108개월)동안의 누적된 재발성 심혈관 사건(치명적 것과 비치명적인 것 모두 포함). 나이, 성별, 결혼 상태, 교육 수준, 흡연 습관, 동반 질환 및 초기 여러 의학 지표의 영향을 보정함.

> **269쪽** 심리치료는 비용 면에서 효율적이다

런던정치경제대학교 경제성과센터의 정신 건강정책집단 LSE Centre for Economic Performance's Mental Health Policy Group (2012). 자료를 집계한 유니버시티칼리지런던의 스디븐 필딩 교수께 가장 감사드린다. 모든 데이터는 국립보건임상연구소 가이드에서 가져왔다. 우울증 데이터는 해밀턴 우

울 척도Hamilton Depression rating scale를 사용했다.

### 281쪽 IAPT의 성과는 어느 정도인가

IAPT의 주요 성과 지표. '치료받은 환자 수'는 적어도 두 회기 이상의 치료를 받았으며, 기간 내에 치료를 종료한 사람들을 의미한다. 회복률은 처음 진료 시 '사례'로 분류된 인원 중 회복한 사람의 백분율을 나타낸다. 데이터는 회계연도(전년도 4월-당해 3월)를 기준으로 한다.

### 282쪽 각 지역 사이에 회복률이 상당히 다르다

Gyani et al. (2013).

### 292쪽 심리치료 지출이 급격히 증가했다

Department of Health 2011/12 National Survey of Investment in Adult Mental Health Services (2012).

### 306쪽 아이들의 반사회적 행동에 영향을 미치는 치료사의 역량

Scott et al. (2008).

### 317쪽 사회 정서 학습 프로그램은 효과가 좋다

Durlak et al. (2011), 표 5. 효과 크기는 각각 0.23, 0.22 and 0.27.

### 325쪽 마음 챙김 수행자는 독감 백신 접종 뒤 항체를 더 많이 생산했다

Davidson et al. (2003).

# 부록

다음 웹사이트를 통해 부록 내용을 구체적으로 확인할 수 있다.
http://cep.lse.ac.uk/layard/thriveannex.pdf

- 부록 3　유병률 및 치료율에 관한 국제 데이터
- 부록 4　치료를 받고 있는 환자의 비율
- 부록 5.1　정신 건강이 삶의 만족도에 미치는 영향
- 부록 5.2　모든 건강 상태가 삶의 만족도에 미치는 영향
- 부록 6　정신 건강에 대한 영국 국립보건서비스 지출
- 부록 7　유전성
- 부록 11　치료가 혜택 의존성에 미치는 영향

# 참고문헌

Advisory Council on the Misuse of Drugs (ACMD) (2008), *Cannabis: classification and public health*. London: Home Office.

Agras, W.S., Walsh, B.T., Fairburn, C.G., Wilson, G.T. and Kraemer, H.C. (2000), "A multicenter comparison of cognitive-behavioral therapy and interpersonal psychotherapy for bulimia nervosa", *Archives of General Psychiatry*, 57(5): 459-466.

Ahmedani, B.K., Peterson, E.L., Wells, K.E. and Williams, L.K. (2013), "Examining the relationship between depression and asthma exacerbations in a prospective follow-up study", *Psychosomatic Medicine*, 75(3): 305-310.

All-Party Parliamentary Group on Drug Policy Reform (2013), "Towards a safer drug policy: challenges and opportunities arising from 'legal highs'", London: All-Party Parliamentary Group on Drug Policy Reform. Available at http://www.drugpolicyreform.net/p/inquiry.html.

All-Party Parliamentary Group on Mental Health (2008), *Mental health in Parliament*. London: All-Party Parliamentary Group on Mental Health, supported by the Royal College of Psychiatrists, Mind, Rethink and Stand to Reason.

Allen, G. (2011), *Early intervention: the next steps*, An independent report to Her Majesty's Government. London: Cabinet Office.

Amato, P.R. (2000), "The consequences of divorce for adults and children", *Journal of Marriage and Family*, 62(4): 1269-1287.

Anisman, H., Zaharia, M.D., Meaney, M.J. and Merali, Z. (1998), "Do early-life events permanently alter behavioral and hormonal responses to stressors?", *International Journal of Developmental Neuroscience*, 16(3-4): 149-164.

Association of Teachers and Lecturers (ATL) (2013), *Press Release - Disruptive behaviour in schools and colleges rises alongside increase in children with behavioural and mental health problems*. Association of Teachers and Lecturers' survey.

Ayuso-Mateos, J.L., Nuevo, R., Verdes, E., Naidoo, N. and Chatterji, S. (2010), "From depressive symptoms to depressive disorders: the relevance of thresholds", *British Journal of Psychiatry*, 196: 365-371.

Babor, T.F., Caulkins, J., Edwards, G., Fischer, B., Foxcroft, D., Humphreys, K., . . . Strang, J. (2010), *Drug policy and the public good*. Oxford: Oxford University Press.

Baer, R.A. (2003), "Mindfulness training as a clinical intervention. A conceptual and empirical review", *Clinical Psychology: Science and Practice*, 10(2): 125-143.

Bailey, L. (2013), *Developing Healthy Minds in Teenagers Project – Briefing Paper*. How To Thrive.

Baker-Henningham, H., Scott, S., Jones, K. and Walker, S. (2012), "Reducing child conduct problems and promoting social skills in a middle-income country: cluster randomised controlled trial", *British Journal of Psychia-*

*try*, 201: 101-108.

Banerjee, R., Weare, K. and Farr, W. (in press), "Working with 'Social and Emotional Aspects of Learning' (SEAL): associations with school ethos, pupil social experiences, attendance, and attainment", *British Educational Research Journal*.

Barlow, D.H. and Durand, V.M. (2009), *Abnormal Psychology: an integrative approach*, Fifth edition. Belmont, CA: Wadsworth Cengage Learning.

Barlow, D.H., Gorman, J.M., Shear, M.K. and Woods, S.W. (2000), "Cognitive-behavioral therapy, impramine, or their combination for panic disorder. A randomized controlled trial", *JAMA*, 283: 2529-2536. 196

Barraclough, B., Bunch, J., Nelson, B. and Sainsbury, P. (1974), "A hundred cases of suicide: clinical aspects", *British Journal of Psychiatry*, 125: 355-373.

Barrett, P.M., Dadds, M.R. and Rapee, R.M. (1996), "Family treatment of childhood anxiety: a controlled trial", *Journal of Consulting and Clinical Psychology*, 64(2): 333-342.

Bateman, A. and Fonagy, P. (2009), "Randomized controlled trial of outpatient mentalizationbased treatment versus structured clinical management for borderline personality disorder", *American Journal of Psychiatry*, 166: 1355-1364.

Baumeister, R.F. and Tierney, J. (2011), *Willpower: rediscovering our greatest strength*. New York: Penguin Press.

Baxter, A.J., Scott, K.M., Vos, T. and Whiteford, H.A. (2013), "Global prevalence of anxiety disorders: a systematic review and meta-regression", *Psychological Medicine*, 43(5): 897-910.

Beck, A.T. (1976), *Cognitive therapy and the emotional disorders*. New York:

International Universities Press.

--- (2006), "How an anomalous finding led to a new system of psychotherapy", *Nature Medicine*, 12(10): 1139-1141.

Beck, A.T., Rush, A.J., Shaw, B.F. and Emery, G. (1979), *Cognitive therapy of depression*. New York: Guilford Press.

Bennett, A.J., Lesch, K.P., Heils, A., Long, J.C., Lorenz, J.G., Shoaf, S.E., . . . Higley, J.D. (2002), "Early experience and serotonin transporter gene variation interact to influence primate CNS function", *Molecular Psychiatry*, 7(1): 118-122.

Benson, P.L. (2006), *All kids are our kids: what communities must do to raise caring and responsible children and adolescents*, Second edition. San Francisco: Jossey-Bass.

Berkman, L.F., Blumenthal, J., Burg, M., Carney, R.M., Catellier, D., Cowan, M.J., . . . Enhancing Recovery in Coronary Heart Disease Patients Investigators (ENRICHD)(2003), "Effects of treating depression and low perceived social support on clinical events after myocardial infarction: The Enhancing Recovery in Coronary Heart Disease Patients (ENRICHD) randomized trial", *JAMA*, 289(23): 3106-3116.

Bermingham, S., Cohen, A., Hague, J. and Parsonage, M. (2010), "The cost of somatisation among the working-age population in England for the year 2008-2009", *Mental Health in Family Medicine*, 7: 71-84.

Bernal, M., Haro, J.M., Bernert, S., Brugha, T., de Graaf, R., Bruffaerts, R., . . . the ESEMED/MHEDEA Investigators (2007), "Risk factors for suicidality in Europe: results from the ESEMED study", *Journal of Affective Disorders*, 101: 27-34.

Bisson, J.I., Jenkins, P.L., Alexander, J. and Bannister, C. (1997), "Randomised controlled trial of psychological debriefing for victims of acute burn trauma", *British Journal of Psychiatry*, 171: 78-81.

Blanchflower, D.G. and Oswald, A.J. (2011), "Antidepressants and age", *IZA Discussion Paper No. 5785*.

Blumenthal, S.J. (1988), "Suicide: a guide to risk factors, assessment, and treatment of suicidal patients", *Medical Clinics of North America*, 72: 937-971.

BMA Board of Science (2013), *Drugs of dependence: the role of medical professionals*. London: British Medical Association (BMA).

Boecking, B. (2010), *Mechanisms of change in cognitive therapy for social phobia*, PhD thesis. Institute of Psychiatry, King's College London, University of London.

Bohman, M. (1996), "Predisposition to criminality: Swedish adoption studies in retrospect" in Bock, G. and Goode, J., (eds.), *Genetics of criminal and antisocial behaviour*. Chichester,UK: John Wiley. CIBA Foundation Symposium 194. 197

Boscarino, J.A. (2004), "Posttraumatic stress disorder and physical illness: results from clinical and epidemiologic studies", *Annals of the New York Academy of Sciences*, 1032: 141-153.

British Association for Counselling and Psychotherapy (BACP) (2010), *Attitudes to counselling and psychotherapy report*. London: British Association for Counselling and Psychotherapy.

Brotman, D.J., Golden, S.H. and Wittstein, I.S. (2007), "The cardiovascular toll of stress", *Lancet*, 370(9592): 1089-1100.

Brown, G.W. and Harris, T.O. (1978), *Social origins of depression: a study of psychiatric disorder in women*. London: Tavistock.

Bruce, S.E., Yonkers, K.A., Otto, M.W., Eisen, J.L., Weisberg, R.B., Pagano, M., ... Keller, M.B. (2005), "Influence of psychiatric comorbidity on recovery and recurrence in generalized anxiety disorder, social phobia, and panic disorder: a 12-year prospective study", *American Journal of Psychiatry*, 162(6): 1179-1187. Brunwasser, S.M., Gillham, J.E. and Kim, E.S. (2009), "A meta-analytic review of the Penn Resiliency Program's effect on depressive symptoms", *Journal of Consulting and Clinical Psychology*, 77(6): 1042–1054.

Burke, C.A. (2010), "Mindfulness-based approaches with children and adolescents: a preliminary review of current research in an emergent field", *Journal of Child and Family Studies*, 19(2): 133-144.

Butzlaff, R.L. and Hooley, J.M. (1998), "Expressed emotion and psychiatric relapse: a metaanalysis", *Archives of Psychiatry*, 55: 547-552.

Cadoret, R.J., Yates, W.R., Troughton, E., Woodworth, G. and Stewart, M.A. (1995), "Geneticenvironmental interaction in the genesis of aggressivity and conduct disorders", *Archives of General Psychiatry*, 52(11): 916-924.

Caspi, A., Sugden, K., Moffitt, T.E., Taylor, A., Craig, I.W., Harrington, H., ... Poulton, R. (2003), "Influence of life stress on depression: moderation by a polymorphism in the 5- HTT gene", *Science*, 301(5631): 386-389.

Centre for Mental Health (2010), *The economic and social costs of mental health problems in 2009/10*. London: Centre for Mental Health.

Challen, A.R., Machin, S.J. and Gillam, J.E. (2013), "The UK Resilience Programme: a schoolbased universal non-randomized pragmatic controlled trial", *Journal of Consulting and Clinical Psychology*, Advance online publication 18 November 2013.

Chapman, D.P., Whitfield, C.L., Felitti, V.J., Dube, S.R., Edwards, V.J. and

Anda, R.F. (2004), "Adverse childhood experiences and the risk of depressive disorders in adulthood", *Journal of Affective Disorders*, 82(2): 217-225.

Chida, Y., Hamer, M., Wardle, J. and Steptoe, A. (2008), "Do stress-related psychosocial factors contribute to cancer incidence and survival?", *Nature Clinical Practice (Oncology)*, 5(8): 466-475.

Chiles, J.A., Lambert, M.J. and Hatch, A.L. (1999), "The impact of psychological interventions on medical cost offset: a meta-analytic review", *Clinical Psychology: Science and Practice*, 6(2): 204-220.

Chilvers, C., Dewey, M., Fielding, K., Gretton, V., Miller, P., Palmer, B., . . . Glynn Harrison for the Counselling versus Antidepressants in Primary Care Study Group (2001), "Antidepressant drugs and generic counselling for treatment of major depression in primary care: randomised trial with patient preference arms", *British Medical Journal*, 322: 1-5.

Clark, A.E., Flèche, S. and Senik, C. (2013), "The great happiness moderation" in Clark, A.E. and Senik, C., (eds.), *Happiness and economic growth: lessons from developing countries*. Oxford: Oxford University Press. 198

Clark, D.M. (1986), "A cognitive approach to panic", *Behaviour Research and Therapy*, 24(4): 461-470.

Clark, D.M. (2011), "Implementing NICE guidelines for the psychological treatment of depression and anxiety disorders: the IAPT experience", *International Review of Psychiatry*, 23: 318-327.

Clark, D.M., Ehlers, A., Hackmann, A., McManus, F., Fennell, M.J.V., Grey, N., . . . Wild, J. (2006), "Cognitive therapy versus exposure and applied relaxation in social phobia: a randomised controlled trial", *Journal of Consulting and Clinical Psychology*, 74(3): 568-578.

Clark, D.M., Fairburn, C.G. and Wessely, S. (2008), "Psychological treatment outcomes in routine NHS services: a commentary on Stiles et al. (2007)", *Psychological Medicine*, 38(5): 629-634.

Clark, D.M., Layard, R., Smithies, R., Richards, D.A., Suckling, R. and Wright, B. (2009), "Improving access to psychological therapy: initial evaluation of two UK demonstration sites", *Behaviour Research and Therapy*, 47(11): 910-920.

Clark, D.M., Salkovskis, P.M., Breitholtz, E., Westling, B.E., Ost, L.G., Koehler, K.A., . . . Gelder, M.G. (1997), "Misinterpretation of body sensations in panic disorder", *Journal of Consulting and Clinical Psychology*, 65(2): 203-213.

Clark, D.M., Salkovskis, P.M., Hackmann, A., Middleton, H., Anastasiades, P. and Gelder, M. (1994), "A comparison of cognitive therapy, applied relaxation and imipramine in the treatment of panic disorder", *British Journal of Psychiatry*, 164(6): 759-769.

Clark, D.M., Salkovskis, P.M., Hackmann, A., Wells, A., Fennell, M., Ludgate, J., . . . Gelder, M.G. (1998), "Two psychological treatments for hypochondriasis: a randomised controlled trial", *British Journal of Psychiatry*, 173(3): 218-225.

Clark, D.M., Salkovskis, P.M., Hackmann, A., Wells, A., Ludgate, J. and Gelder, M. (1999), "Brief cognitive therapy for panic disorder: a randomized controlled trial", *Journal of Consulting and Clinical Psychology*, 67(4): 583-589.

Clark, D.M. and Wells, A. (1995), "A cognitive model of social phobia" in Heimberg, R., Liebowitz, M., Hope, D.A. and Schneier, F.R., (eds.), *Social phobia: diagnosis, assessment and treatment*. New York: Guilford Press:

69-93.

Clark, D.M., Wild, J., Grey, J., Stott, R., Liness, S., Deale, A., . . . Ehlers, A. (2014), "Doubling the clinical benefit of each hour of psychotherapy: a randomized controlled trial of selfstudy assisted cognitive therapy for social anxiety disorder", *Manuscript submitted for publication*.

Cohen, M.A. and Piquero, A.R. (2009), "New evidence on the monetary value of saving a high risk youth", *Journal of Quantitative Criminology*, 25: 25-49.

Cohen, S., Tyrrell, D.A.J. and Smith, A.P. (1991), "Psychological stress and susceptibility to the common cold", *The New England Journal of Medicine*, 325(9): 606-612.

Cole-King, A. and Harding, K.G. (2001), "Psychological factors and delayed healing in chronic wounds", *Psychosomatic Medicine*, 63: 216-220.

Collishaw, S., Maughan, B., Goodman, R. and Pickles, A. (2004), "Time trends in adolescent mental health", *Journal of Child Psychology and Psychiatry*, 45(8): 1350-1362.

Commission on Social Determinants of Health (CSDH) (2008), *Closing the gap in a generation: health equity through action on the social determinants of health*, Final report of the Commission on Social Determinants of Health. Geneva: World Health Organisation.

Conduct Problems Prevention Research Group (CPPRG) (2010), "The effects of a multiyear universal social-emotional learning program: the role of student and school characteristics", *Journal of Consulting and Clinical Psychology*, 78(2): 156-168.

--- (2011), "The effects of the Fast Track preventive intervention on the development of conduct disorder across childhood", *Child Development*,

82(1): 331-345. 199

Cooper, K. and Stewart, K. (2013), *Does money affect children's outcomes? a systematic review*. York: Joseph Rowntree Foundation.

Coulthard, M., Farrell, M., Singleton, N. and Meltzer, H. (2002), *Tobacco, alcohol and drug use and mental health*, Office for National Statistics (ONS). London: The Stationery Office (TSO).

Cowan, C.P. and Cowan, P.A. (2000), *When partners become parents: the big life change for couples*. Mahwah, NJ: Lawrence Erlbaum Associates.

Cruwys, T., Haslam, S.A., Dingle, G.A., Haslam, C. and Jetten, J. (in press), "Depression and social identity: an integrative review", *Personality and Social Psychology Review*.

Csete, J. (2010), *From the mountaintops: what the world can learn from drug policy change in Switzerland*, Global Drug Policy Program. New York: Open Society Foundations.

Cunniffe, C., Van de Kerckhove, R., Williams, K. and Hopkins, K. (2012), *Estimating the prevalence of disability amongst prisoners: results from the Surveying Prisoner Crime Reduction (SPCR) survey*. London: Ministry of Justice.

Cunningham, P.J. (2009), "Beyond parity: primary care physicians' perspectives on access to mental health care", *Health Affairs*, 28(3): w490-w501.

Curtis, C. and Norgate, R. (2007), "An evaluation of the Promoting Alternative Thinking Strategies curriculum at Key Stage 1", *Educational Psychology in Practice*, 23(1): 33-44.

Danese, A., Pariante, C.M., Caspi, A., Taylor, A. and Poulton, R. (2007), "Childhood maltreatment predicts adult inflammation in a life-course study", *PNAS*, 104(4): 1319-1324.

Dantzer, R., O'Connor, J.C., Freund, G.G., Johnson, R.W. and Kelley, K.W. (2008), "From inflammation to sickness and depression: when the immune system subjugates the brain", *Nature Reviews Neuroscience*, 9(1): 46-56.

Davenport, J. and Tansey, A. (2009), "Outcomes of an Incredible Years classroom management programme with teachers from multiple schools". Trinity College Dublin/National Educational Psychological Service.

Davidson, R.J., Kabat-Zinn, J., Schumacher, J., Rosenkranz, M., Muller, D., Santorelli, S.F., . . . Sheridan, J.F. (2003), "Alterations in brain and immune function produced by mindfulness meditation", *Psychosomatic Medicine*, 65: 564-570.

Deacon, B.J. and Abramowitz, J.S. (2005), "Patients' perceptions of pharmacological and cognitive-behavioral treatments for anxiety disorders", *Behavior Therapy*, 36: 139-145.

Deci, E.L. and Ryan, R.M. (1985), *Intrinsic motivation and self-determination in human behavior*. New York: Plenum.

Demyttenaere, K., Bruffaerts, R., Posada-Villa, J., Gasquet, I., Kovess, V., Lepine, J.P., . . . WHO World Mental Health Survey Consortium (2004), "Prevalence, severity, and unmet need for treatment of mental disorders in the World Health Organisation World Mental Health Surveys", *JAMA*, 291(21): 2581-2590.

Department for Education (DfE) (2012), *The impact of Sure Start local programmes on seven year olds and their families*, National Evaluation of Sure Start Team, Research Report DFE-RR220. London: Department for Education.

Department for Work and Pensions (DWP) (2013), *Fitness for work: the Gov-*

ernment response to 'Health at work - an independent review of sickness absence'. London: The Stationery Office (TSO).

Department of Health (DH) (2008a), *Improving Access to Psychological Therapies -implementation plan: national guidelines for regional delivery.* London: Department of Health.

--- (2008b), *Raising the profile of long-term conditions care: a compendium of information*, (Gateway Reference 8734). London: Department of Health/ Long Term Conditions team.

--- (2010), *Realising the benefits: IAPT at full roll out*. London: Department of Health.

--- (2011), *No health without mental health: a cross-government mental health outcomes strategy for people of all ages*. London: Department of Health.

--- (2012), *IAPT three-year report: the first million patients*. London: Department of Health.

DeRigne, L., Porterfield, S. and Metz, S. (2009), "The influence of health insurance on parent's reports of children's unmet mental health needs", *Maternal and Child Health Journal*, 13(2): 176-186.

DeRubeis, R.J., Siegle, G.J. and Hollon, S.D. (2008), "Cognitive therapy versus medication for depression: treatment outcomes and neural mechanisms", *Nature Reviews Neuroscience*, 9: 788-796.

Devilly, G.J. and Borkovec, T.D. (2000), "Psychometric properties of the credibility/expectancy questionnaire", *Journal of Behavior Therapy and Experimental Psychiatry*, 31: 73-86.

Dobson, K.S., Hollon, S.D., Dimidjian, S., Schmaling, K.B., Kohlenberg, R.J., Gallop, R., . . . Jacobson, N.S. (2008), "Randomized trial of behavioral activation, cognitive therapy, and antidepressant medication in the prevention of relapse and recurrence in major depression", *Journal of Consulting and Clinical Psychology*, 76(3): 468-477.

Dolan, P. and Metcalfe, R. (2012), "Valuing health: a brief report on subjective well-being versus preferences", *Medical Decision Making*, 32(4): 578-582.

Domoslawski, A. (2011), *Drug policy in Portugal: the benefits of decriminalizing drug use*, Global Drug Policy Program. New York: Open Society Foundations.

Duckworth, A.L. and Seligman, M.E.P. (2005), "Self-discipline outdoes IQ in predicting academic performance of adolescents", *Psychological Science*, 16(12): 939-944.

Duffy, M., Bolton, D., Gillespie, K., Ehlers, A. and Clark, D.M. (2013), "A community study of the psychological effects of the Omagh car bomb on adults", *PLoS ONE*, 8(9): e76618.

Durham, R.C., Fisher, P.L., Dow, M.G.T., Sharp, D., Power, K.G., Swan, J.S. and Morton, R.V. (2004), "Cognitive behaviour therapy for good and poor prognosis generalized anxiety disorder: a clinical effectiveness study", *Clinical Psychology and Psychotherapy*, 11(3): 145-157.

Durlak, J.A., Weissberg, R.P., Dymnicki, A.B., Taylor, R.D. and Schellinger, K.B. (2011), "The impact of enhancing students' social and emotional learning: a meta-analysis of school-based universal interventions", *Child Development*, 82(1): 405-432.

Eckenrode, J., Campa, M., Luckey, D.W., Henderson, C.R., Cole, R., Kitzman, H., . . . Olds, D. (2010), "Long-term effects of prenatal and infancy nurse home visitation on the life course of youths: 19-year follow-up of a randomized trial", *Archives of Pediatrics & Adolescent Medicine*, 164(1): 9-15.

Edmans, A. (2011), "Does the stock market fully value intangibles? Employee satisfaction and equity prices", *Journal of Financial Economics*, 101: 621-640.

Ehlers, A. (1995), "A 1-year prospective study of panic attacks: clinical course and factors associated with maintenance", *Journal of Abnormal Psychology*, 104(1): 164-172.

Ehlers, A., Bisson, J., Clark, D.M., Creamer, M., Pilling, S., Richards, D., . . . Yule, W. (2010), "Do all psychological treatments really work the same in posttraumatic stress disorder?", *Clinical Psychology Review*, 30(2): 269-276.

Ehlers, A. and Breuer, P. (1992), "Increased cardiac awareness in panic disorder", *Journal of Abnormal Psychology*, 101(3): 371-382. 201

Ehlers, A., Clark, D.M., Hackmann, A., Grey, N., Wild, J., Deale, A. and Collins, R. (2014), "A randomized controlled trial of intensive and weekly cognitive therapy versus emotion focussed supportive therapy", *American Journal of Psychiatry*, In press.

Ehlers, A., Grey, N., Wild, J., Stott, R., Liness, S., Deale, A., . . . Clark, D.M. (2013), "Implementation of cognitive therapy for PTSD in routine clinical care: effectiveness and moderators of outcome in a consecutive sample", *Behaviour Research and Therapy*, 51(11): 742-752.

Ehring, T., Ehlers, A. and Glucksman, E. (2008), "Do cognitive models help in predicting the severity of posttraumatic stress disorder, phobia, and depression after motor vehicle accidents? a prospective longitudinal study", *Journal of Consulting and Clinical Psychology*, 76(2): 219-230.

Eisenberger, N.I., Jarcho, J.M., Lieberman, M.D. and Naliboff, B.D. (2006), "An experimental study of shared sensitivity to physical pain and social rejection", *Pain*, 126: 132-138.

Eisenberger, N.I., Lieberman, M.D. and Williams, K.D. (2003), "Does rejection hurt? An fMRI study of social exclusion", *Science*, 302: 290-292.

Eisner, M., Nagin, D., Ribeaud, D. and Malti, T. (2012), "Effects of a universal parenting program for highly adherent parents: a propensity score matching approach", *Prevention Science*, 13(3): 252-266.

Eley, T.C., Hudson, J.L., Creswell, C., Tropeano, M., Lester, K.J., Cooper, P., . . . Collier, D.A. (2012), "Therapygenetics: the 5HTTLPR and response to psychological therapy", *Molecular Psychiatry*, 17(3): 236-237.

European Commission (2008), *Mental health in the EU: key facts, figures and activities*. Luxembourg: European Commission Directorate-General for Health & Consumers.

Evans, J. (2012), *Philosophy for life: and other dangerous situations*. London: Ebury Publishing.

Fagiolini, M., Pizzorusso, T., Berardi, N., Domenici, L. and Maffei, L. (1994), "Functional postnatal development of the rat primary visual cortex and the role of visual experience: dark rearing and monocular deprivation", *Vision Research*, 34(6): 709-720.

Fairburn, G.G., Marcus, M.D. and Wilson, G.T. (1993), "Cognitive behaviour therapy for binge eating and bulimia nervosa: a comprehensive treatment manual" in Fairburn, C.G. and Wilson, G.T., (eds.), *Binge eating: nature, assessment and treatment*. New York: Guilford Press: 361-404.

Fava, G.A., Ruini, C., Rafanelli, C., Finos, L., Conti, S. and Grandi, S. (2004),

"Six-year outcome of cognitive Behavior Therapy for prevention of recurrent depression", *American Journal of Psychiatry*, 161(10): 1872-1876.

Fergusson, D.M., Horwood, L.J. and Ridder, E.M. (2005), "Show me the child at seven: the consequences of conduct problems in childhood for psychosocial functioning in adulthood", *Journal of Child Psychology and Psychiatry*, 46(8): 837-849.

Ferrari, A.J., Somerville, A.J., Baxter, A.J., Norman, R., Patten, S.B., Vos, T. and Whiteford, H.A. (2013), "Global variation in the prevalence and incidence of major depressive disorder: a systematic review of the epidemiological literature", *Psychologicial Medicine*, 43: 471-481.

Ferri, E., Bynner, J.M. and Wadsworth, M.E.J., (eds.) (2003), *Changing Britain, changing lives: three generations at the turn of the century*. London: Institute of Education, University of London.

Field, F. (2010), *The foundation years: preventing poor children becoming poor adults*, The report of the Independent Review on Poverty and Life Chances. London: Cabinet Office/HM Government. 202

Fombonne, E. (1995), "Depressive disorders: time trends and possible explanatory mechanisms" in Rutter, M. and Smith, D.J., (eds.), *Psychosocial disorders in young people: time trends and their causes*. Chichester, UK: John Wiley: 616-685.

Ford, T., Collishaw, S., Meltzer, H. and Goodman, R. (2007), "A prospective study of childhood psychopathology: independent predictors of change over three years", *Social Psychiatry and Psychiatric Epidemiology*, 42(12): 953-961.

Ford, T., Goodman, R. and Meltzer, H. (2004), "The relative importance of child, family, school and neighbourhood correlates of childhood psychiatric disorder", *Social Psychiatry and Psychiatric Epidemiology*, 39(6): 487-496.

Fournier, J.C., DeRubeis, R.J., Amsterdam, J., Shelton, R.C. and Hollon, S.D. (in press), "Gains in employment status following antidepressant medication or cognitive therapy for depression", *British Journal of Psychiatry*.

Franklin, M.E., Abramowitz, J.S., Levitt, J.T., Kozak, M.J. and Foa, E.B. (2000), "Effectiveness of exposure and ritual prevention for obsessive-compulsive disorder: randomized compared with nonrandomized samples", *Journal of Consulting and Clinical Psychology*, 68(4): 594-602.

Frederick, S. and Loewenstein, G. (1999), "Hedonic adaptation" in Kahneman, D., Diener, E. and Schwarz, N., (eds.), *Well-being: the foundations of hedonic psychology*. New York: The Russell Sage Foundation: 302-329.

Friedli, L. and Parsonage, M. (2007), *Mental health promotion: building an economic case*. Belfast: Northern Ireland Association for Mental Health (NIAMH).

Giesen-Bloo, J., van Dyck, R., Spinhoven, P., van Tilburg, W., Dirksen, C., van Asselt, T., . . . Arntz, A. (2006), "Outpatient psychotherapy for borderline personality disorder: randomized trial of schema-focused therapy vs transference-focused psychotherapy", *Archives of General Psychiatry*, 63(6): 649-658.

Gillespie, K., Duffy, M., Hackmann, A. and Clark, D.M. (2002), "Community based cognitive therapy in the treatment of post-traumatic stress disorder following the Omagh bomb", *Behaviour Research and Therapy*, 40(4): 345-357.

Ginzburg, D.M., Bohn, C., Hofling, V., Weck, F., Clark, D.M. and Stangier, U. (2012), "Treatment specific competence predicts outcome in cognitive therapy for social anxiety disorder", *Behaviour Research and Therapy*, 50(12): 747-752.

Goetzel, R.Z., Long, S.R., Ozminkowski, R.J., Hawkins, K., Wang, S. and Lynch, W. (2004), "Health, absence, disability, and presenteeism cost estimates of certain physical and mental health conditions affecting U.S. employers", *Journal of Occupational and Environmental Medicine*, 46(4): 398-412.

Goldapple, K., Segal, Z.V., Garson, C., Lau, M., Bieling, P., Kennedy, S. and Mayberg, H. (2004), "Modulation of cortical-limbic pathways: treatment-specific effects of cognitive Behavior Therapy", *Archives of General Psychiatry*, 61: 34-41.

Goleman, D. (1996), *Emotional intelligence: why it can matter more than IQ*. London: Bloomsbury Publishing.

--- (2006), *Social intelligence: the new science of human relationships*. London: Hutchinson.

Green, H., McGinnity, A., Meltzer, H., Ford, T. and Goodman, R. (2005), *Mental health of children and young people in Great Britain, 2004*, Office for National Statistics. Basingstoke: Palgrave Macmillan.

Grey, N., Salkovskis, P., Quigley, A., Clark, D.M. and Ehlers, A. (2008), "Dissemination of cognitive therapy for panic disorder in primary care", *Behavioural and Cognitive Psychotherapy*, 36: 509-520.

Griffiths, S. and Steen, S. (2013a), "Improving Access to Psychological Therapies (IAPT) programme: scrutinising IAPT cost estimates to support effective commissioning", *The Journal of Psychological Therapies in Pri-

*mary Care*, 2(2): 142-156. 203

--- (2013b), "Improving Access to Psychological Therapies (IAPT) programme: setting key performance indicators in a more robust context: a new perspective", *The Journal of Psychological Therapies in Primary Care*, 2(2): 133-141.

Gross, J. (2010), "SEAL: the big experiment", *Better: evidence-based education*, 2(2): 6-7.

Gulliksson, M., Burell, G., Vessby, B., Lundin, L., Toss, H. and Svärdsudd, K. (2011), "Randomized controlled trial of cognitive behavioral therapy vs standard treatment to prevent recurrent cardiovascular events in patients with coronary heart disease", *Archives of Internal Medicine*, 171(2): 134-140.

Gusmão, R., Quintão, S., McDaid, D., Arensman, E., Van Audenhove, C., Coffey, C., . . . Hegerl, U. (2013), "Antidepressant utilization and suicide in Europe: an ecological multi-national study ", *PLoS ONE*, 8(6): e66455.

Gyani, A., Shafran, R., Layard, R. and Clark, D.M. (2013), "Enhancing recovery rates: lessons from year one of IAPT", *Behaviour Research and Therapy*, 51(9): 597-606.

Hagnell, O., Essen-Möller, E., Lanke, J., Öjesjö, L. and Rorsman, B. (1990), *The incidence of mental illness over a quarter of a century: the Lundby longitudinal study of mental illness in a total population based on 42000 observation years*. Stockholm: Almqvist and Wiksell International.

Hahlweg, K., Ficgenbaum, W., Frank, M., Schroeder, B. and von Witzleben, I. (2001), "Shortand long-term effectiveness of an empirically supported treatment for agoraphobia", *Journal of Consulting and Clinical Psychology*, 69(3): 375-382.

Hale, D., Coleman, J. and Layard, R. (2011), "A model for the delivery of evidence-based PSHE (Personal Wellbeing) in secondary schools", *CEP Discussion Paper No. 1071*, London: LSE Centre for Economic Performance.

Hallam, S., Rhamie, J. and Shaw, J. (2006), *Evaluation of the primary behaviour and attendance pilot*, Research Report RR717. London: Department for Education and Skills.

Hanh, T.N. (2001), *Anger: Buddhist wisdom for cooling the flames.* London: Rider.

--- (2008), *The Miracle Of Mindfulness: The classic guide to meditation (reprint)*. London: Rider.

Hansard (14 June 2012), vol 546(col 504 et seq).

Hariri, A.R., Mattay, V.S., Tessitore, A., Kolachana, B., Fera, F., Goldman, D., . . . Weinberger, D.R. (2002), "Serotonin transporter genetic variation and the response of the human amygdala", *Science*, 297(5580): 400-403.

Harms, P.D., Herian, M.N., Krasikova, D.V., Vanhove, A. and Lester, P.B. (2013), *The comprehensive soldier and family fitness program evaluation - Report #4: evaluation of resilience training and mental and behavioral health outcomes.* Comprehensive Soldier & Family Fitness and the Research Facilitation Team.

Harnett, P.H. and Dawe, S. (2012), "Review: the contribution of mindfulness-based therapies for children and families and proposed conceptual integration", *Child and Adolescent Mental Health*, 17(4): 195-208.

Health and Social Care Information Centre (HSCIC) (2012), *Statistics on alcohol: England, 2012.* Health and Social Care Information Centre, Lifestyles Statistics.

Heckman, J.J. (2008), "Schools, skills, and synapses", *Economic Inquiry*,

46(3): 289-324.

Heckman, J.J., Moon, S.H., Pinto, R., Savelyev, P.A. and Yavitz, A. (2010), "The rate of return to the HighScope Perry Preschool Program", *Journal of Public Economics*, 94(1-2): 114-128.

Heimberg, R.G., Salzman, D.G., Holt, C.S. and Blendell, K.A. (1993), "Cognitive-behavioural group treatment for social phobia: effectiveness at 5-year follow-up", *Cognitive Therapy and Research*, 17: 325-339. 204

Helliwell, J.F. (2003), "How's life? combining individual and national variables to explain subjective well-being", *Economic Modelling*, 20(2): 331-360.

Helliwell, J.F., Layard, R. and Sachs, J., (eds.) (2012), *World Happiness Report*. New York: The Earth Institute, Columbia University.

---, (eds.) (2013), *World Happiness Report 2013*. New York: UN Sustainable Development Solutions Network.

Helliwell, J.F. and Wang, S. (2011), "Trust and wellbeing", *International Journal of Wellbeing*, 1(1): 42-78.

Henderson, C. and Thornicroft, G. (2013), "Reducing stigma and discrimination: evaluation of England's Time to Change programme", *British Journal of Psychiatry*, 202(S55).

Heston, L.L. (1966), "Psychiatric disorders in foster home reared children of schizophrenic mothers", *British Journal of Psychiatry*, 112: 819-825.

Hollon, S.D., Stewart, M.O. and Strunk, D. (2006), "Enduring effects for cognitive Behavior Therapy in the treatment of depression and anxiety", *Annual Review of Psychology*, 57: 285-315.

Hollon, S.D., Thase, M.E. and Markowitz, J.C. (2002), "Treatment and prevention of depression", *Psychological Science in the public interest*, 3(2):

39-77.

Hölzel, B.K., Carmody, J., Vangel, M., Congleton, C., Yerramsetti, S.M., Gard, T. and Lazar, S.W. (2011), "Mindfulness practice leads to increases in regional brain gray matter density", *Psychiatry Research: Neuroimaging*, 191(1): 36-43.

Howard, C., Dupont, S., Haselden, B., Lynch, J. and Wills, P. (2010), "The effectiveness of a group cognitive-behavioural breathlessness intervention on health status, mood and hospital admissions in elderly patients with chronic obstructive pulmonary disease", *Psychology, Health & Medicine*, 15(4): 371-385.

Humphrey, N., Lendrum, A. and Wigelsworth, M. (2010), *Social and emotional aspects of learning (SEAL) programme in secondary schools: national evaluation*, Research Report DFE-RR049. London: Department for Education.

Huppert, F.A. and Johnson, D.M. (2010), "A controlled trial of mindfulness training in schools: the importance of practice for an impact on well-being", *The Journal of Positive Psychology*, 5(4): 264-274.

Hutchings, J., Daley, D., Jones, K., Martin, P., Bywater, T. and Gwyn, R. (2007), "Early results from developing and researching the Webster-Stratton Incredible Years Teacher Classroom Management Training Programme in North West Wales", *Journal of Children's Services*, 2(3): 15-26.

Hutter, N., Schnurr, A. and Baumeister, H. (2010), "Healthcare costs in patients with diabetes mellitus and comorbid mental disorders - a systematic review", *Diabetologia*, 53: 2470-2479.

Ialongo, N.S., Werthamer, L., Kellam, S.G., Brown, C.H., Wang, S. and Lin, Y. (1999), "Proximal impact of two first-grade preventive interventions on the early risk behaviors for later substance abuse, depression, and antisocial behavior", *American Journal of Community Psychology*, 27(5): 599-641.

Ilyas, S. and Moncrieff, J. (2012), "Trends in prescriptions and costs of drugs for mental disorders in England, 1998-2010", *British Journal of Psychiatry*, 200(5): 393-398.

Isometsä, E.T. and Lönnqvist, J.K. (1998), "Suicide attempts preceding completed suicide", *British Journal of Psychiatry*, 173(6): 531-535.

Ivison, K. (2011), *Red one: a bomb disposal expert on the front line*. London: Phoenix.

Jablensky, A. (2009), "Epidemiology of schizophrenia" in Gelder, M.G., Andreasen, N.C., Lopez-Ibor Jr, J.J. and Geddes, J.R., (eds.), *New Oxford Textbook of Psychiatry*, Second edition. Oxford: Oxford University Press: 540-552. 205

Jacobs, T.L., Epel, E.S., Lin, J., Blackburn, E.H., Wolkowitz, O.M., Bridwell, D.A., . . . Saron, C.D. (2011), "Intensive meditation training, immune cell telomerase activity, and psychological mediators", *Psychoneuroendocrinology*, 36(5): 664-681.

James, O. (2007), *Affluenza: how to be successful and stay sane*. London: Vermilion.

James, O. (2008), *The selfish capitalist: origins of affluenza*. London: Vermilion.

Jones, S., Howard, L. and Thornicroft, G. (2008), "'Diagnostic overshadowing': worse physical health care for people with mental illness", *Acta Psychiatrica Scandinavica*, 118(3): 169-171.

Judd, L.L., Akiskal, H.S., Schettler, P.J., Endicott, J., Maser, J., Solomon,

D.A., . . . Keller, M.B. (2002), "The long-term natural history of the weekly symptomatic status of bipolar I disorder", *Archives of General Psychiatry*, 59(6): 530-537.

Kahneman, D. (2011), *Thinking, fast and slow*. London: Allen Lane.

Kanavos, P., van den Aardweg, S. and Schurer, W. (2012), *Diabetes expenditure, burden of disease and management in 5 EU countries*. London: LSE Health, London School of Economics and Political Science.

Katon, W.J. (2003), "Clinical and health services relationships between major depression, depressive symptoms, and general medical illness", *Society of Biological Psychiatry*, 54: 216-226.

Katzelnick, D.J., Kobak, K.A., DeLeire, T., Henk, H.J., Greist, J.H., Davidson, J.R.T., . . . Helstad, C.P. (2001), "Impact of generalized social anxiety disorder in managed care", *American Journal of Psychiatry*, 158: 1999-2007.

Kazdin, A.E. (2009), *The Kazdin method for parenting the defiant child: with no pills, no therapy, no contest of wills*. New York: First Mariner Books.

Kellam, S.G., Brown, C.H., Poduska, J.M., Ialongo, N.S., Wang, W., Toyinbo, P., . . . Wilcox, H.C. (2008), "Effects of a universal classroom behavior management program in first and second grades on young adult behavioral, psychiatric, and social outcomes", *Drug and Alcohol Dependence*, 95S: S5-S28.

Kelly, B., Longbottom, J., Potts, F. and Williamson, J. (2004), "Applying emotional intelligence: exploring the Promoting Alternative Thinking Strategies curriculum", *Educational Psychology in Practice*, 20(3): 221-240.

Kelvin, R., Layard, R. and York, A. (2009), "Improving Tier 2-3 CAMHS", *LSE CEP mimeo*.

Kendler, K.S., Kessler, R.C., Walters, E.E., MacLean, C., Neale, M.C., Health, A.C. and Eaves, L.J. (1995), "Stressful life events, genetic liability, and onset of an episode of major depression in women", *American Journal of Psychiatry*, 152(6): 833-842.

Kendler, K.S., Neale, M.C., Kessler, R.C., Heath, A.C. and Eaves, L.J. (1992), "Major depression and generalized anxiety disorder: same genes, (partly) different environments?", *Archives of General Psychiatry*, 49: 716-722.

Kendler, K.S., Prescott, C.A., Myers, J. and Neale, M.C. (2003), "The structure of genetic and environmental risk factors for common psychiatric and dubstance use disorders in men and women", *Archives of General Psychiatry*, 60: 929-937.

Kennedy, I. (2010), *Getting it right for children and young people: overcoming cultural barriers in the NHS so as to meet their needs*, A review by Professor Sir Ian Kennedy. London: Department of Health.

Kessler, R.C., Berglund, P., Demler, O., Jin, R., Merikangas, K.R. and Walters, E.E. (2005a), "Lifetime prevalence and age-of-onset distributions of DSM-IV disorders in the National Comorbidity Survey Replication", *Archives of General Psychiatry*, 62: 593-602.

Kessler, R.C., Chiu, W.T., Demler, O., Merikangas, K.R. and Walters, E.E. (2005b), "Prevalence, severity, and comorbidity of 12-month *DSM-IV* disorders in the National Comorbidity Survey Replication", *Archives of General Psychiatry*, 62(6): 617-627. 206

Kessler, R.C., Demler, O., Frank, R.G., Olfson, M., Pincus, H.A., Walters, E.E., . . . Zaslavsky, A.M. (2005c), "Prevalence and treatment of mental disorders, 1990 to 2003", *The New England Journal of Medicine*, 352(24): 2515-2523.

Kessler, R.C., McGonagle, K.A., Nelson, C.B., Hughes, M., Swartz, M. and Blazer, D.G.(1994), "Sex and depression in the National Comorbidity Survey. II: cohort effects", *Journal of Affective Disorders*, 30: 15-26.

Kety, S.S., Wender, P.H., Jacobsen, B., Ingraham, L.J., Janson, L., Faber, B. and Kinney, D.K.(1994), "Mental illness in the biological and adoptive relatives of schizophrenic adoptees: replication of the Copenhagen study in the rest of Denmark", *Archives of General Psychiatry*, 51(6): 442-455.

Kiecolt-Glaser, J.K., Marucha, P.T., Malarkey, W.B., Mercado, A.M. and Glaser, R. (1995), "Slowing of wound healing by psychological stress", *Lancet*, 346: 1194-1196.

Kiecolt-Glaser, J.K., McGuire, L., Robles, T.F. and Glaser, R. (2002), "Emotions, morbidity and mortality: new perspectives from psychoneuroimmunology", *Annual Review of Psychology*, 53: 83-107.

Kieling, C., Baker-Henningham, H., Belfer, M., Conti, G., Ertem, I., Omigbodun, O., . . . Rahman, A. (2011), "Child and adolescent mental health worldwide: evidence for action", *Lancet*, 378: 1515-1525.

Kim-Cohen, J., Caspi, A., Moffitt, T.E., Harrington, H., Milne, B.J. and Poulton, R. (2003), "Prior juvenile diagnoses in adults with mental disorder: developmental follow-back of a prospective-longitudinal cohort", *Archives of General Psychiatry*, 60: 709-717.

Kirkbride, J.B., Errazuriz, A., Croudace, T.J., Morgan, C., Jackson, D., Boydell, J., . . . Jones, P.B. (2012), "Incidence of schizophrenia and other psychoses in England, 1950-2009: a systematic review and meta-analyses", *PLoS ONE*, 7(3): e31660.

Knapp, M., McDaid, D. and Parsonage, M., (eds.) (2011), *Mental health promotion and mental illness prevention: the economic case*. London: Department of Health.

Knies, G. (2012), "Life satisfaction and material well-being of children in the UK", *ISER Working Paper Series No. 2012-15*, University of Essex: Institute for Social and Economic Research.

Kocsis, J.H., Leon, A.C., Markowitz, J.C., Manber, R., Arnow, B., Klein, D.N. and Thase, M.E.(2009), "Patient preference as a moderator of outcome for chronic forms of major depressive disorder treated with nefazodone, cognitive behavioural analysis system of psychotherapy, or their combination", *Journal of Clinical Psychiatry*, 70(3): 354-361.

Kopelowicz, A., Liberman, R.P. and Zarate, R. (2007), "Psychosocial treatments for schizophrenia" in Nathan, P.E. and Gorman, J.M., (eds.), *A guide to treatments that work*, Third Edition. New York: Oxford University Press.

Kroenke, K., Spitzer, R.L. and Williams, J.B.W. (2001), "The PHQ-9: validity of a brief depression severity measure", *Journal of General Internal Medicine*, 16: 606-613.

Kross, E., Berman, M.G., Mischel, W., Smith, E.E. and Wager, T.D. (2011), "Social rejection shares somatosensory representations with physical pain", *PNAS*, 108(15): 6270-6275.

Kumari, M., Shipley, M., Stafford, M. and Kivimaki, M. (2011), "Association of diurnal patterns in salivary cortisol with all-cause and cardiovascular mortality: findings from the Whitehall II Study", *Journal of Clinical Endocrinology and Metabolism*, 96(5): 1478-1485.

Ladapo, J.A., Shaffer, J.A., Fang, Y., Ye, S. and Davidson, K.W. (2012), "Cost-effectiveness of enhanced depression care after acute coronary syndrome: results from the coronary psychosocial evaluation studies randomized controlled trial", *Archives of Internal Medicine*, 172(21): 1682-1683.

Lagerveld, S.E., Blonk, R.W.B., Brenninkmeijer, V., Wijngaards-de Meij, L. and Schaufeli, W.B. (2012), "Work-focused treatment of common mental disorders and return to work: 207 a comparative outcome study", *Journal of Occupational Health Psychology*, 17(2): 220-234.

Layard, R. (2005), "Mental health: Britain's biggest social problem?", No 10 Strategy Unit Seminar on Mental Health, *LSE CEP mimeo*.

--- (2009), "The greatest happiness principle: its time has come" in Griffiths, S. and Reeves, R., (eds.), *Well-being: how to lead the good life and what government should do to help*. London: The Social Market Foundation: 92-106.

Layard, R. (2011a), *Happiness: lessons from a new science*, Second edition. London: Penguin.

Layard, R. (2011b), Well-being and Action for Happiness in *Changing the debate: the ideas redefining Britain*, London: ResPublica: 22-26.

Layard, R., Chisholm, D., Patel, V. and Saxena, S. (2013a), "Mental illness and unhappiness" in Helliwell, J.F., Layard, R. and Sachs, J., (eds.), *World Happiness Report 2013*. New York: Sustainable Development Solutions Network: 38-53.

Layard, R., Clark, A.E., Cornaglia, F., Powdthavee, N. and Vernoit, J. (2013b), "What predicts a successful life? a life-course model of well-being", *CEP Discussion Paper No. 1245*, London: LSE Centre for Economic Performance.

Layard, R., Clark, A.E. and Senik, C. (2012), "The causes of happiness and misery" in Helliwell, J.F., Layard, R. and Sachs, J., (eds.), *World Happiness*

*Report.* New York: The Earth Institute, Columbia University: 58-89.

Layard, R., Clark, D.M., Knapp, M. and Mayraz, G. (2007), "Cost-benefit analysis of psychological therapy", *National Institute Economic Review*, 202: 90-98.

Layard, R. and Dunn, J. (2009), *A good childhood: searching for values in a competitive age*, Report for the Children's Society. London: Penguin.

Layard, R., Mayraz, G. and Nickell, S.J. (2010), "Does relative income matter? are the critics right?" in Diener, E., Helliwell, J.F. and Kahneman, D., (eds.), *International differences in Well-Being*. New York: Oxford University Press: 139-165.

Layard, R., Nickell, S.J. and Mayraz, G. (2008), "The marginal utility of income", *Journal of Public Economics, Special Issue: Happiness and Public Economics*, 92(8-9): 1846- 1857.

Lee, S., Aos, S., Drake, E., Pennucci, A., Miller, M. and Anderson, L. (2012), *Return on investment: evidence-based options to improve statewide outcomes*, Document No.12-04-1201. Olympia, WA: Washington State Institute for Public Policy.

Leff, J., Kuipers, L., Berkowitz, R., Eberlein-Fries, R. and Sturgeon, D. (1982), "A controlled trial of social intervention in families of schizophrenic patients", *British Journal of Psychiatry*, 141: 121-134.

Leichsenring, F., Salzer, S., Beutel, M.E., Herpertz, S., Hiller, W., Hoyer, J., . . . Leibing, E. (2013), "Psychodynamic therapy and cognitive-behavioral therapy in social anxiety disorder: a multicenter randomized controlled trial", *American Journal of Psychiatry*, 170(7): 759-767.

Leveson, B. (2012), *An inquiry into the culture, practices and ethics of the press*. London: The Stationery Office (TSO).

Lewin, B., Robertson, I.H., Cay, E.L., Irving, J.B. and Campbell, M. (1992), "Effects of selfhelp post-myocardial-infarction rehabilitation on psychological adjustment and use of health services", *Lancet* 339(8800): 1036-1040.

Lincoln, T.M., Rief, W., Hahlweg, K., Frank, M., von Witzleben, I., Schroeder, B. and Fiegenbaum, W. (2003), "Effectiveness of an empirically supported treatment for social phobia in the field", *Behaviour Research and Therapy*, 41(11): 1251-1269.

Linehan, M.M., Comtois, K.A., Murray, A.M., Brown, M.Z., Gallop, R.J., Heard, H.L., . . . Lindenboim, N. (2006), "Two-year randomized controlled trial and follow-up of 208 dialectical behaviour therapy vs therapy by experts for suicidal behaviours and borderline personality disorder", *Archives of General Psychiatry*, 63: 757-766.

Little, M., Berry, V., Morpeth, L., Blower, S., Axford, N., Taylor, R., . . . Tobin, K. (2012), "The impact of three evidence-based programmes delivered in public systems in Birmingham, UK", *International Journal of Conflict and Violence*, 6(2): 260-272.

Lochman, J., Wells, K.C. and Lenhart, L.A. (2008), *Coping power: child group program(facilitator guide)*. Oxford: Oxford University Press.

Lorberbaum, J.P., Newman, J.D., Dubno, J.R., Horwitz, A.R., Nahas, Z., Teneback, C.C., . . . George, M.S.(1999), "Feasibility of using fMRI to study mothers responding to infant cries", *Depression and Anxiety*, 10: 99-104.

Löwe, B., Decker, O., Müller, S., Brähler, E., Schellberg, D., Herzog, W. and Herzberg, P.Y. (2008), "Validation and standardization of the Generalized Anxiety Disorder screener(GAD-7) in the general population", *Medical*

*Care*, 46(3): 266-274.

LSE Centre for Economic Performance's Mental Health Policy Group (2006), *The depression report: a new deal for depression and anxiety disorders*. London: London School of Economics and Political Science.

--- (2012), *How mental illness loses out in the NHS*. London: London School of Economics and Political Science.

Lucas, R.E. (2003), "Macroeconomic priorities ", *American Economic Review*, 93(1): 1-14.

Lucas, R.E., Clark, A.E., Georgellis, Y. and Diener, E. (2004), "Unemployment alters the set point for life satisfaction", *Psychological Science*, 15(1): 8-13.

Lund, C., De Silva, M., Plagerson, S., Cooper, S., Chisholm, D., Das, J., . . . Patel, V. (2011), "Poverty and mental disorders: breaking the cycle in low-income and middle-income countries", *Lancet*, 378(9801): 1502-1514.

Lundberg, U. and Cooper, C.L. (2011), *The science of occupational health: stress, psychobiology and the new world of work*. Oxford: Wiley-Blackwell.

Lundborg, P., Nilsson, A. and Rooth, D.-O. (2011), "Early life health and adult earnings: evidence from a large sample of siblings and twins", *IZA Discussion Paper No. 5804*.

Mansell, W., Clark, D.M. and Ehlers, A. (2003), "Internal versus external attention in social anxiety: an investigation using a novel paradigm", *Behaviour Research and Therapy*, 41(5): 555-572.

Manson, J.E., Hsia, J., Johnson, K.C., Rossouw, J.E., Assaf, A.R., Lasser, N.L., . . . Cushman M for the Women's Health Initiative Investigators (2003), "Estrogen plus progestin and the risk of coronary heart disease",

*New England Journal of Medicine*, 349: 523-534.

Marmot, M., Allen, J., Goldblatt, P., Boyce, T., McNeish, D., Grady, M. and Geddes, I. (2010), *Fair society, healthy lives - the Marmot review: strategic review of health inequalities in England post-2010*. London: The Marmot Review.

Marmot, M., Gilmore, I., Britton, A., Doll, R., Edwards, G., Godfrey, C., . . . Room, R. (2004), *Calling time: the nation's drinking as a major health issue*. London: Academy of Medical Sciences.

Martin, A., Rief, W., Klaiberg, A. and Braehler, E. (2006), "Validity of the brief Patient Health Questionnaire mood scale (PHQ-9) in the general population", *General Hospital Psychiatry*, 28: 71-77.

Mattson, S.N., Crocker, N. and Nguyen, T.T. (2011), "Fetal alcohol spectrum disorders: neuropsychological and behavioral features", *Neuropsychology Review*, 21: 81-101.

Maughan, B., Collishaw, S., Meltzer, H. and Goodman, R. (2008), "Recent trends in UK child and adolescent mental health", *Social Psychiatry and Psychiatric Epidemiology*, 43: 305-310. 209

Mayou, R.A., Ehlers, A. and Hobbs, M. (2000), "Psychological debriefing for road traffic accident victims: three-year follow-up of a randomised controlled trial", *British Journal of Psychiatry*, 176(6): 589-593.

McCrone, P., Knapp, M., Proudfoot, J., Ryden, C., Cavanagh, K., Shapiro, D.A., . . . Tylee, A. (2004), "Cost-effectiveness of computerised cognitive-behavioural therapy for anxiety and depression in primary care: randomised controlled trial", *British Journal of Psychiatry*, 185: 55-62.

McDaid, D. and Park, A.-L. (2011), "Investing in mental health and well-being: findings from the DataPrev project", *Health Promotion Internation-*

*al*, 26(S1): i108-139.

McEwen, B.S. (1998), "Protective and damaging effects of stress mediators", *The New England Journal of Medicine*, 338(3): 171-179.

McGuffin, P., Owen, M.J. and Gottesman, I.I., (eds.) (2004), *Psychiatric genetics and genomics*. Oxford: Oxford University Press.

McHugh, R.K., Whitton, S.W., Peckham, A.D., Welge, J.A. and Otto, M.W. (2013), "Patient preference for psychological versus pharmacologic treatment of psychiatric disorders: a meta-analytic review", *Journal of Clinical Psychiatry*, 74(6): 595-602.

McManus, S., Meltzer, H., Brugha, T., Bebbington, P. and Jenkins, R., (eds.) (2009), *Adult psychiatric morbidity in England, 2007: results of a household survey*. Leeds: The Health & Social Care Information Centre, Social Care Statistics.

Meade, B. and Steiner, B. (2010), "The total effects of boot camps that house juveniles: a systematic review of the evidence", *Journal of Criminal Justice*, 38: 841-853.

Melhuish, E., Belsky, J., Leyland, A.H., Barnes, J. and and the National Evaluation of Sure Start Research Team (2008), "Effects of fully-established Sure Start local programmes on 3-year-old children and their families living in England: a quasi-experimental observational study", *Lancet*, 372: 1641-1647.

Meltzer, H., Gatward, R., Corbin, T., Goodman, R. and Ford, T. (2003), *Persistence, onset, risk factors and outcomes of childhood mental disorders*, Office for National Statistics (ONS). London: The Stationery Office (TSO).

Meltzer, H., Gill, B., Petticrew, M. and Hinds, K. (1995), *OPCS Surveys of Psychiatric Morbidity in Great Britain, Report 1: The prevalence of psy-*

chiatric morbidity among adults living in private households. London: HMSO.

Merikangas, K.R., He, J.P., Burstein, M., Swanson, S.A., Avenevoli, S., Cui, L., . . . Swendsen, K. (2010), "Lifetime prevalence of mental disorders in U.S. adolescents: results from the National Comorbidity Survey Replication- -Adolescent Supplement(NCS-A)", *Journal of the American Academy of Child and Adolescent Psychiatry*, 49(10): 980-989.

Merikangas, K.R., Jin, R., He, J.P., Kessler, R.C., Lee, S., Sampson, N.A., . . . Zarkov, Z. (2011), "Prevalence and correlates of bipolar spectrum disorder in the World Mental Health Survey Initiative", *Archives of General Psychiatry*, 68(3): 241-251.

Merrill, K.A., Tolbert, V.E. and Wade, W.A. (2003), "Effectiveness of cognitive therapy for depression in a community mental health center: a benchmarking study", *Journal of Consulting and Clinical Psychology*, 71(2): 404-409.

Moffitt, T.E. (1993), "Adolescence-limited and life-course-persistent antisocial behavior: a developmental taxonomy", *Psychological Review*, 100(4): 674-701.

--- (2003), "Life-course-persistent and adolescence-limited antisocial behavior: a 10-year research review and a research agenda" in Lahey, B.B., Moffitt, T.E. and Caspi, A., (eds.), *Causes of conduct disorder and juvenile delinquency*. New York: Guilford Press: 49-75. 210

Molosankwe, I., Patel, A., Gagliardino, J.J., Knapp, M. and McDaid, D. (2012), "Economic aspects of the association between diabetes and depression: a systematic review", *Journal of Affective Disorders*, 142S(1): S42-S55.

Monroe, S.M. and Harkness, K.L. (2011), "Recurrence in major depression: a conceptual analysis", *Psychological Review*, 118(4): 655-674.

Moore, R.K.G., Groves, D.G., Bridson, J.D., Grayson, A.D., Wong, H., Leach, A., . . . Chester, M.R. (2007), "A brief cognitive-behavioral intervention reduces hospital admissions in refractory angina patients", *Journal of Pain and Symptom Management*, 33(3): 310-316.

Morens, D.M. (1999), "Death of a President", *New England Journal of Medicine*, 341(24): 1845-1849.

Mörtberg, E., Clark, D.M. and Bejerot, S. (2011), "Intensive group cognitive therapy and individual cognitive therapy for social phobia: sustained improvement at 5-year followup", *Journal of Anxiety Disorders*, 25(8): 994-1000.

Moussavi, S., Chatterji, S., Verdes, E., Tandon, A., Patel, V. and Ustun, B. (2007), "Depression, chronic diseases, and decrements in health: results from the World Health Surveys", *Lancet*, 370(9590): 851-858.

Mykletun, A., Bjerkeset, O., Overland, S., Prince, M., Dewey, M. and Stewart, R. (2009), "Levels of anxiety and depression as predictors of mortality: the HUNT study", *British Journal of Psychiatry*, 195: 118-125.

Naipaul, S. (1985), *Beyond the dragon's mouth*. London: Abacus.

National Confidential Inquiry into Suicide and Homicide by People with Mental Illness (NCISH) (2013), *Annual report: England, Northern Ireland, Scotland and Wales*, Commissioned by the Healthcare Quality Improvement Partnership (HQIP). Manchester: Centre for Mental Health and Risk, University of Manchester.

National Family and Parenting Institute (NFPI) (2000), *Teenagers' attitudes to parenting: a survey of young people's experiences of being parented, and their views on how to bring up children*, NFPI survey conducted by MORI. London: National Family and Parenting Institute.

Naylor, C., Parsonage, M., McDaid, D., Knapp, M., Fossey, M. and Galea, A. (2012), *Longterm conditions and mental health: the cost of co-morbidities*. London: The King's Fund and Centre for Mental Health.

Neill, S. (2008), *Disruptive pupil behaviour: its causes and effects*, A survey analysed for the National Union of Teachers. London: National Union of Teachers.

NHS Confederation (2012), *Investing in emotional and psychological wellbeing for patients with long-term conditions*. London: NHS Confederation Mental Health Network.

NICE (2004), *Eating disorders: core interventions in the treatment and management of anorexia nervosa, bulimia nervosa and related eating disorders (Clinical Guideline 9)*. London: National Institute for Clinical Excellence.

--- (2005a), *Depression in children and young people: identification and management in primary, community and secondary care (Clinical Guideline 28)*. London: National Institute for Health and Clinical Excellence.

--- (2005b), *Obsessive-compulsive disorder: core interventions in the treatment of obsessivecompulsive disorder and body dysmorphic disorder (Clinical Guideline 31)*. London: National Institute for Health and Clinical Excellence.

--- (2005c), *Post-traumatic stress disorder (PTSD): the management of PTSD in adults and children in primary and secondary care (Clinical Guideline 26)*. London: National Institute for Clinical Excellence.

--- (2007), *Drug misuse: psychosocial interventions (Clinical Guideline 51)*. Lon-

don: National Institute for Health and Clinical Excellence. 211
--- (2009a), *Borderline personality disorder: treatment and management (Clinical Guideline 78)*. London: National Institute of Health and Clinical Excellence.
--- (2009b), *Depression in adults with a chronic physical problem: treatment and management (Clinical Guideline 91)*. London: National Institute for Health and Care Excellence.
--- (2009c), *Depression in adults: the treatment and management of depression in adults (Clinical Guideline 90)*. London: National Institute of Health and Clinical Excellence.
--- (2009d), *Schizophrenia: core interventions in the treatment and management of schizophrenia in adults in primary and secondary care (Clinical Guideline 82)*. London: National Institute for Health and Clinical Excellence.
--- (2011a), *Alcohol-use disorders: diagnosis, assessment and management of harmful drinking and alcohol dependence (Clinical Guideline 115)*. London: National Institute of Health and Clinical Excellence.
--- (2011b), *Autism diagnosis in children and young people: recognition, referral and diagnosis of children and young people on the autism spectrum (Clinical Guideline 128)*. London: National Institute for Health and Clinical Excellence.
--- (2011c), *Generalised anxiety disorder and panic disorder (with or without agoraphobia) in adults: management in primary, secondary and community care (Clinical Guideline 113)*. London: National Institute for Health and Clinical Excellence.
--- (2013a), *Antisocial behaviour and conduct disorders in children and*

*young people: recognition, intervention and management (Clinical Guideline 158).* London: National Institute for Health and Care Excellence.

--- (2013b), *Antisocial personality disorder: treatment, management and prevention (Clinical Guideline 77).* London: National Institute of Health and Clinical Excellence.

--- (2013c), *Attention deficit hyperactivity disorder: diagnosis and management of ADHD in children, young people and adults (Clinical Guideline 72).* London: National Institute for Health and Clinical Excellence.

--- (2013d), *Social anxiety disorder: recognition, assessment and treatment (Clinical Guideline 159).* London: National Institute for Health and Care Excellence.

Nicholson, A., Kuper, H. and Hemingway, H. (2006), "Depression as an aetiologic and prognostic factor in coronary heart disease: a meta-analysis of 6362 events among 146,538 participants in 54 observational studies", *European Heart Journal*, 27: 2763-2774.

Nimnuan, C., Hotopf, M. and Wessely, S. (2001), "Medically unexplained symptoms: an epidemiological study in seven specialities", *Journal of Psychosomatic Research*, 51(1): 361-367.

Nutt, D. (2012), *Drugs - without the hot air: minimising the harms of legal and illegal drugs.* Cambridge: UIT Cambridge

O'Donnell, G., Deaton, A., Durand, M., Halpern, D. and Layard, R. (2014), *Wellbeing and policy.* London: Legatum Institute.

OECD (2012), *Sick on the job? myths and realities about mental health and work.* Paris: OECD Publishing.

--- (2013), *OECD guidelines on measuring subjective well-being.* Paris: OECD Publishing.

Ofsted (2013), *Not yet good enough: personal, social, health and economic education in schools*. Manchester: The Office for Standards in Education, Children's Services and Skills (Ofsted).

Olds, D., Henderson, C.R., Cole, R., Eckenrode, J., Kitzman, H., Luckey, D., . . . Powers, J. (1998), "Long-term effects of nurse home visitation on children's criminal and antisocial behavior: 15-year follow-up of a randomized controlled trial", *JAMA*, 280(14): 1238-1244. 212

Ormel, J., Petukhova, M., Chatterji, S., Aguilar-Gaxiola, S., Alonso, J., Angermeyer, M.C., . . . Kessler, R.C. (2008), "Disability and treatment of specific mental and physical disorders across the world", *British Journal of Psychiatry*, 192: 368-375.

Ost, L.G., Fellenius, J. and Sterner, U. (1991), "Applied tension, exposure in vivo, and tension only in the treatment of blood phobia", *Behaviour Research and Therapy*, 29(6): 561-575.

Pan, A., Sun, Q., Okereke, O.I., Rexrode, K.M. and Hu, F.B. (2011), "Depression and risk of stroke morbidity and mortality: a meta-analysis and systematic review", *JAMA*, 306(11): 1241-1249.

Parks, G. (2000), *The High/Scope Perry Preschool Project*, Office of Juvenile Justice and Delinquency Prevention. Washington, D.C.: U.S. Department of Justice.

Parsonage, M. and Fossey, M. (2011), *Economic evaluation of a liaison psychiatry service*. London: Centre for Mental Health.

Patten, S.B., Williams, J.V.A., Lavorato, D.H., Modgill, G., Jetté, N. and Eliasziw, M. (2008), "Major depression as a risk factor for chronic disease incidence: longitudinal analyses in a general population cohort", *General Hospital Psychiatry*, 30: 407-413.

Paul, G.L. (1966), *Insight vs. desensitisation in psychotherapy: an experiment in anxiety reduction. Stanford*, California: Stanford University Press.

Pauly, M.V., Nicholson, S., Xu, J., Polsky, D., Danzon, P.M., Murray, J.F. and Berger, M.L. (2002), "A general model of the impact of absenteeism on employers and employees", *Health Economics*, 11: 221-231.

Perou, R., Bitsko, R.H., Blumberg, S.J., Pastor, P., Ghandour, R.M., Gfroerer, J.C., . . . Huang, L.N. (2013), "Mental health surveillance among children – United States, 2005–2011", *Morbidity and Mortality Weekly Report*: Centers for Disease Control and Prevention, 62: 1-35.

Pettitt, B., Greenhead, S., Khalifeh, H., Drennan, V., Hart, T., Hogg, J., . . . Moran, P. (2013), *At risk, yet dismissed: the criminal victimisation of people with mental health problems*. London: Victim Support.

Phillips, M.R., Zhang, J., Shi, Q., Song, Z., Ding, Z., Pang, S., . . . Wang, Z. (2009), "Prevalence, treatment, and associated disability of mental disorders in four provinces in China during 2001-05: an epidemiological survey", *Lancet*, 373: 2041-2053.

Pinker, S. (2002), *The blank slate*. London and New York: Penguin.

--- (2011), *The better angels of our nature: the decline of violence in history and its causes*. London: Allen Lane.

Plomin, R., DeFries, J.C., Knopik, V.S. and Neiderhiser, J.M., (eds.) (2013), *Behavioral Genetics*, Sixth edition. New York: Worth Publishers.

Polanczyk, G., de Lima, M.S., Horta, B.L., Biederman, J. and Rohde, L.A. (2007), "The worldwide prevalence of ADHD: a systematic review and metaregression analysis", *American Journal of Psychiatry*, 164(6): 942-948.

Prison Reform Trust (2012), *Bromley Briefings Prison Factfile*. London: Prison Reform Trust.

Proudfoot, J., Guest, D., Carson, J., Dunn, G. and Gray, J. (1997), "Effect of cognitivebehavioural training on job-finding among long-term unemployed people.", *Lancet*, 350: 96-100.

Raes, F., Griffith, J.W., Van der Gucht, K. and Williams, J.M.G. (2013), "School-based prevention and reduction of depression in adolescents: a cluster-randomized controlled trial of a mindfulness group program", *Mindfulness*, Published online 6 March 2013.

Rai, D., Zitko, P., Jones, K., Lynch, J. and Araya, R. (2013), "Country- and individual-level socioeconomic determinants of depression: multilevel cross-national comparison", *British Journal of Psychiatry*, 202: 195-203. 213

Regier, D.A., Farmer, M.E., Rae, D.S., Locke, B.Z., Keith, S.J., Judd, L.L. and Goodwin, F.K. (1990), "Comorbidity of mental disorders with alcohol and other drug abuse: results from the Epidemiologic Catchment Area (ECA) Study", *JAMA*, 264(19): 2511-2518.

Reinke, W.M., Stormont, M., Webster-Stratton, C., Newcomer, L.L. and Herman, K.C. (2012), "The Incredible Years Teacher Classroom Management program: using coaching to support generalization to real-world classroom settings", *Psychology in the Schools*, 49(5): 416-428.

Robertson, I. and Cooper, C.L. (2011), *Well-being: productivity and happiness at work*. London: Palgrave Macmillan.

Robinson, K.L., McBeth, J. and MacFarlane, G.J. (2004), "Psychological distress and premature mortality in the general population: a prospective study", *Annals of Epidemiology*, 14: 467-472.

Roest, A.M., Martens, E.J., Denollet, J. and De Jonge, P. (2010), "Prognostic association of anxiety post myocardial infarction with mortality and new cardiac events: a metaanalysis", *Psychosomatic Medicine*, 72: 563-569.

Rollman, B.L., Belnap, B.H., Mazumdar, S., Houck, P.R., Zhu, F., Gardner, W., . . . Shear, M.K. (2005), "A randomized trial to improve the quality of treatment for panic and generalized anxiety disorders in primary care", *Archives of General Psychiatry*, 62 (12): 1332-1341.

Rose, S.C., Bisson, J., Churchill, R. and Wessely, S. (2002), "Psychological debriefing for preventing post traumatic stress disorder (PTSD)", *Cochrane Database of Systematic Reviews*(2): CD000560.

Roth, A. and Fonagy, P., (eds.) (2005), *What works for whom? A critical review of psychotherapy research*, Second edition. New York: Guilford Press.

Roth, A.D. and Pilling, S. (2008), "Using an evidence-based methodology to identify the competences required to deliver effective cognitive and behavioural therapy for depression and anxiety disorders", *Behavioural and Cognitive Psychotherapy*, 36: 129-147.

Roy, A. and Linnoila, M. (1986), "Alcoholism and suicide", *Suicide and Life-Threatening Behavior*, 16(2): 244-273.

Royal College of Psychiatrists (2013), *Report of the second round of the National Audit of Psychological Therapies (NAPT) 2013*. London: Healthcare Quality Improvement Partnership.

Rush, A.J., Beck, A.T., Kovacs, M. and Hollon, S. (1977), "Comparative efficacy of Cognitive Therapy and Pharmacotherapy in the Treatment of Depressed Outpatients", *Cognitive Therapy and Research*, 1(1): 17-37.

Russ, T.C., Stamatakis, E., Hamer, M., Starr, J.M., Kivimaki, M. and Batty, G.D. (2012), "Association between psychological distress and mortality:

individual participant pooled analysis of 10 prospective cohort studies", *British Medical Journal*, 345(e4933).

Rutter, M. (2000), "Psychosocial influences: critiques, findings, and research needs", *Development and Psychopathology*, 12: 375-405.

--- (2004), "Intergenerational continuities and discontinuities in psychological problems" in Chase-Lansdale, P.L., Kiernan, K. and Friedman, R.J., (eds.), *Human development across lives and generations: the potential for change*. New York and Cambridge: Cambridge University Press.

Rutter, M., Bishop, D., Pine, D.S., Scott, S., Stevenson, J.S., Taylor, E.A. and Thapar, A., (eds.) (2008), *Rutter's child and adolescent psychiatry*, Fifth edition. Oxford: Wiley-Blackwell.

Rutter, M., Giller, H. and Hagell, A. (1998), *Antisocial behavior by young people*. Cambridge: Cambridge University Press. 214

Rutz, W., von Knorring, L. and Walinder, J. (1992), "Long-term effects of an educational program for general practitioners given by the Swedish Committee for the Prevention and Treatment of Depression", *Acta Psychiatrica Scandinavica*, 85(1): 83-88.

Sainsbury Centre for Mental Health (2007), *Mental health at work: developing the business case*, Policy Paper 8. London: Sainsbury Centre for Mental Health.

--- (2009), *The chance of a lifetime: preventing early conduct problems and reducing crime*. London: Sainsbury Centre for Mental Health.

Sanders, M.R., Markie-Dadds, C. and Turner, K.M.T. (2003), *Theoretical, scientific and clinical foundations of the Triple P-Positive Parenting Program: a population approach to the promotion of parenting competence*, Parenting Research and Practice Monograph No 1. Parenting and Family

Support Centre, University of Queensland.

Satin, J.R., Linden, W. and Phillips, M.J. (2009), "Depression as a predictor of disease progression and mortality in cancer patients: a meta-analysis", *Cancer*, 115: 5349-5361.

Sawyer, M.G., Pfeiffer, S., Spence, S.H., Bond, L., Graetz, B., Kay, D., . . . Sheffield, J. (2010), "School-based prevention of depression: a randomised controlled study of the beyondblue schools research initiative", *Journal of Child Psychology and Psychiatry*, 51(2): 199-209.

Saxena, S., Paraje, G., Sharan, P., Karam, G. and Sadana, R. (2006), "The 10/90 divide in mental health research: trends over a 10-year period", *British Journal of Psychiatry*, 188: 81-82.

Schonert-Reichl, K.A. and Lawlor, M.S. (2010), "The effects of a mindfulness-based education program on pe- and early adolescents' well-being and social and emotional competence", *Mindfulness*, 1: 137-151.

Scott, S., Briskman, J. and O'Connor, T.G. (in press), "Strategies for early prevention of antisocial personality: long-term follow-up of two randomized controlled trials comparing indicated and selective approaches", *American Journal of Psychiatry*.

Scott, S., Carby, A. and Rendu, A. (2008), "Impact of therapists' skill on effectiveness of parenting groups for child antisocial behavior", *IoP mimeo*.

Scott, S., Knapp, M., Henderson, J. and Maughan, B. (2001), "Financial cost of social exclusion: follow-up study of antisocial children into adulthood", *British Medical Journal*, 323(7306): 1-5.

Scott, S., Sylva, K., Doolan, M., Price, J., Jacobs, B., Crook, C. and Landau, S. (2010), "Randomised controlled trial of parent groups for child antisocial behaviour targeting multiple risk factors: the SPOKES project",

*Journal of Child Psychology and Psychiatry*, 51(1): 48-57.

Segal, Z.V., Williams, J.M.G. and Teasdale, J.D. (2013), *Mindfulness-based cognitive therapy for depression*, Second edition. New York: Guilford Press.

Seligman, M.E.P. (1992), *Helplessness: on depression, development, and death*. New York: W.H. Freeman.

--- (2002), *Authentic happiness: using the new positive psychology to realise your potential for lasting fulfillment*. New York: Free Press.

--- (2011), *Flourish: a visionary new understanding of happiness and well-being*. New York: Free Press.

Sen, A. (2009), *The idea of justice*. London: Allen Lane.

Sennett, R. (2003), *Respect : the formation of character in a world of inequality*. London: Allen Lane.

Seshamani, M. and Gray, A. (2004), "Time to death and health expenditure: an improved model for the impact of demographic change on health care costs", *Age and Ageing*, 33(6): 556-561. 215

Sharpe, L., Sensky, T., Timberlake, N., Ryan, B., Brewin, C.R. and Allard, S. (2001), "A blind, randomized, controlled trial of cognitive-behavioural intervention for patients with recent onset rheumatoid arthritis: preventing psychological and physical morbidity", *Pain*, 89(2-3): 275-283.

Shenk, J.W. (2006), *Lincoln's melancholy: how depression challenged a president and fueled his greatness*. New York: Mariner Books.

Siev, J. and Chambless, D.L. (2007), "Specifity of treatment effects: cognitive therapy and relaxation for generalized anxiety disorder and panic disorders", *Journal of Consulting and Clinical Psychology*, 75(4): 513-522.

Sigvardsson, S., Bohman, M. and Cloninger, C.R. (1996), "Replication of

Stockholm Adoption Study of alcoholism: confirmatory cross-fostering analysis", *Archives of General Psychiatry*, 53(8): 681-687.

Simmons, P., Hawley, C.J., Gale, T.M. and Sivakumaran, T. (2010), "Service user, patient, client, user or survivor: describing recipients of mental health services", *The Psychiatrist*, 34: 20-23.

Simon, G.E., Katon, W.J., Lin, E.H.B., Rutter, C., Manning, W.G., von Korff, M., . . . Young, B.A. (2007), "Cost-effectiveness of systematic depression treatment among people with diabetes mellitus", *Archives of General Psychiatry*, 64: 65-72.

Singer, T., Seymour, B., O'Doherty, J., Kaube, H., Dolan, R.J. and Frith, C.D. (2004), "Empathy for pain involves the affective but not sensory components of pain", *Science*, 303(5661): 1157-1162.

Singleton, N., Bumpstead, R., O'Brien, M., Lee, A. and Meltzer, H. (2001), *Psychiatric morbidity among adults living in private households, 2000*, Office for National Statistics (ONS). London: The Stationery Office.

Singleton, N. and Lewis, G., (eds.) (2003), *Better or worse: a longitudinal study of the mental health of adults living in private households in Great Britain*, Office for National Statistics (ONS). London: The Stationery Office.

Singleton, N., Meltzer, H., Gatward, R., with, Coid, J. and Deasy, D. (1998), *Psychiatric morbidity among prisoners in England and Wales*, Office for National Statistics (ONS). London: The Stationery Office.

Skidelsky, R. and Skidelsky, E. (2012), *How much is enough? the love of money and the case for the good life*. London: Allen Lane.

Smith, J.P. and Smith, G.C. (2010), "Long-term economic costs of psychological problems during childhood", *Social Science & Medicine*, 71: 110-

115.

Solomon, A. (2001), *The noonday demon: an atlas of depression*. London: Chatto & Windus.

Stallard, P., Sayal, K., Phillips, R., Taylor, J.A., Spears, M., Anderson, R., . . . Montgomery, A.A. (2012), "Classroom based cognitive behavioural therapy in reducing symptoms of depression in high risk adolescents: pragmatic cluster randomised controlled trial", *British Medical Journal*, 345(7878): e6058.

Stangier, U., Schramm, E., Heidenreich, T., Berger, M. and Clark, D.M. (2011), "Cognitive therapy vs interpersonal psychotherapy in social anxiety disorder: a randomized controlled trial", *Archives of General Psychiatry*, 68(7): 692-700.

Stanley, E.A. and Jha, A.P. (2009), "Mind fitness: improving operational effectiveness and building warrior resilience", *Joint Force Quarterly*, 55(144-151).

Stein, M.B., McQuaid, J.R., Laffaye, C. and McCahill, M.E. (1999), "Social phobia in the primary care medical setting", *Journal of Family Practice*, 48(7): 514-519.

Steptoe, A. and Kivimäki, M. (2012), "Stress and cardiovascular disease", *Nature Reviews Cardiology*, 9: 360-370. 216

Steptoe, A., O'Donnell, K., Badrick, E., Kumari, M. and Marmot, M. (2008), "Neuroendocrine and inflammatory factors associated with positive affect in healthy men and women: the Whitehall II study", *American Journal of Epidemiology*, 167(1): 96-102.

Steptoe, A. and Wardle, J. (2012), "Enjoying life and living longer", *Archives of Internal Medicine*, 172(3): 273-275.

Steptoe, A., Wardle, J. and Marmot, M. (2005), "Positive affect and health-related neuroendocrine, cardiovascular, and inflammatory processes", *PNAS*, 102(18): 6508-6512.

Stiles, W.B., Barkham, M., Mellor-Clark, J. and Connell, J. (2008), "Effectiveness of cognitive-behavioural, person-centred, and psychodynamic therapies in UK primarycare routine practice: replication in a larger sample", *Psychological Medicine*, 38: 677-688.

Storr, A. (1990), *Churchill's black dog and other phenomena of the human mind*. London: Fontana.

Styron, W. (2001), *Darkness visible: a memoir of madness*. London: Vintage.

Substance Abuse and Mental Health Services Administration (SAMHSA) - Center for Mental Health Services (2007), *Promotion and prevention in mental health: strengthening parenting and enhancing child resilience*, U.S. Department of Health and Human Services. Rockville, MD.

Sullivan, E.M., Annest, J.L., Luo, F., Simon, T.R. and Dahlberg, L.L. (2013), "Suicide among adults aged 35-64 years: United States, 1999-2010", *Morbidity and Mortality Weekly Report (MMWR)*, 62(17): 321-325. U.S. Department of Health and Human Services: Centers for Disease Control and Prevention.

Suomi, S. (1997), "Long-term effects of different early rearing experiences on social, emotional, and physiological development in nonhuman primates" in Keshavan, M.S. and Murray, R.M., (eds.), *Neurodevelopment and adult psychopathology*. Cambridge: Cambridge University Press.

Thornicroft, G. (2006), *Shunned: discrimination against people with mental illness*. Oxford. Oxford University Press.

--- (2011), "Physical health disparities and mental illness: the scandal of premature mortality", *British Journal of Psychiatry*, 199: 441-442.

Timmins, N. (2001), *The five giants: a biography of the welfare state, Second edition*. London: HarperCollins.

Twenge, J.M., Gentile, B., DeWall, C.N., Ma, D., Lacefield, K. and Schurtz, D.R. (2010), "Birth cohort increases in psychopathology among young Americans, 1938-2007: a cross-temporal meta-analysis of the MMPI", *Clinical Psychology Review*, 30: 145-154.

Van Ameringen, M., Mancini, C. and Farvolden, P. (2003), "The impact of anxiety disorders on educational achievement", *Journal of Anxiety Disorders*, 17(5): 561-571.

Van IJzendoorn, M.H., Belsky, J. and Bakermans-Kranenburg, M.J. (2012), "Serotonin transporter genotype 5HTTLPR as a marker of differential susceptibility? a metaanalysis of child and adolescent gene-by-environment studies", *Translational Psychiatry*, 2: e147.

Van Schaik, D.J.F., Klijn, A.F.J., van Hout, H.P.J., van Marwijk, H.W.J., Beekman, A.T.F., de Haan, M. and van Dyck, R. (2004), "Patients' preferences in the treatment of depressive disorder in primary care", *General Hospital Psychiatry*, 26: 184-189.

Veale, D. and Willson, R., (eds.) (2011), *Taking control of OCD: inspirational stories of hope and recovery*. London: Constable & Robinson Ltd.

Vos, T., Flaxman, A.D., Naghavi, M., Lozano, R., Michaud, C., Ezzati, M., . . . Murray, C.J.L. (2012), "Years lived with disability (YLDs) for 1160 sequelae of 289 diseases and 217 injuries 1990-2010: a systematic analysis for the Global Burden of Disease Study 2010", *Lancet*, 380: 2163-2196.

Wampold, B.E., Mondin, G.W., Moody, M., Stich, F., Benson, K. and Ahn, H. (1997), "A meta-analysis of outcome studies comparing bona fide psychotherapies: empirically, "all must have prizes"", *Psychological Bulletin*, 122(3): 203-215.

Wang, P.S., Berglund, P., Olfson, M., Pincus, H.A., Wells, K.B. and Kessler, R.C. (2005), "Failure and delay in initial treatment contact after first onset of mental disorders in the National Comorbidity Survey Replication", *Archives of General Psychiatry*, 62: 603-613.

Weare, K. (2012), *Evidence for the impact of mindfulness on children and young people*. The Mindfulness In Schools Project.

Weare, K. and Nind, M. (2011), "Mental health promotion and problem prevention in schools: what does the evidence say?", *Health Promotion International*, 26(S1): i29-i69.

Webster-Stratton, C. and Reid, M.J. (2010), "The Incredible Years parents, teachers, and children training series: a multifaceted treatment approach for young children with conduct disorders" in Weisz, J. and Kazdin, A., (eds.), *Evidence-based psychotherapies for children and adolescents*, Second edition. New York: Guilford Publications: 194-210.

Webster-Stratton, C., Reid, M.J. and Hammond, M. (2001), "Preventing conduct problems, promoting social competence: a parent and teacher training partnership in Head Start", *Journal of Clinical Child Psychology*, 30(3): 283-302.

Webster-Stratton, C., Reinke, W.M., Herman, K.C. and Newcomer, L.L. (2011), "The Incredible Years Teacher Classroom Management training: the methods and principles that support fidelity of training delivery", *School Psychology Review*, 40(4): 509-529.

Weiss, B., Caron, A., Ball, S., Lapp, J., Johnson, M. and Weisz, J. (2005), "Iatrogenic effects of group treatment for antisocial youth", *Journal of Con-

*sulting and Clinical Psychology*, 73(6): 1036-1044.

Welch, C.A., Czerwinski, D., Ghimire, B. and Bertsimas, D. (2009), "Depression and costs of health care", *Psychosomatics*, 50(4): 392-401.

Wells, K.B., Sherbourne, C., Schoenbaum, M., Duan, N., Meredith, L., Unutzer, J., ... Rubenstein, L.V. (2000), "Impact of disseminating quality improvement programs for depression in managed primary care: a randomized controlled trial", *JAMA*, 283(2): 212-220.

Weng, H.Y., Fox, A.S., Shackman, A.J., Stodola, D.E., Caldwell, J.Z.K., Olson, M.C., ... Davidson, R.J. (2013), "Compassion training alters altruism and neural reponses to suffering", *Psychological Science*, 24(7): 1171-1180.

Wessely, S. (2007), "A defence of the randomized controlled trial in mental health", *Biosocieties*, 2(1): 115-127.

West, P. and Sweeting, H. (2003), "Fifteen, female and stressed: changing patterns of psychological distress over time", *Journal of Child Psychology and Psychiatry*, 44(3): 399-411.

Whooley, M.A., de Jonge, P., Vittinghoff, E., Otte, C., Moos, R., Carney, R.M., ... Browner, W.S. (2008), "Depressive symptoms, health behaviors, and risk of cardiovascular events in patients with coronary heart disease", *JAMA*, 300(20): 2379-2388.

Wilkinson, R. and Pickett, K. (2009), *The spirit level: why more equal societies almost always do better*. London: Allen Lane.

Williams, J.M.G. (2001), *Suicide and attempted suicide*. London: Penguin. Third edition available in 2014.

Williams, J.M.G. and Kabat-Zinn, J., (eds.) (2013), *Mindfulness: diverse perspectives on its meaning, origins and applications*. London and New York:

Routledge. 218

Williams, J.M.G. and Penman, D. (2011), *Mindfulness: a practical guide to finding peace in a frantic world.* London: Piatkus.

Wilson, B. (2008), *Decency and disorder: the age of cant, 1789-1837.* London: Faber.

Wilson, G.T. and Fairburn, C.G. (2007), "Treatments for eating disorders" in Nathan, P.E. and Gorman, J.M., (eds.), *A guide to treatments that work*, Third edition. New York: Oxford University Press.

Wilson, S., Benton, T., Scott, E. and Kendall, L. (2007), *London challenge: survey of pupils and teachers 2006.* Slough: National Foundation for Educational Research.

Wilson, T.D. (2011), *Redirect: the surprising new science of psychological change.* London: Allen Lane.

Wittchen, H.-U., Fuetsch, M., Sonntag, H., Muller, N. and Liebowitz, M. (1999), "Disability and quality of life in pure and comorbid social phobia: findings from a controlled study", *European Psychiatry*, 14(3): 118-131.

Wittchen, H.-U. and Jacobi, F. (2005), "Size and burden of mental disorders in Europe: a critical review and appraisal of 27 studies", *European Neuropsychopharmacology*, 15: 357-376.

Wolpe, J. (1958), *Psychotherapy through reciprocal inhibition.* Palo Alto, California: Stanford University Press.

Wolpert, L. (1999), *Malignant sadness: the anatomy of depression.* New York: The Free Press.

Wolpert, M., Fuggle, P., Cottrell, D., Fonagy, P., Phillips, J., Pilling, S., . . . Target, M. (2006), *Drawing on the evidence: advice for mental health professionals working with children and adolescents*, Second edition. CAM-

HS Publications.

Worell, J., (ed.) (2002), *Encyclopedia of women and gender: sex similarities and differences and the impact of society on gender (Vol. 1)*. San Diego: Academic Press.

World Economic Forum (WEF) (2012), *Well-being and global success*, A report prepared by the World Economic Forum Global Agenda Council on Health & Well-being. Geneva.

World Health Organisation (WHO) (2002), *World report on violence and health*, Krug, E.G., Dahlberg, L.L., Mercy, J.A., Zwi, A.B. and Lozano, R., (eds.). Geneva: World Health Organisation.

--- (2003), *Caring for children and adolescent with mental disorders: setting WHO directions*. Geneva: World Health Organisation.

--- (2004), *Prevention of mental disorders: effective interventions and policy options*. Geneva: World Health Organisation.

--- (2008), *The global burden of disease: 2004 update*. Geneva: World Health Organisation.

Wulsin, L.R., Evans, J.C., Vasan, R.S., Murabito, J.M., Kelly-Hayes, M. and Benjamin, E.J. (2005), "Depressive symptoms, coronary heart disease, and overall mortality in the Framingham Heart Study", *Psychosomatic Medicine*, 67: 697-702.

Young Minds (2011), "Cuts begin to bite for some", *Young Minds Magazine*, 113: 25-27.

# 미주

**머리말**

1  'Therapy deficit', Nature, 27 September 2012, 489: 473-4.

## 1부 무엇이 문제인가

### 1장 문제의 핵심은 무엇일까

1  Clark et al.(2013) 참조, 그림 5 and Layard et al.(2010), 그림 6.2, 6.4, 6.5 and 6.7. 가장 긴 시계열 데이터는 미국 자료이고, 1950년대와 1960년대의 간헐적인 갤럽 수치는 영국 자료다. 모든 유럽 국가에서 유로바로미터(여론조사) 시계열은 1970년대 초반 시작했다.

2  이 장에서 언급하는 모든 발언의 근거는 이어질 장들에서 제시한다.

3  3장 참조.

4  Sullivan et al.(2013).

5  WHO(2008).

6  Frederick and Loewenstein(1999).

7  4장 참조.

8  8~10장 참조.

9  비슷한 시기에 앨버트 엘리스도 인지행동치료에서 여러 기본 개념을 발전시켰지만, 벡 그리고 그의 동료들과 달리 치료 결과를 체계

적으로 검증하지 않았다.
10 치료받는 사람을 어떻게 부를지는 잘 알려진 논쟁 대상이다. 우리는 대체로 '사람'이라는 표현을 쓰지만 가끔 환자나 내담자라고 할 때도 있다. 설문 조사 결과 사람들은 '서비스 사용자'보다 이러한 단어를 선호하는 것으로 나타났다.
11 11장 참조.
12 국립보건임상연구소the National Institute for Health and Care Excellence (NICE)(의료와 복지 서비스 지침, 권고안을 제공하는 기관 - 옮긴이)에서 발행했다.
13 13장 참조.
14 오늘날 대다수 서구 국가의 범죄율이 떨어지고 있긴 하지만 1950년대보다는 여전히 훨씬 더 높다.
15 14장과 15장 참조.
16 12장 참조.
17 Sieghart, M.A.(7 December 2006). "대화치료는 자연스럽고 효과적이며 빠르고 매우 저렴하다." 〈더 타임스〉

## 2장 정신질환의 이해

1 Anxious Times, Issue 79, Autumn 2011.
2 Veale and Willson(2011).
3 Ivison(2011).
4 이 수치와 다른 수치의 출처는 3장에서 확인할 수 있다. 이들 수치는 장애의 유병률에 관해 영국, 미국 그리고 다른 여러 국가가 합의한 견해를 보여주기 위한 목적으로 제시했다.
5 Barlow and Durand(2009).
6 Bruce et al.(2005), '표 2'; 회복 후 환자들의 경험 '그림 2' 참조.

7   10장 참조.
8   Wolpert(1999) 참조. 개인 경험은 주로 서문과 12장에 나온다. Solomon(2001)과 Styron(2001)도 우울증을 잘 묘사했다. 에이브러햄 링컨의 우울증melancholia은 Shenk(2006) 참조.
9   Coleridge, Dejection, quoted in Wolpert(1999), p.8.
10  이 관점이 정신과 전문의의 일반적 시각이다. 정신과 전문의는 우울을 '있거나 없는' 식의 현상으로 여기지 않는다.
11  정신질환의 진단 및 통계 편람DSM-5로 알려진 진단 체계다.
12  우울한 기분과 흥미 상실이 나타나지 않는다면 적어도 4개 증상에 해당해야 한다.
13  PHQ-9의 추가 분석은 Kroenke et al.(2001) 참조. 이 논문은 더 관대하게 표현한다. 5~9 경도, 10~14 중등도, 15~19 중등고도, 20 이상 고도. 독일의 빈도 분포 근거는 Martin et al.(2006) 참조. 범불안장애GAD는 8%가 8점 이상을 보이는 독일 인구에 관한 Löwe et al.(2008) 참조.
14  우리가 제시하는 모든 우울증 관련 자료는 Barlow and Durand(2009)에 기반하고 있다. 3장에서 언급하듯 요즘 우울증은 전보다 빨리 시작되는 경향이 있다.
15  Monroe and Harkness(2011).
16  전에는 조울증이라는 명칭을 사용했다. 이런 사람은 보통 1년 중 우울증은 17주, 조증은 5주 정도 경험한다. 조증이나 극심한 우울증을 겪는 시기를 정신병적 상태로 간주한다.
17  단극성 우울증이 있는 사람이 훨씬 더 많아서 조울증보다 단극성 우울증이 있는 사람의 자살 시도가 더 많다.
10  Merlkangas et al.(2011).
19  드문 성격장애인 다중성격장애multiple personality(지금은 해리성 정체감

장애dissociative identity disorder로 부른다-옮긴이)는 여기에 포함되지 않는다.
20  Williams(2001), p.48.
21  Barlow and Durand(2009), p.479.
22  성인 정신 건강 조사Adult Psychiatric Morbidity Survey, 2007. 자체 계산.
23  Coulthard et al.(2002), p.23, 66 and 68.
24  예를 들어 대마초 남용이 조현병을 유발할 수 있는지도 논란 대상이다. 영국에서 지난 50년간 한 명도 없던 대마초 사용자가 증가해 25~34세의 절반 가까이가 시도 경험이 있는 것으로 나타났지만(McManus et al.(2009), p.179), 조현병은 증가하지 않아(Kirkbride et al.(2012)) 설령 가능하더라도 그 영향은 분명 적을 것으로 보인다. 약물 오남용 자문 위원회Advisory Council on the Misuse of Drugs는 대마초 사용자 5,000명 중 한 명이 조현병에 걸릴 수 있을 것으로 추정한다(ACMD(2008), p.19). 미국 사례는 Barlow and Durand(2009), p.398 참조.
25  영국에서 실시한 설문에서 응답자들은 주로 지난 6개월 동안의 경험에 관해 질문 20개를 받는다. 각 질문은 그들이 술을 마신 후 특정 증상을 얼마나(전혀, 가끔, 자주, 거의 항상) 경험했는지 묻는다. 4개 이상 질문에 '가끔'이라고 답한 사람은 의존적이라고 간주하며 2개 질문에 '자주'라고 답한 사람도 마찬가지로 의존적이라고 간주한다.
26  잉글랜드에서는 매년 9,000명이 알코올 때문에 목숨을 잃는다. 매년 약 290,000건의 입원 사례는 전적으로 알코올이 원인이며, 알코올이 부분적으로 원인을 차지하는 경우도 880,000건에 이른다. 이 두 수치는 2002~2003년과 2010~2011년(회계연도)에 모두 2배 이상 증가했다(HSCIC(2012)).
27  Roy and Linnoila(1986).
28  영국에서는 응답자에게 다음과 같은 5가지 질문을 한다. 지난 12개

월 동안 약물을 2주 이상 사용한 적 있는가? 그 약물이 필요하다고 느끼거나 거기에 의존하고 있는가? 사용량을 줄이려고 했다가 실패한 적 있는가? 효과를 얻기 위해 더 많은 양을 필요로 하거나 이전에 사용하던 양으로는 더 이상 효과가 없는가? 중단하거나 사용량을 줄였을 때 메스꺼움 등의 금단 증상이 나타났는가? 어떤 질문에든 긍정적으로 답하는 경우 약물에 의존하는 것으로 간주한다. 참고로 이 기준은 해로운 것이 확실함에도 집착과 지속성을 보이는지를 요구 조건으로 포함시킨 ICD-10(유럽에서 널리 사용하는 국제질병분류 International Classification of Disease)과 DSM-5 기준보다 덜 엄격하다.

29  Coulthard et al.(2002) pp.29, 69. 또한 이들 중 절반은 알코올의존 상태에 있다(2007년 성인 정신 건강 조사 자체 분석 결과). 영국에서는 모두 2,000명(대다수가 남성)이 매년 강력한 마약(대개 헤로인과 메타돈) 때문에 목숨을 잃는다(BMA Board of Science(2013), pp.40-43).

30  McManus et al.(2009), Chapter 11.

31  Kim-Cohen et al.(2003); Kessler et al.(2005a). 뉴질랜드와 미국의 연구에 따르면 성인 정신질환자의 50%가 열다섯 살 이전에 이미 정신질환을 경험한 것으로 나타났다. 정신질환이 성인에게 더 많이 발생한다는 점을 고려하면, 정신질환을 경험한 아이의 절반 이상은 성인이 되어 정신질환을 경험할 가능성이 크다.

32  Green et al.(2005), p.35.

33  Van Ameringen et al.(2003).

34  Moffitt(1993); Moffitt(2003).

35  더 포괄적 정의에 따르면 전 세계 아이의 5%가 주의력 결핍 과잉 행동장애인 것으로 볼 수 있다(Polanczyk et al.(2007)).

36  이 영역은 신체적 고통의 정서적 측면과 더불어 사회적 배제(Eisenberger et al.(2003))나 아기 울음소리(Lorberbaum et al.(1999)) 혹은 사

랑하는 사람의 신체적 고통 등이 원인인 정신적 고통으로도 활성화된다(Singer et al.(2004)). 신체적 고통에는 사회적 배제의 영향을 받는 뇌의 다른 부분(Kross et al.(2011))에서 경험하는 감각 요소가 있다. 흥미롭게도 불쾌한 신체 자극에 따른 고통을 더 크게 느끼는 사람이 사회적 배제 경험 실험에서도 더 큰 고통을 느낀다는 보고가 있다(Eisenberger et al.(2006)).

37  영국에서는 열여섯 살 이상의 약 2%가 치매를 앓고 있다. 미국도 비슷한 수치를 나타낸다.

### 3장 얼마나 많은 사람이 고통받고 있을까

1   성인 데이터는 다음과 같다. 영국: McManus et al.(2009) (시점 유병률, 2007), 미국: Kessler et al.(2005b) (1년 유병률, 2011), EU: Wittchen and Jacobi(2005) (1년 유병률, 2001~2003년 메타 분석). 이는 WHO 세계 정신 건강 조사(2001~2003)를 포함한 다양한 연구를 바탕으로 한다. 유럽에서는 ESEMeD로 알려져 있으며 추가 정보는 Demyttenaere et al.(2004) 참조. 개별 국가 데이터의 자세한 내용은 '부록 3' 참조. 모든 데이터는 치매를 제외한다. 어린이 데이터는 다음과 같다. 영국의 5~16세 어린이 유병률은 10%다(Green et al.(2005))(시점 유병률). 미국의 질병통제예방센터는 13~20%로 추정한다(Perou et al.(2013)) (연간 유병률). 미국 National Co-Morbidity Replication에 따르면 13~18세의 평생 유병률(그 나이까지)은 22%(Merikangas et al.(2010))다. 유럽에서는 유병률을 10~20%로 추정한다(European Commission(2008), p.11). 결국 전 세계가 비슷하다. 추가 정보는 World Health Organization(WHO) (2003)과 Kieling et al.(2011) 참조.

2   Kessler et al.(2005b)과 '부록 3', '표 3, 4' 참조.

3   세계 건강 조사에 기반한 데이터는 Ayuso-Mateos et al.(2010) 참조. Rai et al.(2013)에서도 비슷한 결과를 찾아볼 수 있다. 세계 정신 건강 조사도 선진국과 개발도상국에서 동일한 수준의 우울증을 보여주었다(Ferrari et al.(2013), p.472). 개별 국가 데이터는 '부록 3' 참조. 이들은 모든 정신질환의 1개월 유병률을 18%로 보고한다. 불안장애는 Baxter et al.(2013)의 메타 분석과 '그림 2' 참조. 여기서는 세계 불안장애 유병률이 7%로 나타났다. 조현병은 Jablensky(2009) 참조.

4   Layard et al.(2013a)도 참조.

5   Kessler et al.(2005a)과 '표 2' 참조, 미국에서는 46%로 추정한다. 영국 정신 건강 조사 2000에서 우울·불안의 변동을 알 수 있다(Singleton and Lewis(2003)). 18개월 후속 조사에서 8%는 우울·불안 상태이고, 8%(절반)는 회복했고, 5% 사례가 새로 생겼다. 비슷하게 36개월 후속 조사에서 아동 중 처음엔 건강하던 4%가 정서장애로 진행됐고 4%는 품행장애로 발전했다. 동시에 정서장애가 있던 아동 76%와 품행장애가 있던 아동 57%가 회복했다(Meltzer et al.(2003)). 이는 1999년 조사의 후속 조사를 기반으로 한다.

6   잉글랜드는 가구 수가 2,100만이고 정신질환을 앓는 성인은 약 750만 명이다(McManus et al.(2009)). 영국 가구 패널 조사British Household Panel Survey에 기반해 적어도 한 명의 성인 정신질환자가 있는 가구 수는 약 600만 가구로 추산할 수 있다. 또한 정신질환을 앓는 성인이 없는 가구 중 많은 가구에 정신질환을 앓는 어린 자녀가 있다. 정신질환이 있지만 함께 살지 않는 부모를 둔 경우도 있다.

7   예시를 보려면 Kessler et al.(1994) 참조.

8   일반적인 조사는 Fombonne(1995), pp.554-55 참조. 예를 들어 스웨덴의 룬비Lunby 지역에서 인구 전체를 대상으로 진행한 정밀한 연구는 1947~1957년과 1957~1972년에 우울증(고도 또는 중간 정도)이

의미 있게 증가한 것을 보여준다(Hagnell et al.(1990), pp.81-82, Tables 48c and d). 영국의 장기 변화를 확인하려면 Ferri et al.(2003) 참조.

9   미국은 USA, Kessler et al.(2005c) 참조. 영국은 Meltzer et al.(1995); Singleton et al.(2001); McManus et al.(2009) 참조.

10  이것은 미네소타 다면적 인성 검사를 사용한 설문 조사를 메타 분석한 것이다. 저자들은 다음 세대가 응답에 덜 방어적이라는 주장을 검토하는데, 그 편향은 결과에 큰 영향을 미치지 않는다는 결론을 내렸다.

11  Layard and Dunn(2009), p.3. Collishaw et al.(2004); Maughan et al.(2008) 참조.

12  West and Sweeting(2003).

13  Moussavi et al.(2007). 다른 연구에서 세계 정신 건강 조사는 심각한 장애를 경험하고 있는 사람들의 비율을 평가한다. (i) 신체질환이 있는 사람(24%가 심각한 장애) (ii) 정신질환이 있는 사람(41%가 심각한 장애). 관련해 Ormel et al.(2008), '표 3' 참조.

14  WHO(2008) 참조.

15  이 수치는 2004년과 관련된 것으로 WHO(2008) 참조. 같은 저자들은 WHO가 승인한 이 질병의 전 세계적 부담을 평가한 이후, 학술지 〈랜싯Lancet〉(Vol. 380, 15/22/29 December 2012)에 또 다른 평가를 발표했다. 이는 WHO가 승인하지 않았으며 작성 시점에는 기존 형태 그대로 승인할지도 확실치 않았다. 새로운 분석에 따르면 선진국에서 전체 이환율 중 정신질환 비율은 28%(기존 38%), 근골격계 문제 비율은 25%(기존 7%)다(Vos et al.(2012)). 이 변화는 구골격계 문제를 더 심각하게 다뤄야 한다는 중소득 국가와 저소득 국가의 압력을 반영한 것으로 보인다. 이는 각국 경제 발전 수준에서 조건의 중요도가 달라도 모든 국가의 각 조건에 동일한 가중치를 적용했기 때문이

다(2008년 이후 할인율을 폐지하고 모든 국가에서 표준 연령 분포를 사용하는 것도 폐지하는 변화가 생겼다).

16 WHO(2008).

17 잉글랜드에서 입원과 외래 환자 지출의 29%는 생애 마지막 해에 발생한다(Seshamani and Gray(2004)).

18 이 섹션의 많은 분석은 Williams(2001)의 2장과 3장을 기반으로 했다. 2008년 잉글랜드에서는 사망자 4,530명의 사망 원인을 자살로 기록했다.

19 Barlow and Durand(2009), p.251; Blumenthal(1988); Barraclough et al.(1974).

20 Williams(2001), p.36.

21 WHO(2002), 표 1, 2.

22 자살 원인을 다룬 글은 많이 있다. 잘 알려진 것처럼 1897년 프랑스 사회학자 에밀 뒤르켐은 자살을 다음과 같이 3가지로 분류했다. 아노미적 자살(사회가 명확한 목적의식을 제공하지 않을 때), 이타적 자살(사회의 압력이 과도할 때), 자기중심적 자살(개인이 사회적으로 고립되었을 때, 정신 혹은 신체 질병이나 사별 경험이 있을 때). 뒤르켐은 특히 첫 번째와 두 번째의 사회적 자살을 강조했다. 일부는 맞다. 7장에서 살펴보겠지만 다양한 사회에서 불행의 상이한 발생률을 설명하는 중요한 사회적 요인이 있다. 총기 사용 가능성이나 난간대 없는 다리 같은 구체적이고 물리적인 문제도 있다. 그러나 주어진 사회에서 어떤 사람이 자살하는지 설명하려면 개인 간의 차이에도 집중할 필요가 있다. 치명적인 것은 충동적 성격, 낮은 자존감, 견디기 힘든 외부 상황(괴롭힘, 거부, 실패)의 조합이다. 항우울제 가용성이 높아지면 국가 자살률이 낮아진다는 풍거는 Gusmão et al.(2013) 참조.

23 자살을 시도하거나 다른 사람에게 폭력을 가하는 사람은 세로토

닌 수치가 낮게 나타났다. 이는 충동성과 연결된다(Williams(2001), p.122). 하지만 자살을 예측하는 일은 분명 어려운 문제다.
24  Williams(2001).
25  Storr(1990).
26  자기 보고 수치다. 병원 통계는 0.3%에 가까운 수치를 제공한다.
27  McManus et al.(2009). 여기에 더해 2.5%는 목숨을 위험하게 할 의도가 없는 자해였다고 한다. 벨기에, 프랑스, 독일, 이탈리아, 네덜란드, 스페인에서는 자살 시도율이 훨씬 낮은 평균 1.3%를 보였다(Bernal et al.(2007)).
28  모든 성공한 자살의 약 절반은 이미 이전에 자살을 시도한 사람들이 행한다(Isometsä and Lönnqvist(1998)).
29  Williams(2001).

## 4장 방치되는 사람들

1  '부록 3'의 '표 5', '부록 4' 참조.
2  세계 정신 건강 조사에 기반한 Ormel et al.(2008) ('표 1' 참조). 개별 국가 치료율은 '부록 3', '표 5' 참조. IAPT 치료를 받은 사람은 우울증과 불안장애 환자의 약 1.5%에 불과했다.
3  McManus et al.(2009), p.47. 지난주에 치료받은 사람, 2007년 데이터. 당시 대다수 치료는 국립보건임상연구소(NICE) 지침을 따르지 않았다. 이후 IAPT는 제공 범위를 확대해 2012~2013년 우울증과 불안장애가 있는 사람의 약 6%에게 두 번 이상 치료 회기를 제공(12장 참조)했다. 그러나 언제든 IAPT 치료를 받는 사람은 우울증과 불안장애 환자의 약 1.5%에 불과했다. 유럽연합에서는 9%가 약물 처방만 받고, 11%가 심리치료(약물치료 병행 포함)를 받았다. Wittchen and Jacobi(2005), '표 5' 참조. 추가로 6%는 진료만 하고 치료는 받

지 않았다.

4　알코올과 약물 문제는 National Drug Treatment Monitoring System에서 직접 제공하는 데이터도 있다. 2012~2013년 National Treatment Agency는 알코올이 주요 문제인 사람 총 11만 명을 치료했는데 그중 7만 6,000명은 새로운 사례였다. 9,000명은 입원 시설과 거주 재활 시설 또는 둘 중 한 곳에서 치료받았다. 연령 중앙값은 서른다섯 살이었다. 거의 모든 내담자(89%)가 3주 안에 치료받았다. 7만 명이 치료를 마쳤으며 이 중 58%는 더 이상 알코올에 의존하지 않았다. 2012~2013년 National Treatment Agency는 약물 문제가 있는 사람을 알코올 문제가 있는 사람보다 2배 많은 20만 명 정도 치료했으며 그중 7만 명이 새로운 사례였다. 9,000명은 입원 시설과 거주 재활 시설 또는 둘 중 한 곳에서 치료받았다. 신규 사례의 3분의 1은 아편계만 사용했으며, 또 다른 4분의 1은 아편계와 코카인 흡입제를 함께 사용했다. 연령 중앙값은 서른다섯 살이었다. 거의 모든 내담자가 3주 안에 치료받았다. 6만 2,000명이 치료를 마쳤으며 이 중 3분의 1은 약물을 중단한 상태였고 또 다른 13%는 의존성에서 벗어났다.

5　영국 수치 Green et al.(2005) 참조. 미국 상황도 마찬가지로 좋지 않아 보이지만(DeRigne et al.(2009), Merikangas et al.(2010) 참조). 좀 더 긍정적 시각을 보려면 Perou et al.(2013) 참조.

6　Wang et al.(2005). Bruce et al.(2005)도 참조.

7　NCISH(2013).

8　예시를 보려면 McHugh et al.(2013), Chilvers et al.(2001), Deacon and Abramowitz(2005) and van Schaik et al.(2004) 참조.

9　Cunningham(2009).

10　RCGP 구성원이 참여한 2010 Ad hoc survey. 590명이 구체적인 질

문에 답했다.
11　Thornicroft(2006). 그는 지식, 태도, 행동에 관한 삼중 공격을 제안한다.
12　www.time-to-change.org.uk. Henderson and Thornicroft(2013)도 참조.
13　정신 건강을 위한 초당적 의원 모임All-Party Parliamentary Group on Mental Health(2008). 구성원 중 94명만 응답했다.
14　Hansard(14 June 2012).

## 5장 정신질환은 삶에 어떤 영향을 미치는가

1　Layard(2011a), 2장.
2　Layard et al.(2012) 참조.
3　전체 분석은 '부록 5.1', '표 2'에 있다. '표 4'는 고정 효과를 포함하며 정신 건강 변화가 평균적인 사람들의 삶의 만족도에 어떤 변화를 불러오는지 보여준다.
4　Dolan and Metcalfe(2012). '부록 5.2' 참조.
5　'부록 5.2' 참조.
6　Mykletun et al.(2009) '표 1, 3' 참조. (수치는 엄밀하게 말하면 승산비$_{odds\ ratios}$다.) 이 사망 중 자살로 인한 사례는 매우 적었다. '흡연, 음주, 신체 활동을 공변인으로 포함했을 때도 우울증의 순효과는 영향을 받지 않았다. 4.9%가 우울증 진단을 받았다.
7　잉글랜드에서 두 연구는 정신적 고통의 척도로 일반 건강 설문지General Health Questionnaire(GHQ-12)를 사용했다. Robinson et al.(2004)은 성인 4,500명을 연구했다. 가장 적게 불안한 3분의 1과 비교했을 때, 가장 불안한 3분의 1은 이후 8년 동안 매년 사망 가능성이 70% 더 높았다(연령과 성별 고려 후). 비슷하게 Russ et al.(2012)은

'표 3'에서 잉글랜드 건강 조사Health Survey for England를 사용했으며, 1994~2004년 응답자의 생존 여부를 8년 동안 추적 조사했다. 어느 연령대든 정신적으로 가장 불안한 7%는 초기 신체 상태를 완전히 통제한 뒤에도 가장 적게 불안한 60%보다 연간 사망 가능성이 67% 더 높았다. 미국에서는 프레이밍햄 심장 연구Framingham Heart Study 참가자들이 우울증 척도 검사를 받았다. 이후 6년 동안 연령과 성별을 통제했는데 가장 우울한 3분의 1이 가장 우울하지 않은 3분의 1보다 사망할 가능성이 88% 더 컸다(Wulsin et al.(2005)).

8   유니버시티 칼리지 런던의 앤드루 스텝토 교수 데이터. 이전 결과를 보려면 Steptoe and Wardle(2012) 참조.

9   Patten et al.(2008), '표 1'. 뇌졸중 연구는 Pan et al.(2011), '그림 3' 참조. 관상동맥 심장질환은 Nicholson et al.(2006) 참조.

10  Chida et al.(2008). 그들은 사망할 가능성도 더 컸다(저자들은 긍정적 결과가 나올 가능성이 더 크므로 가능한 한 편향을 경고하고 있다). Satin et al.(2009) 역시 메타 분석에서 우울증 환자가 다른 암 환자보다 사망할 가능성이 39% 더 크다는 점을 발견했다.

11  Satin et al.(2009).

12  우울증을 다룬 Nicholson et al.(2006)의 메타 분석 참조. 불안장애는 Roest et al.(2010) 참조. 천식 환자의 병원 상담은 Ahmedani et al.(2013) 참조.

13  Thornicroft(2011).

14  Jones et al.(2008) 참조. 예를 들어 응급실에 온 당뇨병과 정신질환이 동반 이환인 환자는 당뇨병 치료를 위해 병원에 입원할 가능성이 더 작았다.

15  Regier et al.(1990). 낯낯 연구에서 이것이 지배적으로 나타났다. Whooley et al.(2008) 참조.

16　McEwen(1998); Kiecolt-Glaser et al.(2002); Steptoe and Kivimäki(2012); Brotman et al.(2007). Whitehall II 연구 결과는 Steptoe et al.(2005)과 Steptoe et al.(2008) 참조.

17　Kumari et al.(2011).

18　Danese et al.(2007). 염증 지수는 고감도 C-반응성 단백질, 피브리노겐, 백혈구 수치의 총합을 기반으로 한다.

19　Boscarino(2004).

20　Kiecolt-Glaser et al.(1995)은 스트레스를 더 많이 받은 사람과 덜 받은 사람에게 작은 원형의 생검 상처를 만들고 회복 속도를 관찰했다. 콜-킹Cole-King과 하딩Harding(2001)은 상처 클리닉에서 환자들을 연구하고 기분이 치유 속도에 미치는 영향을 관찰했다(자연 실험).

21　Cohen et al.(1991)은 감염성 비강 점액을 투여한 후 증상과 초기 스트레스의 관계를 관찰했다.

22　Danese et al.(2007).

23　Nimnuan et al.(2001). 진료과는 치과, 흉부학과, 류머티즘학과, 심장학과, 위장병학과, 신경학과, 부인과였다. 이런 클리닉에서 의학적으로 설명할 수 없는 증상을 호소한 환자는 특히 불안장애와 우울증의 평균 점수가 인구 평균을 넘어섰다.

24　Bermingham et al.(2010).

25　우리는 무엇이 무엇에 선행하는지 신중하게 주의를 기울여 인과 관계의 다른 방향을 구별할 수 있다.

26　Naylor et al.(2012), p.4.

27　McManus et al.(2009). Special analysis.

28　OECD(2012). 또한 Pauly et al.(2002)에 따르면 결근 비용은 병가로 지급한 임금을 훨씬 초과한다.

29　이 점과 관련해 Sainsbury Centre for Mental Health(2007)에 따르

면 결근한 7,000만 일이 정신질환 때문이며(p.8), 그중 1,500만 일은 직장 관련 정신질환이 원인이다(p.10)(Health Survey for England figures).

30  사례를 보려면 Goetzel et al.(2004)의 '표 2a와 3a' 비교. Centre for Mental Health(2010)도 참조.
31  Lundborg et al.(2011).
32  Duckworth and Seligman(2005). 회복탄력성에 대한 부분상관계수는 0.65이고, IQ에 대한 부분상관계수는 0.25였다. Baumeister and Tierney(2011)도 참조.
33  마약은 범죄의 주요 원인으로 수감자 중 14%가 마약 관련 범죄로, 55%가 마약 습관에 따른 범죄로 수감되었다. 또 수감자 40%는 교도소에 가기 전 해에 마약에 의존하고 있었다. 알코올도 주요 문제로 남성 수감자 30%가 심각한 알코올의존 상태에 있다.
34  Singleton et al.(1998)의 pp.211, 213에 보면 수감자 90%에게 정신질환이 있다. 정신질환은 수감 기간과는 관계가 없다. 이후의 조사에서도 유사한 결과가 나온다.
35  Singleton et al.(1998), pp.41, 95. 단 8%만 정신병psychotic을 앓고 있었다(p.53).
36  10%는 인생의 한 시점에 정신 병동에 있었다(Singleton et al.(1998)).
37  정신 건강에 문제가 있는 수감자의 재범률은 59%로 다른 수감자의 50%와 비교된다(Cunniffe et al.(2012)).
38  Worell(2002).
39  Pettitt et al.(2013).
40  삶의 만족도는 다음 질문의 답변으로 측정한다. "0~10까지 중 '0'은 완전히 불만족함을, '10'은 완전히 만족함을 의미합니다. 지금까지의 삶에 얼마나 불만족하거나 만족하는지 나타내는 숫자 위의 네모

칸에 체크해주세요."
41  소득만으로는 개인 간 삶의 만족도 변화를 1% 미만만 설명하며 모든 요인을 합쳤을 때 11%를 설명할 수 있다. 나머지 변화는 우리가 측정할 수 있는 요인들로 설명할 수 없다.
42  시각이 폭넓은 경제학자로 노벨상 수상자 제임스 헤크먼이 있다. 그런데 최근까지도 그의 '비인지적 능력' 연구는 오직 행동과 관련된 기술에만 초점을 맞추었다(Heckman(2008)).
43  소득 역학 패널 연구Panel Study of Income Dynamics(PSID)를 사용한 미국 자료에서도 비슷한 결과가 나왔다. Smith and Smith(2010) 참조. 저자들은 형제 고정 효과를 사용해 어린 시절의 심리적 문제가 교육 0.3년, 성인 시절 가구 소득 29%, 연간 소득 5,300달러(한화 약 700만 원), 연간 근로 주 7주 그리고 결혼 확률을 11%포인트 떨어뜨린다는 사실을 발견했다.

### 6장 정신질환에 따른 사회경제적 비용

1  OECD(2012), p.41. 여기서는 정신질환을 심각한 질환(정신 건강에서 고도 5%)과 중등도 질환(그다음 15%)으로 정의한다. 이로 인해 전체 고용률은 영국에서 4.8%, 미국에서 3.4%, OECD의 다른 8개국 평균에서 3.7% 감소했다. 비용 개념은 이상적으로 현재 정신질환을 앓는 사람을 정신질환이 없을 때와 비교해 가정하며, 정신질환의 영향을 제외한 다른 조건은 동일하다.
2  위의 p.44 표 참조.
3  위의 p.45 표 참조. 미국 자료(같은 조건으로 비교하기는 어려움)는 OECD(2012), '표 2.7' 참조.
4  Goetzel et al.(2004).
5  Centre for Mental Health(2010).

6   Sainsbury Centre for Mental Health(2009).
7   Sainsbury Centre for Mental Health(2009).
8   10~28세의 초과 비용을 현재 가치로 계산해 2012년 가격으로 환산한 수치다. 5%×10만 파운드/60만 파운드가 대략 1%이므로, 2%의 절반을 납세자가 부담한다는 사실과 거의 일치한다(60만 파운드는 1인당 생산량의 현재 가치임).
9   Friedli and Parsonage(2007).
10  Katon (2003), Hutter et al.(2010).
11  Naylor et al.(2012).
12  Bermingham et al.(2010).
13  1차 진료 지원과 약물치료. 약물치료 비용은 Ilyas and Moncrieff (2012) 참조.
14  Seshamani and Gray(2004).
15  전 세계적으로 정신 건강 연구가 건강 관련 문헌에서 차지하는 비율은 겨우 3~4%(Saxena et al.(2006))에 불과하다.

### 7장 무엇이 정신질환을 일으키는가

1   정작 프로이트는 유전적 특질이 인간 본성의 공통 요소를 생산하고 다른 사람에 비해 더 큰 질병 위험을 초래하는 데 중요하다는 점을 인정했다.
2   Heston(1966).
3   일반 인구에서 조현병 발생률은 약 1%다. 헤스턴의 연구는 표본이 적었으나 덴마크의 대규모 연구가 그 결과를 확인했다.
4   아리스토텔레스의 《영혼에 관하여 De Anima》에서도 이 사상의 흔적을 찾을 수 있다. 벡지실의 상력한 반론을 보려면 스티븐 핑커의 2002년 저서 참조.

5   전체 인구 중 유병률은 약 1%로 이 수치도 여전히 높은 편이다.
6   같은 경험을 많이 하는 게 주요 이유가 아니라는 증거는 많다. Plomin et al.(2013) 참조.
7   Plomin et al.(2013) 여러 곳.
8   이는 구체적인 유전자 식별이 아닌 상관관계 분석에 기초한 것이다.
9   Plomin et al.(2013).
10  다양한 조건에서 '유전 가능성'을 계산하려 하는 주요 과학 분야가 있다. 유전자 차이가 사람들 간의 조건 차이를 만드는 데 얼마나 영향을 미치는지 측정하려는 것이다. 그러나 유전자와 환경이 상호작용하는 상태에서 이는 사실상 불가능한 시도다. '부록 7' 참조.
11  이를 취약성-스트레스 모형diathesis-stress model이라고도 하는데, 이는 환경에 따른 스트레스 요인과 유전적 취약성의 상호작용을 말한다.
12  Fagiolini et al.(1994).
13  Cadoret et al.(1995).
14  Bohman(1996); Sigvardsson et al.(1996); Plomin et al.(2013), p.121.
15  Caspi et al.(2003). 막대그래프는 20대에 겪은 나쁜 사건으로 인한 영향을 나타낸다. 아동기 학대 영향에서도 비슷한 결과를 볼 수 있다('그림 2' 참조).
16  Hariri et al.(2002).
17  Bennett et al.(2002).
18  Plomin et al.(2013), p.124-5와 Kendler et al.(1995) 참조. 나쁜 유전자는 사람들을 나쁜 사건이 벌어지는 상황으로 이끌 수 있다(McGuffin et al.(2004)).
19  van IJzendoorn et al.(2012). 백인 표본만 언급함.
20  Eley et al.(2012).
21  Anisman et al.(1998).

22 Suomi(1997).
23 이 섹션의 나머지는 Rutter(2000), Rutter(2004), Rutter et al.(2008) 참조. 자궁에 있을 때부터의 영향도 발견하기 시작했다. 가령 임신 첫 3개월 동안 과음하면 ADHD를 유발할 수 있는 '태아 알코올 증후군'이 발생할 가능성이 있다(Mattson et al.(2011)).
24 Chapman et al.(2004). 우리의 계산 결과.
25 Layard and Dunn(2009), pp.22-26.
26 Amato(2000).
27 Ford et al.(2004), '표 5' 그리고 Ford et al.(2007), '표 3'. Rutter (2000), p.392.
28 Layard and Dunn(2009), pp.20-21.
29 Ford et al.(2004), Ford et al.(2007) and Rutter et al.(1998).
30 Seligman(1992).
31 Brown and Harris(1978).
32 감염에 반응해서 생긴 염증성 사이토카인 pro-inflammatory cytokines이 우울증을 유발하는 방식을 분석한 것은 Dantzer et al.(2008) 참조.
33 Naylor et al.(2012).
34 Lucas et al.(2004).
35 Lundberg and Cooper(2011).
36 영국 성인을 대상으로 한 정신 건강 조사에서는 소득을 묻지 않는다.
37 Cooper and Stewart(2013).
38 Ford et al.(2004), '표 5', Ford et al.(2007), '표 3'. 흥미롭게도 아이들의 삶의 만족도는 가족 내 1인당 소득과도 상관관계가 없었다 (Knies(2012)).
39 Lund et al.(2011).
40 어떤 사건의 승산비는 그 사건의 확률을 (1-그 사건의 확률)로 나눈

값이다. 따라서 고위험군의 승산비는 1이고 저위험군의 승산비는 0.14다.

41 이 표의 숫자는 정신질환을 예측하는 우리의 능력을 꽤 잘 반영한다. 이 표에서 위험을 1 또는 0의 변수로, 정신질환을 1 또는 0의 변수로 생각할 수 있다. 두 변수 간의 상관계수는 r=.375이고 $r^2$=.140이다.

42 Duffy et al.(2013). 더 신뢰할 수 있는 연구에서는 초기 사고방식을 활용해 교통사고에서 심리적 회복을 예측했다(Ehring et al.(2008)).

43 Helliwell et al.(2012), pp.50-2.

44 Ferrari et al.(2013)은 세계 정신 건강 조사World Mental Health Survey를, Ayuso-Mateos et al.(2010)은 세계 건강 조사World Health Survey를 이용함. Helliwell et al.(2012)에서 갤럽 세계 여론조사 데이터의 부정적 영향을 다룬 3장도 참조.

45 부분상관계수는 각각 -.35, -.24, .23(Helliwell et al.(2012), p.64). 이는 의미 있는 효과를 낸 유일한 변수였다. 1인당 소득과 건강한 기대수명은 예상하던 특징을 나타냈지만 확실하지 않은 효과를 보였다. John Helliwell의 분석.

46 Helliwell and Wang(2011).

47 James(2007), p.343-4; James(2008). Wilkinson and Pickett(2009)를 참조하면 추가적 쌍별 상관관계를 확인할 수 있으며, 이는 이 책 14장에서 더 자세히 논의한다.

48 Helliwell(2003), p.351과 Helliwell et al.(2012), p.71. Cruwys et al.(출판 예정)도 참조.

49 Marmot et al.(2010), Commission on Social Determinants of Health(CSDH)(2008).

## 2부 무엇을 할 수 있을까

### 8장 치료는 효과적이고 믿을 만한가

1   Mayou et al.(2000). 모든 가능한 연구의 조사는 Rose et al.(2002) 참조.
2   Morens(1999) 참조. 워싱턴은 하루 약 3리터의 피를 뽑혔다.
3   Wilson(2011) 참조. 가령 아동 학대 예방을 위한 'Healthy Families America', 약물 사용 감소를 위한 'DARE', 청소년 임신을 방지하기 위한 'Dollar a Day', 청소년 비행 감소를 위한 'Scared Straight'와 부트 캠프, 학교 성적과 출석 개선을 위해 청소년에게 돈을 지급하는 프로그램 그리고 대다수 학습 기술 프로그램 등이 있다. 더 자세한 사항은 15장 참조.
4   Wessely(2007).
5   Manson et al.(2003).
6   전기충격요법ECT은 심각한 우울증과 만성우울증 그리고 비기질성 긴장증에 효과가 있는 것으로 알려졌다.
7   Hollon et al.(2002).
8   Blanchflower와 Oswald(2011)의 연구는 유럽에서 8%의 사람이 지난 12개월 안에 항우울제를 복용했으며 이는 4주 이상 계속 복용한 4%를 포함한다는 사실을 보여준다. 심각도는 이 책의 '부록 3', '표 3'과 '표 5' 참조(치료는 대부분 약물임을 기억할 것).
9   Beck(1976).
10  Evans(2012) 참조. 이것은 벡이 강조한 시기와 비슷한 시기에 앨버트 엘리스도 강조한 부분이다. 엘리스의 생각은 ABC 모델로 이어지는데, 이는 활성 사건Activating event이 우리의 신념Beliefs과 결합해 결과Consequences를 생성한다는 것이다. 엘리스의 개인사도 흥미롭다. 뉴욕에서 자란 숫기 없는 유대인 소년 엘리스는 수줍음을 치료

하고자 브롱크스 식물원에서 한 달 안에 100명의 여성에게 말을 걸기로 결심했다. 결국 그는 자라서 정신분석가가 되었다. 그런데 막상 정신분석가로 6년 동안 활동하던 중 치료 효과에 의문을 품기 시작했다. 그는 사람들의 정신 건강은 그들에게 일어나는 사건뿐 아니라 그 사건에 반응하는 방식에도 달려 있다고 봤다. 그렇다면 우울증과 불안에서 벗어나기 위해 자기 생각을 완벽히 이해하고 자신과 타인을 받아들이는 것은 물론, 사랑받기보다 사랑하는 법을 배워야 한다. 엘리스는 그런 '합리적 치료'로 사람들이 훈련하면 증상이 나을 수 있다고 주장했다. 하지만 엘리스는 벡과 달리 자신의 치료법을 두고 과학적 평가를 하지 않았다. 《심리치료에서의 이성과 감성 Reason and emotion in psychotherapy》은 엘리스의 여러 저서 중 하나다.

11 Rush et al.(1977).
12 Dobson et al.(2008).
13 DeRubeis et al.(2008); Goldapple et al.(2004).
14 Durham et al.(2004); Ehlers et al.(2013); Franklin et al.(2000); Gillespie et al.(2002); Hahlweg et al.(2001); Lincoln et al.(2003); Merrill et al.(2003).
15 Franklin et al.(2000).
16 Stiles et al.(2008). For a critique see Clark et al.(2008).
17 Clark(2011).
18 Royal College of Psychiatrists(2013).
19 Ehlers et al.(2014).
20 Grey et al.(2008).
21 Wampold et al.(1997).
22 전반적인 결과는 Stangier et al.(2011) 참조.

## 9장 치료법은 어떻게 개발됐는가

1. Roth and Fonagy(2005).
2. Wolpe(1958).
3. Paul(1966).
4. Beck et al.(1979).
5. Rush et al.(1977).
6. Dobson et al.(2008).
7. 환자가 자신의 부정적 신념을 식별하고 바꾸도록 돕는 데 집중하는 것을 강조하므로 일부 치료자는 '인지치료'라는 용어를 선호한다.
8. Barlow and Durand(2009), p.127.
9. Naipaul(1985), p.3.
10. Clark(1986).
11. Ehlers and Breuer(1992).
12. Ehlers(1995).
13. NICE(2011c).
14. Clark et al.(1994).
15. NICE(2013d).
16. Katzelnick et al.(2001).
17. Van Ameringen et al.(2003).
18. Katzelnick et al.(2001).
19. Wittchen et al.(1999).
20. Katzelnick et al.(2001).
21. Stein et al.(1999).
22. Clark and Wells(1995).
23. NICE(2013d).
24. Clark et al.(2006).

25  Stangier et al.(2011); Leichsenring et al.(2013).
26  Boecking(2010).

### 10장 누구에게 어떤 치료가 효과적일까

1   별도의 언급이 없는 한 이 장에서 논의한 성인 문제 관련 치료 지침은 NICE(2004); NICE(2005b); NICE(2005c); NICE(2009b); NICE(2009d); NICE(2009c); NICE(2013b); NICE(2009a); NICE(2011c); NICE(2013d) 참조. 아동의 경우는 13장 참조.
2   Monroe and Harkness(2011).
3   Hollon et al.(2006).
4   Fava et al.(2004). 이 실험에서는 이미프라민 복용으로 우울증에서 회복한 사람들을 두 집단으로 나눴는데, 그중 한 집단에 30분 인지치료를 10회 제공했다. 두 집단 모두 우울증이 재발하지 않는 한 약물치료는 계속하지 않았다.
5   Segal et al.(2013).
6   Clark et al.(1994); Clark et al.(1998); Clark et al.(2006); Ehlers et al.(2010); Ehlers et al.(2014); Siev and Chambless(2007); NICE(2005b).
7   Siev and Chambless(2007).
8   Clark et al.(1994); Barlow et al.(2000).
9   Clark et al.(1997).
10  NICE(2013d).
11  Stangier et al.(2011); Clark et al.(2006); Leichsenring et al.(2013).
12  Mörtberg et al.(2011); Heimberg et al.(1993).
13  Leichsenring et al.(2013).
14  Ost et al.(1991).

15  Gyani et al.(2013).
16  Ehring et al.(2008); Duffy et al.(2013).
17  Bisson et al.(1997); Mayou et al.(2000). Bisson et al.(1997); Mayou et al.(2000).
18  Fairburn et al.(1993).
19  Wilson and Fairburn(2007).
20  Agras et al.(2000).
21  Barlow et al.(2000).
22  Wilson and Fairburn(2007).
23  Ehlers et al.(2014).
24  Clark et al.(1999), Clark et al.(2014).
25  NICE(2004); NICE(2005b); NICE(2005c); NICE(2009c); NICE(2011c); NICE(2013d).
26  Clark et al.(2009).
27  Gyani et al.(2013).
28  Kopelowicz et al.(2007).
29  Butzlaff and Hooley(1998).
30  Leff et al.(1982).
31  Giesen-Bloo et al.(2006).
32  Bateman and Fonagy(2009).
33  Linehan et al.(2006).
34  Nutt(2012).
35  NICE(2011a).
36  Csete(2010).
37  The RIOTT(Randomised Injectable Opiate Treatment Trial). 또한 영국은 감염을 통제하기 위해 주삿바늘 무료 교체 정책을 펴고 있다.

38  NICE(2007).
39  영국에서 범죄 기록이 있는 사람 중 50%는 실직 상태다(Nutt (2012)).
40  Domoslawski(2011) 참조.
41  이 접근법은 점점 더 많은 지지를 받고 있다. 2011년 5명의 전직 대통령과 총리 그리고 전 UN 사무총장이 참여한 글로벌 마약 정책 위원회Global Commission on Drug Policy에서 제안했다(www.global-commissionondrugs.org). 이 위원회의 보고서는 근거를 잘 정리한 개요를 제공한다(Babor et al.(2010)도 참조). 영국에서는 몰리 미처Molly Meacher가 의장으로 있는 마약 정책 개혁Drug Policy Reform(2013)의 초당적 의원 모임All-Party Parliamentary Group이 이 접근법을 지지했다. 이 문제는 현재 아메리카 국가 기구Organisation of American States에도 의제로 올라와 있다. 미국은 콜로라도주와 워싱턴주가 대마초의 제한적인 판매를 합법화했다. 모든 정책에는 장단점이 있지만 이 경우에는 장점이 단점을 아주 크게 능가한다.
42  Devilly and Borkovec(2000).
43  Kocsis et al.(2009). 2가지를 조합한 치료법도 제공했으며 조합한 치료를 선호한 환자는 실제로 그 치료를 받았을 때 치료 반응이 가장 좋았다. 환자 선호도는 McHugh et al.(2013) 참조.
44  Ginzburg et al.(2012).

## 11장  더 많은 치료를 감당할 힘이 있을까

1  Proudfoot et al.(1997).
2  이 수치는 노동연금부 Department for Work and Pensions에서 제공한 자료를 기반으로 했다. 놀랍게도 2012년 수치는 2006년 수치(Layard et al.(2007))보다 낮다. 이는 실업자 복지수당 감소와 재직자 복지수당 증가 때문이다.

3   이는 영국의 IAPT 프로그램에서 사용하는 단계적 치료 시스템 비용이다. 이 프로그램은 (1) 1장에서 말한 것처럼 1,000파운드에 가까운 고강도 치료와 (2) 더 저렴한 저강도 치료를 혼합했다. 치료받은 한 사람당 650파운드라는 금액은 2011~2012년 IAPT 프로그램 지출액(2억 1,300만 파운드)을 치료받은 인원(33만 명)으로 나눈 값이다. 안타깝게도 정신 건강에 투자하는 것을 조사하는 설문을 중단해 이후 지출 자료는 존재하지 않는다.

4   Layard et al.(2007) 참조. 여기서 사용한 월별 국고 절감액은 750파운드였고, 치료 비용도 750파운드였다. 더 최근 자료는 650파운드로 나타났다(앞서 말한 주석 참조).

5   우리 계산은 혜택에서 벗어날 것으로 예상하는 사람의 숫자여야 하지만 우리의 증거는 대부분 다시 일하는 사람의 숫자에 관한 것이다. 두 숫자 중 어느 것이 더 클까? 분명 일자리를 얻은 사람 중 일부는 혜택을 받지 않을 것이다. 또 어떤 사람은 일자리를 구하지 않고도 혜택에서 벗어난다. 정신적으로 아픈 사람과 그렇지 않은 사람을 비교할 때 고용률 차이가 혜택을 받는 비율 차이보다 작아 두 번째 집단이 첫 번째 집단을 초과할 가능성이 크다(Layard et al.(2007), '표 3'). 결국 영국의 상황에서 고용에 미치는 영향의 증거는 혜택 의존도에 미치는 영향을 과소평가한다.

6   Fournier et al.(출간 예정)(18%는 본래 표본의 비율이다).

7   Wells et al.(2000).

8   Rollman et al.(2005).

9   Proudfoot et al.(1997). 표본은 모두 사무직 실업자다. 일반 표본을 대상으로 전산화한 인지행동치료(cCBT) 분석은 McCrone et al(2004) 참조. 이 연구에서는 cCBT 집단의 총 NHS 자원 비용(cCBT 비용 포함)이 크게 증가하지 않았으며 큰 고용 효과가 있었다.

10 '부록 11' 참조.
11 다음 장에서 설명하는 IAPT 프로그램에서는 치료받는 기간의 변화만 살펴볼 수 있다. 이후 25개월 동안의 변화는 볼 수 없다. 아래 데이터는 치료 기간에 정상 생활 불능/병가수당 수급 중단자의 비율과 정상 생활 불능/병가수당 신규 수급자의 비율을 보여준다.

|  | 수급 중단자 비율 | 신규 수급자 비율 | 수급자 수의 순 변화량 |
| --- | --- | --- | --- |
| 동커스터 시범 지역 | 12% | 8% | 4% |
| 뉴엄 시범 지역 | 10% | 4% | 6% |
| 시행 첫 해 | 7% | 5% | 2% |
| IAPT 2012/13 | 7% | | |

치료 기간 중에도 이미 새로 수급자가 되는 이보다 수급을 중단하는 이가 많은 것을 알 수 있다. 치료가 진행되지 않았다면 어떻게 되었을지와 비교해보는 것이 중요한데 치료가 없었다면 수급자의 비율이 증가했을 것이라는 데는 의심의 여지가 없다. 또한 치료 기간을 넘어 장기간에 걸쳐 추적 조사한다면 치료에 의한 수급자 비율은 더 높은 폭으로 감소할 것으로 확신할 수 있다. Layard et al.(2007)에서 추정한 것처럼 치료 기간에 적어도 IAPT 환자의 45%가 회복한다는 점에 주목해야 한다. 출처: Clark et al.(2009) and IAPT 기록.
12 Department of Health(DH)(2008b), NHS Confederation(2012), p.3.
13 Katon(2003), Hutter et al.(2010), Naylor et al.(2012), p.11.
14 국립보건임상연구소는 만성 신체질환이 있는 모든 우울증 환자에게 협력적 치료를 권장한다. 이는 환자가 수행 방식에 동의하고 잘 감독하는 돌봄 전문가가 관리하는 사례 후속 조치를 포함한다.
15 Howard et al.(2010). Simon Dupont의 비용 자료.

16　Moore et al.(2007). 비용 데이터는 1997년 물가를 기준으로 했다.
17　또 다른 심장마비 환자를 대상으로 한 실험에서 임상심리학자는 침습적이고 괴로운 생각, 불안, 우울증, 과도한 병적 행동, 공황장애 그리고 심장마비 환자들이 흔히 겪는 기타 심리 문제를 다루기 위한 자가치료 방법을 소개하는 6개의 주간 섹션 프로그램을 매뉴얼로 구성했다(Lewin et al.(1992)). 이들은 파일럿 연구에서 심장마비 치료 후 퇴원하는 환자를 무작위로 두 집단에 배정했다. 치료 집단에 속한 환자는 매뉴얼과 함께 운동 프로그램, 이완과 스트레스 관리 테이프를 제공받았다. 환자는 도움이 필요한 상황에 대비해 이후 6주 동안 심리학자에게 세 번 전화를 받았다. 대조 집단은 통상적으로 퇴원 환자에게 제공하는 표준적인 자료를 받았고 똑같이 세 번 연락을 받았다. 그 결과를 보면 다음 해를 보내는 동안 매뉴얼화한 프로그램으로 치료받은 환자는 병원을 방문하는 횟수가 평균 3회 감소했으며 입원도 0.33회 줄었다. 이 프로그램의 환자당 비용은 50파운드(약 8만 원)로 확실히 제값을 했다고 볼 수 있다.
18　Gulliksson et al.(2011).
19　인지행동치료가 덜 성공적인 다른 연구들도 있다. 가장 유명한 연구는 미국에서 ENRICHED 프로그램이라 불린 연구다(Berkman et al.(2003)). 이 연구는 심장마비를 경험한 후 17일째부터 11회의 개인 인지행동치료를 제공했다. 이 연구가 실패한 원인은 심장마비 이후 치료를 너무 빨리 시작했기 때문일 수 있다.
20　Ladapo et al.(2012).
21　Simon et al.(2007). 당뇨병 관련 결과의 메타 분석은 Molosankwe et al.(2012), 영국 적용 사례는 Knapp et al.(2011) 참조. 비용은 포함하지 않으나 관절염 연구는 Sharpe et al.(2001) 참조. 현재 병원에 신체 질환으로 입원한 사람의 정신 건강을 다루는 새로운 의학 분야가 생

겼다. 자문 조정 정신의학consultation liaison psychiatry이라 불리는데 이는 비용 면에서 효율적일 수 있다. 예를 들어 영국 버밍엄에서 급성 신체질환을 앓는 사람들을 치료하는 시티 병원은 2009년 RAID Rapid Assessment Interface and Discharge(빠른 평가 협진과 퇴원)를 도입했다. 이는 신체 문제로 입원했지만 정신질환 징후도 보이는 모든 응급 환자를 대상으로 한 서비스로 전문가팀이 환자를 치료할 뿐 아니라, 병원의 모든 직원이 정신 건강 문제를 교육받는다. 그 결과 환자가 병원에 머무는 시간이 줄어들고 다시 입원하는 빈도는 낮아졌다. 전체 절감 비용은 이 서비스에 따른 추가 비용의 최소 4배에 달할 것으로 추산한다(Parsonage and Fossey(2011)).

22  Chiles et al.(1999), p.209.
23  신체질환 의료비 총액은 약 750억(약 129조 원)이다. 그 대부분은 신체적 불편을 겪는 1,800만 명에게 사용하며, 그중 400만 명은 정신질환도 함께 앓고 있다. 근거에 따르면 정신질환을 함께 앓는 집단은 정신질환이 없는 사람보다 신체질환 의료비가 적어도 50% 더 많이 든다(Katon(2003), Hutter et al.(2010) and Naylor et al.(2012), p.11). 이를 계산하면 신체질환을 동반한 사람의 1인당 비용은 약 6,000파운드이며, 그렇지 않은 사람의 비용은 약 4,000파운드다.
24  Work by Dr Arek Hassy.
25  3장 참조.
26  '부록 5.2' 참조.
27  런던정치경제대학교 경제성과센터의 정신건강정책집단Centre for Economic Performance's Mental Health Policy Group(2006) 참조.
28  McManus et al.(2009).

## 12장 심리치료 접근성 향상 서비스(IAPT)의 모든 것

1 예시로 Chilvers et al.(2001), Deacon and Abramowitz(2005), van Schaik et al.(2004) 참조.
2 IAPT 프로그램의 웹사이트 주소: www.IAPT.nhs.uk
3 보고서는 데이비드 클라크, 몰리 미처의 집중 논의에 기초해 리처드 레이어드가 작성했다(Layard(2005)).
4 우리는 누가 이전의 공약 초안에서 '인지'라는 단어를 뺐는지 알아낼 수 없었다.
5 런던정치경제대학교 경제성과센터의 정신건강정책집단(2006).
6 여기서 '치료'의 의미는 평가와 조언을 포함해 적어도 한 번은 진료받는 것을 말한다. 회복률은 2회 이상 치료를 받는 사람에게 적용한다.
7 실행 계획은 2008년 2월 발표했다(DH(2008a)). 그다음 주요 문서는 2010년 2월 발표했다(DH(2010)).
8 역량은 Roth and Pilling(2008) 참조. 교육 과정은 국립보건임상연구소에서 식별한 시험 매뉴얼을 기반으로 했다. 임상 기술은 비디오테이프 회기의 치료사 성과 평가와 서면 과제(사례 보고서와 에세이)로 어떻게 평가해야 하는지 명시했다. 교육 과정과 훈련생 인증은 영국 행동과 인지치료사 협회British Association of Behavioural and CognitiveBritish Association of Behavioural and Cognitive, 영국 심리학회British Psychological Society에서 이뤄진다.
9 이는 고강도 치료사를 위한 것이었다. 저강도 치료사는 대학에서 주 1일, 실습 4일.
10 훈련받은 교육자 한 명당 훈련생 2명을 넘지 않는 수.
11 이는 'Mind'가 주도한 캠페인의 도움을 받은 결과다. Mind와 다른 정신 건강 자선 단체들은 IAPT에 매우 귀중한 지지와 지원을 제공해왔다.

12  첫 3년을 기록한 보고서(DH(2012)) 참조.
13  여기서 회복 개념은 꽤 구체적이다. 각 치료 회기 전에 모든 환자는 두 장의 간단한 설문지(우울증 관련 PHQ-9와 불안 관련 GAD-7)를 작성한다. 환자가 치료 전에 우울증이나 불안 또는 둘 다에서 기준 점수 이상을 기록하면 '진단 가능'으로 간주한다(치료받는 중인 환자는 대개 진단 가능으로 나온다). 이어 마지막 치료 회기에서 두 설문지 점수가 기준 이하를 기록할 경우 회복한 것으로 간주한다. 이 회복 개념은 이해하기 쉽지만 다소 피상적이다. 어떤 사람은 사소한 변화로도 회복하는 반면, 정말 아팠던 사람은 '회복'까지는 아니어도 상태를 많이 개선했을 수 있어서다. 결국 더 유익한 기준은 환자가 '신뢰할 만큼 개선했는지', 즉 우연히 발생할 수 있는 것보다 더 개선했는지다. 이 기준에 따르면 IAPT 환자의 3분의 2가 신뢰할 만큼 개선을 이뤘다(Gyani et al.(2013)). 겨우 8%만 유의미한 정도로 악화되는데 이는 비교 가능한 치료받지 않은 집단에서 발견되는 비율보다 낮다.
14  Clark(2011).
15  추적 조사의 응답 비율은 높지 않았다(뉴엄 36%, 동커스터 51%).
16  또 다른 실패는 치료에 들어간 환자의 5분의 1만 의뢰하고 28일 안에 진료받는 것이다.
17  Gyani et al.(2013). 뒤이은 발견과 무작위 배정을 반영하지 않는다.
18  단계적 이행률이 높으면 직장으로 복귀할 가능성도 커진다.
19  적어도 치료사의 60%는 고강도 치료를 제공한다.
20  사실 이들 서비스는 이 목표를 초과 달성하고 있다. 2014년 1월 보건복지정보센터Health and Social Care Information Centre에서 발표한 자료에 따르면 IAPT는 치료 과정(즉, 2회 이상의 회기)을 받은 사람을 대상으로 한 치료 전후 자료가 평균 96.8%에 달한다. 우리가 아는 한 이 정도 수준의 철저한 결과 자료는 전 세계 어느 대규모 정신 건강

시스템에서도 달성한 적이 없다.
21  1차 년도 자료.
22  Clark et al.(2009).
23  현재는 임상 위원 그룹Clinical Commissioning Groups(CCG)이라 불린다.
24  IAPT 노동력 인구 조사, 2012년 8월.
25  Griffiths and Steen(2013b). 별도의 논문(Griffiths and Steen(2013a))에서는 IAPT에 예상보다 더 큰 비용이 든다고 주장한다. 이는 잘못된 주장이다. 가장 간단한 비용 계산법은 총지출을 치료받은 인원수로 나누는 것이다. 2011~2012년 치료 과정당 650파운드가 들었고 이는 본래 추정치인 750파운드보다 적다. 저자들은 이런 계산을 무시하고 치료 과정이 아닌 치료 회기당 비용을 계산하려 한다. 안타깝게도 2011~2012년에는 회기 수 정보가 없어서 계산할 수 없다. 중요한 문제는 회기 수와 상관없이 비용과 결과 사이의 관계이므로 이 접근 방식은 적절하지 않다.
26  이는 국립보건서비스의 초기 경험과 비슷하다. Timmins(2001) 참조.
27  Department of Health(DH)(2011).
28  프로그램에서 노인을 배제한 적은 한 번도 없지만 현재 과소 대표되고 있다.
29  2007년 성인 정신 건강 조사Adult Psychiatric Morbidity Survey(McManus et al.(2009))에 따르면 장애수당을 받는 정신질환자 중 단 42%가 자기 상태를 치료받고 있었다(비공식 집계).
30  사람들이 장애수당을 받기 전, 즉 아직 직업이 있지만 병가 중일 때 개입하는 것 역시 중요하다. 영국 정부는 직원들이 4주 이상 병가를 냈을 때 고용주와 직원을 위한 '건강과 작업에 관한 평가와 자문 서비스'를 도입하고 있다(DWP(2013)). 이 단계에서 치료사는 여러 유용한 전략을 사용할 수 있다. 가령 병가 중인 근로자는 가능하면 빨

리 시작하는 점진적 노출과 점진적 업무 복귀가 필요할 수 있다. 한 실험에서 고용 문제를 훈련받고 인지행동치료를 제공한 치료사의 환자는 일반적인 인지행동치료를 받은 환자보다 풀타임으로 일하는 직장에 복귀하는 시점이 65일 더 빨랐다(Lagerveld et al.(2012)).

### 13장 아이들에게는 어떤 치료가 효과적일까

1   Layard and Dunn(2009), p.113에서 인용.
2   Green et al.(2005), p.111. 자기 보고식. 부모가 관찰 보고한 수치는 3%.
3   그들은 해당 주제에 관해 개별 보고서(Field(2010)와 Allen(2011)) 2개를 의뢰했다.
4   Young Minds(2011), p.25.
5   Kennedy(2010).
6   3장 참조.
7   Green et al.(2005), 표 5.11, 6.11. Ford et al.(2007) 참조.
8   Kim-Cohen et al.(2003), Kessler et al.(2005a).
9   이 생각은 대부분 사실이지만 모든 상태에 해당하는 것은 아니다. 품행장애에는 맞는 말이지만 사회 공포증은 아이들보다 성인의 치료 성공률이 높다. 저절로 나을 수 없을 거라는 근거를 확인하기 전에 지나치게 빨리 개입하면 치료를 낭비할 위험이 있다. 정신질환의 자발적 회복률은 성인보다 아이들이 높고(3장의 미주 7 참조) 치료 결과를 성인보다 아이들이 더 오래 유지한다는 명확한 증거는 없다. 다른 한편으로 어린 시절의 정신 건강은 아이들의 학습 능력과 이후 삶의 성공에 결정적 영향을 미친다(Van Ameringen et al.(2003)).
10  Friedli and Parsonage(2007). 여덟 살 당시의 가치.
11  가령 Cohen and Piquero(2009)는 열네 살에서 스물여섯 살 사이에

경찰과 가장 많이 접촉한 사람 중 4%를 연구 대상으로 삼았는데, 사회적 비용의 현재 가치를 260만 달러(약 35억 원)에서 그 2배 사이로 추산한다.
12  설문 조사는 Wolpert et al.(2006) 참조.
13  국립보건임상연구소는 아동의 우울증(28)NICE(2005a), ADHD(72) NICE(2013c), 자폐증(128)NICE(2011b), 반사회적 행동과 품행장애(158)NICE(2013a)에 관한 임상 지침을 명시적으로 갖고 있다. 외상 후 스트레스 장애(26), 강박장애(31), 공황장애와 범불안장애(113), 사회불안장애(159)에 관한 지침에도 아동을 포함한다.
14  Barrett et al.(1996). 상대적으로 대기 집단은 30%의 회복률을 보인다. 12개월 뒤에도 회복 상태를 유지했다.
15  Roth and Fonagy(2005)에서 Fonagy와 Target이 쓴 장.
16  Webster-Stratton and Reid(2010). 이들의 주요 프로그램은 2~8세 아동을 위해 설계했다. Triple P 프로그램도 10대 자녀를 둔 부모에게 부모 훈련을 제공한다.
17  Scott et al.(출간 예정). 교사와 아이들의 보고를 보면 학교에서 하는 행동에 더 이상 영향을 미치지 않았다. 이는 다음 장에서 논의할 쇠퇴 문제다. 이 연구는 부모와 청소년의 경험 연구 Study of Parents' and Adolescents' Experiences(SPACE)로 알려져 있다. 행동과 독서를 대상으로 한 통합 프로그램에서도 결과가 좋았는데, 이 프로그램은 Scott et al.(2010)에서 평가됐다.
18  Lochman et al.(2008). 부모를 위한 안내서는 Kazdin(2009) 참조.
19  Roth and Fonagy(2005), p.396.
20  Roth and Fonagy(2005)에서 Fonagy와 Target이 쓴 장 참조.
21  NICE(2013c).
22  Weiss et al.(2005); Meade and Steiner(2010). 8장의 미주 3 참조.

23  Kelvin et al.(2009), p.15. 참조.
24  또 다른 문제는 아동 정신 건강 서비스로 치료받던 청소년이 특정 나이가 지나 서비스를 중단했으나 치료를 계속 제공해야 하는 경우다.

## 14장 정신질환은 예방할 수 있을까

1  Olds et al.(1998); Lee et al.(2012); Eckenrode et al.(2010) 참조.
2  관련 근거 조사는 Weare and Nind(2011), McDaid and Park(2011), SAMHSA(2007), WHO(2004) 참조. 비용 효율 연구는 Lee et al.(2012), Knapp et al.(2011) 참조.
3  여러 유명 프로그램이 적어도 한 번 종합적인 실험을 거쳤으나 긍정적 결과를 얻지 못했다. 여기에 속하는 사례는 Beyondblue(Sawyer et al.(2010); Triple P(Little et al.(2012), Eisner et al.(2012)); Resourceful Adolescent Programme(Stallard et al.(2012)); the Incredible Years on sub-clinical groups of children as opposed to those with diagnoses(Scott et al.(in press)) 참조.
4  Parks(2000), Heckman et al.(2010).
5  Wilson(2011), p.215.
6  Kellam et al.(2008), Ialongo et al.(1999). 프로그램은 약 500시간의 수업 시간을 포함한다.
7  예를 들어 실제로는 차이를 내지 못한 개입이 있다고 해보자. 대규모 모집단에서 무작위로 선택한 참가자를 대상으로 수백 개 실험에 사용할 경우, 개입은 5%에서 통계적으로 의미 있다고 판단할 것이다(사용한 유의성 기준을 5% 수준으로 가정할 때). 이는 효과 없는 수백 가지 다른 개입을 연구했을 때도 적용이 가능하다.
8  이 책 앞부분에서 논의한 주요 임상 치료는 대부분 이러한 메타 분석을 했다.

9   학업, 사회 그리고 정서 학습을 위한 공동 작업Collaborative for Academic, Social, and Emotional Learning.
10  Durlak et al.(2011). 모두 통제 집단을 사용했고 절반만 무작위 배정이었다. 무작위와 무작위 배정이 아닌 경우 모두 결과는 비슷했다(Durlak과 개인적 연락으로 얻은 정보).
11  PATHS Promoting Alternative Thinking Strategies(CPPRG(2011), 표 3 그리고 CPPRG(2010))와 영국 펜 회복탄력성 프로그램UK Penn Resiliency Programme by Challen et al.(2013) 분석에서 유사한 결과를 확인할 수 있다.
12  Goleman(1996) and Goleman(2006).
13  Humphrey et al.(2010). 그러나 SEAL을 진행하는 학교의 집단 내에서 더 잘 수행할수록 더 좋은 결과가 나온다는 증거는 있다(Banerjee et al.(출간 예정)). 초등학생 SEAL에 관해 아동의 결과를 포함한 통제된 연구는 없었다. Hallam et al.(2006), Gross(2010) 참조.
14  Wilson(2011) 참조.
15  관련 사례는 Challen et al.(2013)과 후속 자료를 포함한 다른 여러 연구 참조.
16  Nicomachean Ethics.
17  PATHS만은 예외로 훨씬 오래 진행한다. 1년 넘는 기간 동안 수업을 130회 진행한다. 사례는 Kelly et al.(2004); Curtis and Norgate(2007) 참조.
18  Weare and Nind(2011).
19  우리가 설계한 프로그램은 Hale et al.(2011)에 전 세계적 탐색 결과를 보고한 이후 고안했다. 활용한 프로그램은 The Penn Resiliency Program; Media Navigator; Mindfulness in Schools(.b); Academic Possible Selves; Unplugged; Relationship Smarts;

SHAHRP; Science of Mental Health; Mood Gym; Parents under Construction 등이다.
20  Bailey(2013).
21  Seligman(2011).
22  Brunwasser et al.(2009); Challen et al.(2013).
23  고무적인 예비 결과를 보려면 Harms et al.(2013) 참조.
24  마음챙김을 대중에게 가장 쉽게 소개한 사람은 베트남 승려 틱낫한이다(Hanh(2008), Hanh(2001)). 학문적 소개는 Williams and Kabat-Zinn(2013), 자가치료 지침은 Williams and Penman(2011) 참조.
25  여기서 말하는 집단은 비임상 집단이다. 우울증에서 최근 회복한 환자를 대상으로 한 마음챙김 기반 인지치료 사용은 10장에서 논의했다.
26  Baer(2003). 더 짧은 과정도 효과가 있다(Weng et al.(2013)).
27  Hölzel et al.(2011). 장수에 도움을 주는 텔로머레이스(말단소체복원 효소)도 증가했다(Jacobs et al.(2011)).
28  Weare(2012).
29  최근 영국 초중고교와 대학교 교사를 대상으로 한 설문 조사에서 54%가 5년 전보다 더 나빠졌다고 했고, 겨우 7%만 좋아졌다고 답했다(ATL(2013)). 교직원의 35%는 반항적이고 폭력적인 학생들을 다루는 법을 배우지 못했다고 말했다.
30  Benson(2006).
31  Wilson et al.(2007). 국가 조사 'Understanding Society'에서 10~15세 아이들에게 다른 아이들이 수업 시간에 얼마나 방해 행동을 하는지 물었다. 약 27%는 거의 모든 수업 시간에 그렇다고 했으며 47%는 전체 수업의 절반 이상에서 그렇다고 답했다(Knies(2012), Appendix 1). 이는 삶의 만족도를 의미 있게 떨어뜨렸다(Appendix 2).

32  Neill(2008).
33  Webster-Stratton et al.(2011); Reinke et al.(2012); Davenport and Tansey(2009); Webster- Stratton et al.(2001).
34  Baker-Henningham et al.(2012); Hutchings et al.(2007).
35  1999년 시작한 슈어 스타트 프로그램은 대다수 개입에 비해 훨씬 덜 매뉴얼화된 방식이었다. 무작위 배정 연구 평가도 없었다. 그런데 프로그램을 진행하지 않은 비슷하게 취약한 지역과 비교하자 슈어 스타트 프로그램을 진행한 지역에서는 세 살 아이 14명 중 5명의 결과에서 의미 있는 개선이 나타났다(Melhuish et al.(2008)). 일곱 살까지는 8명 중 3명의 결과에 의미 있는 효과가 있었다(DfE(2012)).
36  See Wilson(2011).
37  Knapp et al.(2011), p.4-5.
38  Durlak et al.(2011), p.420. 일리노이 같은 몇몇 주에서는 모든 학교가 그렇게 하고 있다.
39  Ofsted(2013), p.20. Ofsted는 생활 기술 교육의 40%는 개선해야 한다고 추정했다.

## 15장  더 나은 사회문화가 도움을 줄까

1  Layard et al.(2010), Helliwell et al.(2012), Chapter 3.
2  Layard(2011a), p.81.
3  이 장 주제를 더 자세히 다룬 논의는 Layard(2011a), Layard(2009) and Layard(2011b) 참조.
4  이 접근의 근거는 Layard(2011a), Chapter 15 참조. 이 접근이 지나치게 1차원적이라는 시각을 살펴보려면 Sen(2009) and Skidelsky and Skidelsky(2012) 참주
5  관련 사례로 '부모 되기 과정 Parents Under Construction'으로 불리는 프

로그램 참조.
6   Cowan and Cowan(2000) 참조.
7   NFPI(2000).
8   Layard(2011a), p.16.
9   WEF(2012). 또한 Sennett(2003) 참조.
10  Deci and Ryan(1985) and Lundberg and Cooper(2011).
11  Layard(2011a), pp.156-160.
12  Robertson and Cooper(2011).
13  Edmans(2011).
14  http://positivenews.org.uk/2012/culture/media/9085/news-doesnt-reflect-real-world- newsreader-martyn-lewis/
15  Leveson(2012). Leveson 이전에 인쇄 매체에 적용한 주요 행동 강령은 (i) 편집자와 출판사의 책임에 적용한 것으로 언론 불만 위원회Press Complaints Commission가 관리한 것과 (ii) 회원이 고용주와의 분쟁에서 협회 지원을 받을 수 있는 조건을 정의한 전국 기자협회(NUJ)가 관리한 것이었다.
16  물론 구인·구직·매매 등을 알리는 안내 광고에는 적용되지 않는다.
17  Marmot et al.(2004).
18  토머스 제퍼슨이 메릴랜드주 워싱턴 카운티의 공화당 시민들에게 보낸 편지(1809).
19  Layard(2011a), Chapter 15. O'Donnell et al.(2014)도 참조.
20  부탄과 영국은 Helliwell et al.(2012), Chapters 5 and 6 참조. OECD 전체는 OECD(2013) 참조.
21  5장 참조.
22  Knies(2012). 이 연구는 아이들이 결핍을 느끼는 구체적인 항목의 영향도 살폈다. 부족한 것은 분명 영향을 미치지만 그 영향력이 가

족 관계와 사회 활동보다는 훨씬 작았다. 그것은 주로 소득으로 결정할 수 없는데, 만약 그랬다면 소득 자체가 영향을 미쳤을 것이기 때문이다.

23 Field(2010) and Allen(2011). 7장도 참조.
24 Lucas(2003).
25 이 문제를 강력히 주장한 것은 손실 반감을 다룬 Kahneman의 연구 결과 참조. 행복 증대에서 경제 성장의 비효율성을 다룬 내용은(e.g. Helliwell et al.(2012), Chapter 3) 참조.
26 Layard et al.(2008).
27 Wilkinson and Pickett(2009), p.183. 그들은 2가지 시계열도 보여준다. 그러나 어떤 관계도 다른 가능성 있는 영향을 함께 고려할 때 불평등이 결과에 얼마나 영향을 미치는지 보여주지 못한다.
28 Helliwell et al.(2012), p.71.
29 Wilson(2008).
30 Seligman(2002) and Seligman(2011).
31 한 조사에 따르면 영국인 7%가 매주 예배에 참석한다고 한다(YouGov 2013 survey, National Secular Society website 참조). 또 다른 연구에서는 14%가 일주일에 한 번 이상 '종교 관련 모임에 참석한다'고 한다(British Social Attitudes Survey). 영국에 명상 관련 자료는 없다(미국 국가 보완 대체 의학 조사national government survey of complementary and alternative medicine에 따르면 응답자의 9%가 지난 12개월 안에 명상한 경험이 있다고 답했다. http://nccam.nih.gov/sites/nccam.nih.gov/files/news/nhsr12.pdf).
32 웹사이트 주소는 actionforhappiness.org.
33 종교가 행복에 미치는 영향에 관해서는 Helliwell et al.(2012), pp.71-72 참조.

## 16장 이 고통을 멈추려면

1   영국에서 당뇨병 환자의 연평균 치료비는 약 2,697유로다. (Kanavos et al.(2012))
2   Donnelly, L.(22 November 2009). "테빗 경의 부인 마거릿 여사, '남편과 저는 울고 있을 시간이 없습니다'"〈텔레그래프〉.
3   잉글랜드의 2012년 건강과 사회 복지법, 1조 the Health and Social Care Act 2012, Clause 1. 미국의 1996년 정신 건강 평등법 the Mental Health Parity Act(MHPA), 2008년 정신 건강 평등과 중독 형평법 the Mental Health Parity and Addiction Equality Act은 정신과 신체 건강을 위한 보험 정책에서 (둘 다 포함될 경우) 동등한 치료를 요구하지만 정책이 2가지 모두 포함할 것을 요구하지는 않는다.
4   지역에서 발행한 처방, 2001-2011 잉글랜드 통계. 보건복지정보센터.
5   Rutz et al.(1992). 훈련받은 의사들이 그 섬을 떠나자, 일정 기간 후 그 비율은 다시 올라갔다.
6   영국 국립보건서비스를 위한 의무 사항의 초석이 된 국립보건서비스의 2014~2015년 성과 프레임워크 Outcomes Framework를 살펴보면, 그런 방식으로 정해졌다고 암시하지 않는다.
7   British Association for Counselling and Psychotherapy(BACP)(2010).
8   폭력 감소와 그 문화적 뿌리의 근거를 보려면 Pinker(2011) 참조. 잉글랜드와 웨일스의 범죄 데이터는 Crime Survey for England and Wales-Office for National Statistics, Home Office 참조.

## 감수자와 옮긴이 소개

### 감수자 **최진영**

심리학자. 서울대학교 심리학과 교수로 이상심리학, 정신병리학, 임상신경심리학, 인지노화와 치매를 가르치고 있다. 미국 하버드대학교 심리학과에서 실험 정신병리학 연구로 석·박사 학위를 취득하고 임상 수련 후 귀국하여 삼성의료원에서 국내 첫 신경심리검사실을 운영했다. 2000년부터 서울대학교 임상신경과학연구실에서 정신과 뇌 건강의 위험 및 보호 요인들이 심리, 행동과 뇌 기능으로 연결되는 경로에서 어떻게 작용하는지를 연구하고 있다. 한국심리학회와 한국임상심리학회에서 이사와 회장으로 활동하며 한국의 정신 및 뇌 건강 문제 해결을 위한 근거기반의 정책과 제도 마련에 관한 자문을 해왔다. 2021년 국회 자살예방포럼 교육부장관상, 2022년 치매위기극복의 날 국민포장을 수상했다. 저서로 《뇌 안의 사회 Society Within the Brain (케임브리지대학교출판부, 2023; 한국어판 2025년 출간 예정)》가 있으며, 한국판 치매평가검사, 한국판 웩슬러 성인용 지능검사(K-WAIS-IV) 및 기억검사(K-WMS-IV) 등 심리검사들을 출판했다.

### 감수자 **김태종**

경제학자. KDI 국제정책대학원 교수로 공공경제학과 계량경제학을 가르치고 있다. 서울대학교 경제학과와 동 대학원 경제학 석사과정을 거쳐 MIT에서 경제학 박사를 취득한 후 캐나다 요크대학교, 일본 정책연구대학원대학교를 거쳐 2003년부터 현직에 있다. 교육, 사회적 자본, 환경, 보건 등 긴요하지만 공공 부문의 노력 없이는 소홀한 취급을 받기 쉬운 분야의 지속가능성을 위한 정책 이슈를 연구해왔다.

---

### 옮긴이 **숨희**

자유롭지만 성실한 번역가. 좋은 책을 번역함으로써 좋은 세상을 만드는 데 작은 보탬이 될 수 있다고 믿는다. 대학에서 철학과 신문방송학을, 대학원에서 임상심리학을 전공했다. 글밥 아카데미 영어 출판번역 과정을 수료하고, 현재 바른번역의 회원 번역가로 활동 중이다. 옮긴 책으로 《우리가 음식을 먹을 때 말하지 않는 것들》, 《내선환》, 《독살로 읽는 세계사》, 《물결빛 평온》, 《소울 러닝》 등이 있다.

## 심리치료는 왜 경제적으로 옳은가

초판 1쇄 펴낸날 2025년 2월 25일

지은이 리처드 레이어드, 데이비드 클라크
옮긴이 솝희
감수 최진영, 김태종
펴낸이 이은정

제작 제이오
표지 디자인 형태와내용사이
본문 디자인 김경진
교정교열 이새별

펴낸곳 도서출판 아몬드
출판등록 2021년 2월 23일 제2021-000045호
주소 (우 10416) 경기도 고양시 일산동구 강송로 156
전화 031-922-2103 팩스 031-5176-0311
전자우편 almondbook@naver.com
페이스북 /almondbook2021 인스타그램 @almondbook

ⓒ아몬드 2025
ISBN 979-11-92465-21-0 (93180)

○ 잘못 만들어진 책은 구입하신 서점에서 바꾸어 드립니다.
○ 책값은 뒤표지에 있습니다.